《广州改革开放四十年》丛书

丛书主编　徐咏虹

转型与跨越

广州改革开放四十年

上册

曾伟玉　主编

广州新华出版发行集团
广州出版社

图书在版编目（CIP）数据

转型与跨越：广州改革开放40年 / 曾伟玉主编. —广州：
广州出版社，2018.12
（《广州改革开放四十年》丛书 / 徐咏虹主编）
ISBN 978-7-5462-2857-0

Ⅰ. ①转… Ⅱ. ①曾… Ⅲ. ①改革开放—成就—广州
Ⅳ. ①D619.651

中国版本图书馆CIP数据核字（2018）第288397号

书　　名　转型与跨越——广州改革开放 40 年（上、下册）
　　　　　Zhuanxing yu Kuayue Guangzhou Gaige Kaifang 40 Nian Shang Xia Ce
出版发行　广州出版社
　　　　　（地址：广州市天河区天润路 87 号 9 楼、10 楼　邮政编码：510635
　　　　　网址：www.gzcbs.com.cn）
责任编辑　董　平
文字编辑　周振宇　刘雅丽
责任校对　李少芳
封面设计　舒　巧
印刷单位　佛山市华禹彩印有限公司
　　　　　（地址：佛山市南海区罗村联和工业区西二区三路 1-1 号　邮政编码：528226）
规　　格　787 毫米 ×1092 毫米　16 开
字　　数　480 千
印　　张　36.25
版　　次　2018 年 12 月第 1 版
印　　次　2018 年 12 月第 1 次
书　　号　ISBN 978-7-5462-2857-0
定　　价　88.00 元（上、下册）

《广州改革开放四十年》丛书

编委会

《转型与跨越——广州改革开放四十年》
编委会

总 序

四十而不惑。置身历史的长河，改革开放自1978年开始，走过了40年的风风雨雨，值得庆祝，值得铭记。

40年改革开放绘就壮美长卷。中国人民自力更生、发愤图强、砥砺前行，依靠自己的辛勤和汗水书写了国家和民族发展的壮丽史诗。对中国而言，这40年不仅是一个时间概念，更是一段非凡历程，正是这40年的发展让中国富了起来，并不断强起来。40年来，我们党团结带领全国各族人民，从“摸着石头过河”到建立社会主义市场经济体制，从由下而上的基层试点改革到自上而下全面深化改革，从打开国门实施开放政策到张开怀抱自信拥抱世界，从积极吸引外资“引进来”到主动到境外投资“走出去”，从加入世界贸易组织到共建“一带一路”，从聚精会神搞国内建设到为世界发展贡献中国方案，成功走出了一条中国特色社会主义发展道路。改革开放使中国走向了世界，正日益走近世界舞台的中央。改革开放的中国实践是21世纪马克思主义在中国焕发出勃勃生机和无限生命力的生动写照。

改革开放不仅深刻改变了中国，也深刻影响了世界。40年的改革开放，不仅发展了中国，也造福了世界和全人类。特别是党的十八大以来，以习近平同志为核心的党中央统筹推进“五位一体”总体布局，协调推进“四个全面”战略布局，着力提高国家治理体系现代化能力和水平，形成了习近平新时代中国特色社会主义思想，指引着中国坚定前行。面对世界格局的深刻变化，中国坚定笃行经济全球化大道，以大国情怀与担当提出构建人类命运共同体的理念，发出“一带一路”倡议，主动为各国搭乘中国发展“快车”提供便利和条件，改革的决心从未动摇。开放已经成为当代中国的鲜明标识。中国开放的大门不会关闭，只会越开越大！

春江水暖鸭先知。在中国改革开放发展的历史进程中，广州是一座具有特殊重要地位的城市。作为一座因海而生、向海而兴的千年商都和有着2200多年建城史的国家中心城市和国际大都市，广州的历史文化脉络、商业发展盛景、改革开放成就在全球城市发展史上独树一帜，占有一席之地。40年来，面临改革大潮，广州人坚持做改革的弄潮儿，有着强烈的历史担当精神。广州坚定传承改革开放的历史基因，大力发扬敢为人先、敢闯敢试的精神，以“杀出一条血路”的胆识与魄力，在诸多领域开创了可资全国借鉴的先行经验，从改革开放初期率先进行价格闯关，推进流通体制改革，鼓励非公企业生产发展，到20世纪80年代依托广州开发区建设推动外向型经济发展，再到近年来建设南沙自贸区以点带面构建全面开放新格局，广州的创新探索实践始终走在全国前列，始终引领着改革开放的发展步伐。

一滴水能反映出太阳的光辉，一个城市可以体现一个国家的风貌。进入新时代，全球经济不确定因素增加，国内经济呈现新的发展态势，发展机遇和挑战并存。广州坚持把学懂弄通做实习近平新时代中国特色社会主义思想作为第一要务，源源不断地从新思想中汲取真理力量和实践智慧，坚定践行新发展理念，积极适应引领经济发展新常态，在不断深化的改革开放实践中破解发展难题，推动经济由高速增长向高质量发展转换，通过扎实推进创新驱动发展战略，培育新的动力源和增长极，保持经济发展“换挡不失速”。40年间，广州经济总量从1978年的43亿元跃升到2017年的21503亿元，人均地区生产总值从1978年不足1000元提升到2017年突破15万元（按平均汇率折算为22317美元），接近发达国家水平。与此同时，广州坚持以先进制造业为产业主攻方向，高标准高起点高质量谋划产业结构优化升级，构建起以IAB（新一代信息技术、人工智能、生物科技）、NEM（新能源、新材料）为主导的现代产业体系，将改善政治生态环境、提升城市环境与优化营商环境有机结合、同步推进，推动全球最高端资源要素向广州集聚，持续优化的经济结构和开放的发展环境为广州未来积极健康稳定发展奠定了良好的基础，为新时代广州改革开放发展积蓄了强大势能，创造了巨大空间。广州这座老城市，越来越充满新活力。

惟改革者进，惟创新者强，惟改革创新者胜。站在新时代新起点上，我们始终谨记：改革开放是决定当代中国命运的关键一招，也是决定实现“两个一百年”奋斗目标、实现中华民族伟大复兴的关键一招。正是在这个意义上，隆重庆祝改革开放40周年，更具有重大的历史意义和现实意义。当今的世界，你中有我，我中有你，经济全球化大潮浩浩荡荡、不可阻挡。改革开放40年的经验启示我们，中国发展离不开世界，世界发展也需要中国。只要我们保持战略定力，全面深化改革开放，深化供给侧结构性改革，下大气力解决存在的突出矛盾和问题，中国经济就一定能加快转入高质量发展轨道，中国人民就一定能战胜前进道路上的一切困难挑战，中国就一定能迎来更加光明的发展前景。中国改革开放永不停步！下一个40年的中国，定当有让世界刮目相看的新成就！

党的十八大以来，习近平总书记两次亲临广东考察并发表重要讲话，多次对广东、广州工作作出重要指示批示，对广州发展寄予厚望。面对新征程，广州要保持走在全国前列，最根本的是要继续弘扬改革开放精神，推动思想再解放、改革再深入、工作再落实。为认真学习贯彻习近平总书记重要讲话精神，总结改革开放40年来的经验，乘势而上，在新起点上推动改革开放实现新突破，中共广州市委宣传部策划出版本套丛书，以回溯历史的形式重读历史，不仅是对广州改革开放40年历程经验的一个简单回顾总结，更是为了以问题为导向，深刻认识新形势下改革开放的时代性、体系性、全局性，高举新时代改革开放旗帜，不忘改革开放初心，坚定改革再出发、将改革开放进行到底的决心，凝心聚力，接续奋斗，激励广州在更高起点、更高层次、更高水平上推进改革开放，用新业绩抒写新时代改革开放恢宏的画卷。

祝愿每一位读者都能从品读广州改革开放40年的历史中获取源源不断的奋斗激情和前进动力。

是为序。

丛书编委会

2018年11月10日

上册目录

第一章

广州40年改革开放的基本历程与基本经验

党的十一届三中全会开启了改革开放进程，40年来，我国经济社会事业取得了举世瞩目的成就。地处改革开放前沿的广州，在党中央、国务院和广东省委、省政府的正确领导下，践行改革开放排头兵责任，高扬中国特色社会主义伟大旗帜，坚持贯彻党的十一届三中全会以来的路线方针政策，立足广东和广州实际，不断创新，积累了一系列基本经验和做法。

一、广州40年改革开放的基本历程

1978年以来，广州作为广东省的省会城市，作为国家和广东省改革开放先行先试的重点城市，每一次重大探索和重大突破，都是在党中央、国务院和广东省委、省政府的坚强领导下，在全市广大干部群众积极参与和支持下完成的。

（一）广州改革开放历程的简要回顾

广州市40年的改革开放历程可分为三个阶段。

1. 第一阶段（1978—1992年）：站在全国改革开放前列的广州

1978年5月，《光明日报》发表评论员文章《实践是检验真理的唯一标准》，引发了全国关于真理标准的大讨论，拉开了回归实事求是思想路线的帷幕。1978年12月，党的十一届三中全会在北京召开，全会重新确立了马克思主义的思想路线、政治路线和组织路线，作出了把工作重点转移到经济建设上来的战略决断，中国由此进入改革开放的新时期。

1978年下半年，广州市委组织全市广泛开展真理标准大讨论。1979年，广州市委、市政府按照党的十一届三中全会精神，开始了农村经营体制的改革。同年7月，中央决定对广东、福建两省实行特殊政策和灵活措施，批准在深圳等4个城市兴办经济特区。1984年4月中共中央决定进一步开放广州等14个沿海城市，兴办经济技术开发区。同年，广州被列为经济体制综合改革试点城市和计划单列市之一。同年10月，党的十二届三中全会讨论通过了《中共中央关于经济体制改革的决定》，提出了“社会主义商品经济”和“有计划的商品经济”的概念，为大力发展社会主义商品经济提供了理论和政策依据，以城市为重点的经济体制改革全面展开。

这一时期广州的改革重点主要包括：

（1）大力培育市场体系，突破流通领域的大一统格局。充分发挥市场机制作用，建立了钢材、机电、化工、木材、建材、燃料等的交易（贸易）中心，逐步扩大实现生产资料的市场化比重，粮油期货市场开始试运行，企业定价权基本到位，初步形成“三多一少”（多种经济成分、多渠道、多形式、少环节）的流通体制。（2）扩大对外开放，形成新的外贸外资体制。广州经济技术开发区和广州保税区先后设立，对外经济贸易活动发展迅速。1992年广州外贸出口79.24亿美元；实际利用外资19.27亿美元，合同利用外资达48.11亿美元，超过改革开放13年以来合同利用外资的总和，外商投资企业已发展到3291家。（3）推进企业扩大自主权。相继实行厂长（经理）负责制、企业承包经营责任制改革，积极推动企业兼并、重组，以“放开经营，综合改革”为指引组建了57个企业集团，21家企业按规范化要求进行股份制试点，越秀投资有限公司等在香港挂牌上市。（4）大力发展非公有制经济。全市商业体制和市场管理体制率先放开，一批个体工商户和民营企业蓬勃兴起并迅速发展壮大，成规模的消费品市场和专业批发市场出现，音乐、音像、出版、影视等“文化个体户”领全国风气之先。（5）推进农村产权制度改革。实行联产到组、联产到劳动力的农业经营责任制，鼓励乡镇企业发展，发展双层经营，逐步推行农村合作经济股份制。（6）探索财政金融体制改革。财政实行“递增包干”的体制；各专业银行开始向企业化经营方向发展，1992年全市金融机构达1898个，比1987年增加了1.98倍，4家外资银行在广州开设分行；同业拆借、外汇调剂、证券交易、票据交换等市场进一步扩大。（7）探索建立社会保障体制。住房管理体制改革步伐加快，实施《广州市住房公积金试行办法》；扩大了职工养老保险和待业保险的范围和覆盖面，市属企业和区街集体企业职工退休金基本实现统筹，试点实行村干部退休统筹和农村基层干部养老保险。

2. 第二阶段（1992—2012年）：率先建立和完善社会主义经济体制

1992年邓小平南方谈话和党的十四大确立了建立社会主义市场经济体制的改革目标；党的十四届三中全会通过了《中共中央关于建立社会主义市场经济体制若干问题的决定》；1992年，广州市委、市政府发布《关于进一步深化改革、扩大开放的若干决定》，提出用15年左右的时间基本实现社会主义现代化的奋斗目标。

这一时期广州的改革重点主要包括：

（1）推进国有资产经营管理体制和国有企业产权制度的改革。1993年，广州制定《广州市贯彻〈全民所有制工业企业转换经营机制条例〉实施办法》，选择了市机电局等11个单位进行设立国有资产投资经营公司和授权集团公司或大型企业经营管理国有资产的试点。1994年，市国

年检；政府“一窗办事”“一号受理”“一网服务”经验在全国推广。（2）全力推进高端市场发展。在全国率先建成民间金融街，全市6个金融功能区、5个金融交易平台发展顺利，绿色金融改革总体方案获国务院批准实施。至2017年11月底，累计培育境内外上市公司151家，累计融资超3300亿元。[①]（3）着力扫清创新驱动发展的体制机制障碍。通过实施财政科技经费倍增计划，出台“1+9”科技创新政策，建立中小企业发展基金和知识产权质押融资风险补偿基金等。创建一系列的创新平台，推动全市的自主创新工作。（4）国有企业改革不断深化。全市实现国有资产统一监管，近七成市属国企完成混合所有制改革，推动上市公司重组整合，国资监督管理和廉洁建设进一步加强。国有企业资产总额、利润总额年均保持两位数增长。（5）进一步调整完善对外贸易机制。推行出口退税网上申报和限时办结等制度，全面促进通关便利化。南沙自贸区推出“互联网+易通关”、智检口岸、全球质量溯源体系等310项改革成果，其中108项改革经验在全国或全省复制推广。[②]（6）深入推进社会体制改革。创建一卡、一号、一格、一网、一窗“五个一”社会治理模式，推广“民主协商、一事一议”基层治理经验，采取社区、社会组织、专业社工“三社联动”模式服务社区居民；“政府主导、社会协同、项目运作、专业服务”的社工发展模式得到国家相关部门肯定。

（二）经济体制改革的突破性进展

改革开放探索中，广州遵循先易后难、依序推进、重点突破、协调推进的方针，不断攻克难关，始终走在建立和完善中国特色社会主义市

---

①参见《2017年12月广州金融基本情况》，2018-01-31，http://www.gzjr.gov.cn/gzjr/tjxx/201801/3ce35c5771ef49fd806cff9035a48498.shtml。

②参见《2018年广州市政府工作报告》，2018年1月11日。

场经济体制的前列。

1. 价格与流通体制改革的“闯关”

价格与流通是市场经济最基本的因素，因而价格与流通体制改革是计划经济体制转向市场经济体制最为关键的环节。广州市价格与流通体制改革的成功“闯关”，为全国价格与流通体制改革提供了示范。

1978年12月25日，广州在全国率先放开部分水产品市场的管理，拉开价格与流通体制改革序幕。1979年3月，广州允许计划外的塘鱼、冰鲜鱼上市，推动了塘鱼商品生产基地建设，在市区开办农贸市场，恢复个体经营，允许渔民、渔农进城卖鱼，允许长途贩运。1983年广州对蔬菜产销实行“六成由国家收购和幅度议价成交，四成放开，不限不保”。1984年5月广州在全国率先提议“按照价值规律重组蔬菜产销新秩序”，同年11月，全面放开蔬菜产销，广州农产品统购派购品种从110种减少到11种。

广州以放开水产品、蔬菜等食品价格管制为突破口，拉动生产基地和流通渠道的建设，成为全国放开市场、搞活流通的领跑者。1985年，广州开始推进价格和流通体制的全面改革。广州市委、市政府明确提出，以放为主、放管结合，激活市场，实现价值规律回归，逐步释放经济发展活力。除关系社会稳定的粮油产品外，从生猪、牛肉、全部水产品到食糖，农副产品的生产、经营、价格全部放开。1980年广州的小商品价格开始放开；1984年日用工业品价格大部分放开；1986年9月全市高档工业品不再凭票供应；1988年12月，广州市在三元里走马岗设立第一个粮食交易市场；1992年4月1日，广州率先在全国全面放开粮食价格。至1992年底，广州市工农业产品价格已有98%由市场调节，70%以上的劳务价格由企业自主定价，大部分实行“双轨制”的生产资料价格已并轨。[①]

价格和流通体制“闯关”揭开社会主义市场经济体制建设序幕，广州的探索既是广州的，更是全国的。全国首次十大城市蔬菜体制改革经验交流会就是在广州召开的。改革并非一帆风顺，其间部分市民的不理解、通货膨胀引致的抢购潮、改革时机的选择等无不考验着政府的应对能力。广州市委、市政府改革决心坚定，遵循价值规律，积极应对，较好地突破了价格和流通体制的壁垒，积累了经验，带动了其他领域的改革。

2. 非公有制经济的迅速发展

非公有制经济是社会主义市场经济的重要组成部分，40年来广州始终坚定不移地鼓励、支持、引导非公有制经济发展，努力激发非公有制经济活力和创造力。

1979年7月，广州市发放第一批82户个体工商业营业执照，各区街举办各种技能培训班，划出专门的地方供个体工商业户经营。[②]1982年，市政府颁布《广州市城镇个体工商业户管理试行办法》，明确允许待业人员、无业人员、退休人员、停薪留职人员领取个体营业执照。20世纪80年代上半期，广州市出现第一次非公有制经济发展高潮。个体工商户数从1979年的5022户上升到1985年的93 779户，年均递增62.88%，远远高于全国同期25%的年增速。

1992年邓小平南方谈话的发表，再次激发广州非公有制经济发展的新高潮。1993年市委颁发了《关于加快个体和私营经济发展的决定》，放宽个体私营企业的经营范围，放宽个体和私营企业的财税和信贷政策，提高设备折旧率，支持扩大出口，鼓励开展横向经济联合和开办

①黄卜仁. 广州如何进一步深化价格体系改革［J］. 探求，1993（3）：19-21.

②中共广州市委党史研究室. 广州改革开放实录：第一辑［M］. 广州：广东经济出版社，2016：203.

市场等。这些举措在全国开了先河，国家工商部门予以介绍推广。1994年底，广州市个体工商业户、从业人员、注册资金分别比1992年底增长40.39%、46.46%和136.76%，经济门类逐步扩展到各个领域，并涉足现代服务业和部分垄断行业。

随着企业法、物权法等一系列法律颁发实施，广州民营经济的发展更加稳定健康。2003年，广州市将民营经济纳入政府统计体系，编辑出版了全国省辖市第一部民营经济年鉴——《广州民营经济年鉴》。2005年初，广州市开通为非公有制企业服务的政府信息网，建立了中小企业担保体系，加快了各类专业市场建设。2008年以后，国际金融危机给广州市非公有制经济带来不少压力，倒逼广州的民营企业创新转型，提升内生活力。为缓解民营企业的资金周转压力，市政府出台相关政策，先后投入1500万元财政专项资金，争取国家工信部2600万元的“国家中小企业信用担保业务补助资金”，健全完善中小企业融资担保体系。2010年国务院发布《国务院关于鼓励和引导民间投资健康发展的若干意见》（简称“新36条”）后，同年10月，广州市委、市政府出台《中共广州市委、广州市人民政府关于加快发展民营经济的实施意见》，鼓励民间资本进入战略性基础设施和战略性主导产业的发展平台。2013年之后，广州探索民资“非禁即入”的负面清单管理。2017年2月，广州市政府办公厅公布首批6大类共28个PPP（政府和社会资本合作）试点项目名单。至2017年8月，广州民营企业市场主体达156万户；全市科技型中小企业中90%以上是民营企业；高新企业中97%是民营企业，达4600家；企业发明专利申请量的98%来自民营企业；新三板挂牌企业中95%是民营企业，超过400家。①

①许可，陈思勤，黄伟. 穗民营经济发展凸显“四个90%以上”［N］. 南方日报. 2017-10-27（A1）.

3. 国有企业改革和国有经济的壮大

通过国有企业改革，使企业增强活力和竞争力，从而发展壮大广州的国有经济，是广州市城市改革的中心环节和重要目标。

（1）以向下放权为突破口理顺国企内部经营机制。1992年之前，国企改革主要通过内部引入市场机制，落实“按劳分配，多劳多得”，激发经营动力。1979年7月，国务院发出关于按照五个改革管理体制文件组织试点的通知，广东省据此先后下放数十项权力，实行利润包干。同年8月，广州绢麻纺织厂等10家企业被选为扩大企业自主权的试点。次年广州再选择包括广州自行车工业公司在内的79家企业作为第二批试点。“放权让利”使国有企业经营出现根本性变化，原来的亏损大户广州钢铁厂两年后变为盈利大户。广州1984年始推行股份制改造试验；1987年后全面推行厂长（经理）负责制和企业承包经营责任制；1988年贯彻企业法落实企业自主权；通过兼并、重组等形式，从1985年到1991年组建了44家企业集团。与此同时，广州将19个原为政府专业经济管理部门的局、行政性总公司全部转为具有法人资格的经济实体，政府不再直接管理、干预企业的生产经营活动。

（2）完善制度环境，保障国有企业改革。1992年之后，广州市以产权制度改革为突破口，着重理顺国企产权关系，推动战略性重组，改革企业领导体制、分配制度、资产管理体制，推行独立董事和外派监事制度等，探索现代企业制度建设。2000年，市政府再次决定两年内从财政中拨出10亿元作为关闭、破产、转制企业的安置费用，加速国有企业大规模战略性重组，以改变广州工业散、小、乱的格局，促使国有资产向支柱产业和高新产业集中。同年6月，广州依托产业链推动优势企业、优势行业实现上下游整合要求，成立广州轻工工贸集团、广州机电集团等四大资产经营公司，以授权经营形式把652亿元的国有资产划拨出去，实现政企分开、市场经营。

（3）在市场竞争中发展壮大。2010年后，国有企业改革和国有资本经营主要围绕4个方面进行。一是推出政策优惠。采取有关项目建设、市场准入、融资发展、创新投入、并购重组等14项政策措施促进国有企业做强做大。二是加速资本证券化。着力推进国有资本控股平台、国有资产处置平台建设，资产证券化水平从2009年的25%提高到2012年的近50%，2015年国资金融业资产总额突破1万亿元。三是提升经营管理能力。加快从管资产向管资本转变，组建广州国资发展控股有限公司，实施企业集团内部、企业集团之间、全市范围、跨行政区域、跨所有制5层面的战略性重组。四是加强监督管理。形成由70多项管理制度组成的国资监管制度体系，加快从事后追究向预警预防转变，监察关口前移，实现国有产权转让100%进场交易。直接监管覆盖99%市属经营性国有资产。①

4. 农村改革与城乡融合发展体制的建立

（1）农村改革的起步。党的十一届三中全会之后，广州郊区的部分农村地区尝试包产到户、包干到户。增城县1980年9月前，全县包干到户、包产到户的已达776个生产队。②1982年，中共中央批转新时期第一个农村工作1号文件《全国农村工作会议纪要》，肯定联产承包责任制是社会主义集体经济的生产责任制，农村改革全面拉开。市委、市政府及时总结广州郊区的改革经验，在全市农村广泛推开联产承包责任制改革。

（2）推动农业走向市场化、产业化。20世纪80年代之后，随着农业生产力的释放，“小生产、小流通、小批发”的农业模式必须与“大市场”接通。广州市委、市政府及时总结推广江高镇以镇办养鸡场为依

①参见2010—2017年《广州年鉴》。

②参见中共增城县委《关于贯彻中央75号文件情况的报告》，1980年11月17日。

托，联合8个村办鸡场和1000多家养鸡专业户，形成以场带户、产供销“一条龙”的集团式合作经济组织的经验。这一“龙头+农户”的农业产业化模式被称为“江高模式”。广州市委、市政府在全市农村种养业中大力推广此模式之后，延伸形成科技服务带动型、生产销售带动型、专业组织带动型、加工服务带动型和外向经营带动型5种组合，被誉为农业产业化的“广州模式”，国家农业部将之在全国范围内推广。

（3）深化农村产权制度改革，推进农村城市化。1987年广州市委、市政府决定以天河区沙河镇为试点，推行农村合作经济股份制，将集体财产清产折股量化到人，建立股份合作产权制度，社员可以现金扩股，重构经济合作社组织形式、管理制度和分配制度。这一农村新型制度，凸现了明晰农村产权、推动多种经济成分和多层次经济联合、维护农户经营自主权、促进农村劳动者转移等特点，实施效果明显。市委、市政府随后总结了沙河镇的试点经验，要求全市农村在群众自愿的基础上广泛实行农村合作经济股份制。

（4）城乡统筹发展和社会主义新农村建设。进入21世纪之后，广州市委、市政府按照中央关于建设社会主义新农村和城乡统筹发展的要求，一是向农村地区倾斜投入资金和项目，加强中心镇建设，重点帮扶北部山区镇村，全面推进村庄规划编制，建设农村基层公共服务站，使全部行政村实现了“五通”；二是努力加强农村土地综合整治和耕地保护，建设高标准基本农田和农田水利，建成国家华南亚热带良种奶牛繁育中心和多个市级现代农业园区；三是利用2012年广州成为全国城乡统筹土地管理制度创新试点城市的契机，成立市土地管理委员会，统筹土地资源开发利用，出台《广州市农村村民住宅规划建设工作指引（试行）》，实现农村集体土地确权登记基本全覆盖，解决了历史遗留房地产证办理工作；四是继续积极推进农村集体经济股份合作制改革，推进集体建设用地使用权流转，建成了集体经济“三资”交易平台。

5. 开放型经济体制的形成

（1）对外开放的探索始终走在全国前列。1979年在全国开创中国酒店业引进外资的先河，以中外合资或合作方式兴建了白天鹅宾馆等3家五星级酒店。1986年10月广州市拟订了全国最早的开发区条例——《广州经济技术开发区条例》[①]。1988年3月广州市颁发了《广州经济技术开发区土地使用权有偿出让和转让办法》，随即在全国出让了第一块工业用地。1998年广州率先倡导并承办了第一届中国留学人员广州科技交流会。

（2）依托开发区建设，推动外向型经济发展。1984年广州被国务院确定为14个沿海开放城市之一，同年12月获批在黄埔设立广州开发区。同年，广州外贸体制实行工贸、技贸、进出口三结合，推行外贸经营代理制和承包责任制，有力推动了全市外向型经济发展。1992年广州市委、市政府作出《关于进一步深化改革、扩大开放的若干决定》，1993年广州决定设立南沙经济区，各县、区、镇也先后开办了若干个形式不同的开发区，全市依托开发区初步构筑起外向型经济的空间布局和开发区体系。2012年9月南沙新区成为全国第六个国家级新区，广州开发区、增城开发区、南沙新区三大国家级开发区成为广州对外开放的重要平台。

（3）建设广东自由贸易区南沙片区。2015年3月国务院批准设立中国（广东）自由贸易区，包括广州南沙、深圳前海蛇口和珠海横琴三个片区。南沙自贸片区设立之后，紧紧围绕依托港澳、服务内地、面向世界，建设成为粤港澳深度合作示范区、21世纪海上丝绸之路重要枢纽和全国新一轮改革开放先行地的战略定位，积极创新体制机制，探索推

①中共广州市委党史研究室. 广州改革开放实录：第一辑［M］. 广州：广东经济出版社，2016：105.

行“一口受理”新模式，实施负面清单管理，推动穗港澳服务贸易自由化，组建国际航运仲裁院，多项改革举措作为试点经验由国务院批准在全国复制推广。

（4）不断创新政策优化服务，构筑良好的利用外资环境。1985年1月，广州在全国率先设立“外经一条街”[①]，涉及外经管理的各个部门集中提供服务。1988年广州市出台《广州市人民政府关于简政放权、简化手续、提高办事效率的若干规定》，在全国较早提出通过加强营商环境和政府服务，为外商投资提供各种便利。2004年1月，广州市政府决定对外资投资企业实行“六个放宽”和“六个取消”政策。[②]2011年，广州市发布《广州市外商投资商业及并购项目审批指引》，进一步下放了外资审批权限。2017年，全市新批外商投资企业2459家，合同外资额133.91亿美元，比2016年增长35.3%；实际直接利用外资62.89亿美元，增长10.3%。外贸进出口总值9600亿元，增长12%。在穗投资的世界500强企业累计297家，主要集中在电子信息业、汽车制造、船舶工业等先进制造业。[③]

（三）治理体系和治理能力现代化

改革开放40年来，广州紧紧围绕推进治理体系和治理能力现代化这一目标，努力推进行政管理体制、科技教育文化管理体制、社会管理体制、生态环境保护体制和党的建设体制机制等领域的改革，为广州的经济社会发展各项事业提供了坚强的政治保障、制度保障、组织保障和人

①广州“外经贸一条街”是1985年1月29日成立的、中国诞生最早的集中办理外经贸事务的机构。

②全国政协文史和学习委员会，浙江省政协文史资料委员会，广州市政协. 十四个沿海开放城市纪实·广州卷［M］. 北京：中国文史出版社，2015：9.

③广州市统计局，国家统计局广州调查处. 2017年广州市国民经济和社会发展统计公报［N］. 广州日报，2018-04-01.

才保障。

1. 行政管理体制改革和政府职能的转变

改革开放以来，广州积极稳妥推进行政管理体制改革，在转变政府职能、提高行政效率和公共服务效率等方面，取得显著成效。

（1）以精简提效为切入口，改革统包统管的政府管理经济模式。20世纪80年代，广州市针对高度集中、统包统管的政府管理经济模式，通过精简政府机构、改革干部人事制度、下放行政审批权限，激发社会活力。为适应20世纪80年代前半期率先放开市场的形势，1985年广州设立了市商业管理委员会，统筹领导全市流通体制改革。为落实先行先试、放权搞活的城市改革要求，20世纪80年代中期广州市政府将城市规划、国土房地产、市政园林、工商、财税等14个方面涉及城市管理的相关事权大部分下放到区一级。

（2）以职能转变为重点，探索适应社会主义市场经济的行政体制。1999年、2002年和2006年广州先后开展了3轮全市统一的行政审批制度改革，对2700项行政审批事项进行了清理，使广州市行政审批事项减少了70%，大大提高了行政效率，方便了企业和人民群众。2009年为顺应大部制改革的要求，广州市政府再次缩减9个政府部门，成立市科技和信息化局、市林业和园林局、市城市管理委员会等新机构。2002年之后，广州重点推进服务型政府和法治型政府建设，规范政府行为，推进依法行政，推进政务公开、电子政务、政府绩效管理、大部制改革等。2003年广州在全国率先出台公务员行为规范——《广州市国家行政机关及其公务员公共服务行为规范试行规定》。

（3）以放管服为抓手，持续推进政府治理体系和治理能力现代化。党的十八大以后，广州市根据“推进国家治理体系和治理能力现代化”的要求，重点推进简政放权、放管结合、优化服务，着力建设职能科学、结构优化、廉洁高效、人民满意的服务型政府。2013年发布行政权力清单，成为全国首个晒出行政权力清单的城市。2014年推行新一轮政府机构改革，政府机构由改革前的41个缩减至39个，再次取消、下放行政审批和备案事项。市政府各部门先后建立了定期新闻发布会制度、基层政务公开标准化规范化试点。通过向社会公示行政执法数据、推行“互联网+政务服务”、实现审批服务事项一窗受理、网上办理和部分事项全城通办等做法，大大提升了广州市的行政效率和公共服务质量。

2. 科技教育文化管理体制改革和创新驱动战略的落实

改革开放以来，广州市坚持走科教强市、文化兴市的道路，推进科技教育文化管理体制改革，推动创新驱动战略的实施。

（1）改革科技管理体制，为实施创新驱动发展战略提供制度保障。1985年《中共中央关于科学技术体制改革的决定》颁布之后，广州市认真贯彻“经济建设必须依靠科学技术，科学技术工作必须面向经济建设”的方针，坚持科技体制改革与经济体制改革同步，开始实行所长负责制和所长任期目标责任制或承包经营责任制，改革由国家拨款办科技的单一模式，探索多渠道筹措资金的方式。1986年起推动科研单位与企业组成各种形式的科研生产联合体，科技与企业的结合加快，服务于珠三角企业的广州市“星期六工程师”成为全国科研机构服务经济建设的典范。1987年广州颁布《广州科学技术发展战略纲要》，同年广州被列为全国五个科技体制改革试点城市之一。1989年广州市制定《广州市科技兴市规划（1990—2005年）》，明确以科技兴市为主线贯穿经济发展各领域，此后广州又颁发《关于依靠科技进步推动经济发展的若干规定》，将重点科研计划、“星火”计划、“火炬”计划、科技推广计划、引进项目消化吸收创新计划、软科学计划六大科技计划纳入全市国民经济和社会发展计划。1992年广州被列为国家科技经济体制综合配套改革试点城市。1998年广州出台《中共广东省委、广东省人民政府关于依靠科技进步推动产业结构优化升级的决定》，制定关于进一步扶持高新技术产业发展的若干规定等政策。鼓励企业加大科研投入，建设创新型企业；鼓励科研单位加快科研成果转化，建立科研成果和技术市场。

（2）着力构建以自主创新为主导的创新型城市。2000年以后，广州将科技创新工作逐步聚焦于发展高技术产业，加快建设创新型城市步伐，出台促进自主创新能力提升的政策，部署建设广州国际生物岛、广州国际企业孵化器、留学人员广州创业园、国家863计划项目成果转化基地、广东软件科学园等，初步形成新型平板显示、新一代宽带移动通信、生物医疗等产业集群，广州高新区被确定为“中国创新驿站”首批试点之一。2011年广州市被评为中国十大创新型城市之一，获得“2011中国城市信息化卓越成就奖”，获批中国软件名城创建（试点）城市、国家现代服务业创新发展试点城市、国家电子商务示范城市、全国科技进步考核先进城市，全市12个区、县级市全部通过了全国县（市）科技进步考核。2012年以来，广州市坚持市场导向，坚持企业的创新主体定位，着力推动国家创新中心城市和国际科技创新枢纽建设，先后出台了《广州市科技创新促进条例》《广州市科学技术奖励办法》《广州市科技计划与项目管理办法》等。2015年广州市委、市政府出台的《中共广州市委、广州市人民政府关于加快实施创新驱动发展战略的决定》（即“1+9”系列政策），全面涵盖企业创新主体、创新生态环境、科技成果转化、科技金融产业融合等方面。广州还推出多项支持发展高新技术企业，支持企业设立研发机构、发展众创空间、改革科技成果处置权收益权等举措。全市高新技术企业数迅速增长，2016年已达4742家，居全国第四；创新型企业不断涌现，入选中国最佳创新公司50强企业数量连续3年居全国前三。2016年全年新增新三板挂牌数及挂牌总数位列全国省会城市第一，新增挂牌企业净资产均值全国第一，国家级科技企业孵化器优秀数量连续多年居全国前列。

（3）改革教育和教学管理体制。一是逐步形成优先教育的政策体系。1985年广州研究制定与经济社会发展规划相配套的《广州教育发展战略》；1988年实施“燎原计划”，部署加快农村教育的基本建设；1993年出台《关于优先发展教育事业，深化教育改革的决定》。二是大胆探索多元化兴办教育的方式。1983年接受世界银行贷款创建广州大学，时任广州市市长的叶选平亲自兼任校长；20世纪90年代以后开办了番禺理工学院、广州城市学院等院校；2000年以后，一大批民办高校、民办中小学迅猛发展，成为广州教育事业发展的生力军。2003年广州大学城的建成，使广州的高等教育规模跃居全国前列。三是积极改革教学管理体制。1986年开始建立分级办学、分级负责的新体制，1998年以来先后印发《试点区深化中学教育管理体制改革方案》《市属中学管理体制改革方案实施细则》《广州市社会力量办学管理条例》等政策，推行“两聘（聘任校长、聘任教师）两制（实行校长负责制、教职工岗位责任制）一包（经费包干）一奖（浮动奖励工资）”等6项改革，同时鼓励社会力量以各种方式投资办学。四是推进教育治理体系和治理能力现代化。党的十八大以来，为支撑广州“三中心一体系”战略布局和建设枢纽型网络城市，凸显教育体制新活力，广州市先后出台了学前教育三年行动计划、义务教育均衡优质发展、职业教育专业结构调整、特殊教育发展、民办教育发展等重点领域的改革文件，实施考试招生制度改革，在全省率先完成教师职称改革试点，推进城乡教育资源配置均衡，11个区全部成功创建成为“全国义务教育发展基本均衡区”和“广东省推进教育现代化先进区”。

（4）改革文化管理体制，推进文化建设与经济社会协调发展。改革开放以来，广州市的文化管理体制改革紧贴中国特色社会主义的脉搏，始终走在全国前列。在加强对文化领域的宏观管理方面，建立党委领导、政府管理、行业自律、企事业单位依法运营的文化管理体制。在加快政府文化管理职能转变方面，加快推进政企分开、政资分开、政事分开、政府与市场中介机构分开，实行管办分离。广州市在全国最早探索全市出版和发行资源整合，建设大型文化产业集团，1996年广州日报率先成为我国第一家报业集团。广州还在全国较早推进广播电视领域的制播分离改革，成立国有文化资产管理机构，制定国有文化资产管理办法，整合广州文化艺术创作研究资源。党的十八大以来，广州市围绕建设文化强市，构建枢纽型文化网络体系，建设岭南文化中心，培育世界文化名城的目标，全面深化文化管理体制改革，公共文化服务体系日趋完善，市、区、街道（镇）、社区（村）四级公共文化服务网络基本建立，新闻出版与广电事业稳步发展，网游动漫、创意设计、新媒体等新兴文化产业迅速发展。2015年全市文化产业增加值达913.28亿元，占地区生产总值的比重已达5.05%。广州重大文化活动品牌影响力明显增强，中国音乐金钟奖、中国（广州）国际纪录片节、广州艺术节、广州国际艺术博览会等大型文化活动被广泛关注，迎春花市、广府庙会、波罗诞等传统民俗文化活动品牌成为文化名片，一批优秀作品获得国家和广东省的重大奖项。

3. 社会管理体制改革和社会活力提升

广州市的社会管理体制改革是和解放思想的大潮一起起步的。1983年广州市的“对广州再认识”的思想教育活动，较早提倡广开言路，激活社会和公众参与经济社会发展；1984年启动“假如我是广州市长”的活动，鼓励市民出谋划策；1986年开通“市长专线电话”，《广州日报》开设《给市长打电话》专栏，广州人民广播电台开播《公仆与市民》节目；1988年市政府开办“市长专邮”，成立广州社情民意研究中心；1992年广州市人大常委会和广州市电视台联合主办大型政论性电视公开论坛《羊城论坛》，引导公民有序地参加城市管理。广州逐步形成了全新的官民互动模式，政府广开言路、听取各方的意见，为科学执政提供更充分的民意支持。

2000年之后，广州市着力引导社会有序参与，推进社会的组织化和规范化。2006年广州市选择行业协会作为社会组织登记改革试点，取消业务主管单位。2008年印发《广州市社区社会组织管理试行办法》，加大培育发展社会组织的力度；2009年起逐步将科技类、体育类、社会工作类民办非企业单位和公益服务类等社会团体业务主管单位改为业务指导单位，实行由民政部门直接登记。2010年起全市的街道分步开展社区综合服务中心建设工作，逐步形成社区、社会组织与社工“三社联动”，社工与义工“双工联动”的服务格局。党的十八大以后，广州市进一步厘清社会管理体制改革中政治主体、自治主体、市场主体和社会主体的权责边界。一是建立社区行政服务机构，专司公共服务和管理职责。二是搭建社会管理新载体，推行基层网格化治理，建立“横向到边、纵向到底、全面覆盖、无缝衔接”的服务管理网络。三是搭建基层群众自治平台，在原有村居民自治体系的基础上，建立社区事务联席会议、社区事务理事会、村民议事厅、监督委员会等协调共建机制，形成议事—决策—执行—监督的基层自治体。四是发挥社会组织协力作用。2012年颁布《广州市募捐条例》，全面开放慈善募捐市场；2013年成立全国首个地区性独立第三方慈善组织社会专业监督机构——广州市慈善组织社会监督委员会；2014年建立全国第一个以政府名义发布的慈善募捐透明度评价指标体系；2014年颁布《广州市社会组织管理办法》，在全国大城市中率先以政府规章形式制定出台社会组织管理办法，以立法形式为社会组织参与社会治理提供制度保障。

4. 生态建设体制构建和环境保护

早在1979年广州市就提出建设“社会主义清洁城市”。1983年第二次全国环境保护会议将环境保护列为基本国策，广州市随即部署相关机构建设和出台相关政策。1984年各区建立“一办两站”（即环境保护办公室，环境监理站和环境监测站）建制，并组建区环境保护委员会，各行政街、重点企业均成立环境保护领导小组，各居委会设环保员。[①]“八五”期间广州市先后出台《广州市饮用水源污染防治条例》等4部地方性法规和《广州市水环境功能区区划》等6部行政规章。“九五”期间广州制定了《广州市环境保护“九五”计划和2010年远景目标》。1997年广东省人大常委会通过了《广州市环境保护条例》。2001年，广州市出台《广州市市容环境卫生管理体制改革方案》，提出转变政府的市容环境卫生工作职能、市容环境卫生作业服务逐步走向市场的目标，环卫作业服务单位实行企业化转制。这一改革的推进为政府和市场共同参与环境治理提供了依据，也为后续广州市有效应对非典、禽流感等重大突发性公共卫生事件提供了较好的城市环境卫生基础。

2004年，广州市正式向国家环保总局递交广州市创建国家环保模范城市申请。在组织创建国家文明城市和筹备举办亚运会的过程中，全市建立自上而下的环境整治责任追究制度，整合机团单位、社区群众、社会组织、志愿者、外来人口、媒体等各类力量，参与城市环境卫生整治。历经数年努力，广州的生态环境和城市面貌发生了重大变化。先后获得“全国文明城市”“国家森林城市”“国家低碳试点城市”“全国生活垃圾分

①王永坚. 越秀区环境保护的发展历程与经验启示［M］//中共广州市委党史研究室. 广州改革开放实录（第二辑）. 北京：中共党史出版社，广州：广州出版社，2017：348-370.

类示范城市”“联合国改善人居环境最佳范例（迪拜）奖”等称号。

党的十八大以来，广州市贯彻绿色发展理念，全面促进经济发展与生态改善的良性互动。一是优化城市生态安全格局。包括深入实施主体功能区战略，构建多层次生态空间网络，加快建设生态廊道和打造珠江生态岛链，先后建成海珠国家级湿地公园等。实施清洁空气、优美水环境、生态修复、建设森林城市等计划，并由此带动“河长制”等举措的实施。二是推动绿色低碳发展。发挥公共机构示范引领作用，推行政府绿色采购、绿色办公，创建绿色公共机构；培育建立节能环保相关产业和技术联盟；进一步落实生产者责任衍生制度，推进创建全国生活垃圾分类示范城市。三是健全生态文明制度体系。出台实施《广州市生态文明建设规划纲要》，实行最严格的环境保护制度，建立政府、公众共治的环境治理体系、污染源全过程监管机制、生态价值评估指标体系，建立绿色决策公众参与和监督机制，将资源消耗、环境污染及绿化建设等纳入地区经济社会发展评价体系，对党政领导干部实行自然资源资产离任审计。

5. 党的建设的创新

坚持中国共产党的领导是中国特色社会主义最本质的特征，是中国特色社会主义制度最大的优越性。改革开放以来，广州市坚持立足实际，先行一步探索推进党的建设创新，为广州经济社会发展注入活力。

（1）“围绕改革抓党建，抓好党建促发展。”党的十一届三中全会后，广州市委坚持解放思想、实事求是的思想路线，从思想上、政治上进行拨乱反正，提高各级领导班子和领导干部贯彻执行党的十一届三中全会确立的路线、方针和政策的自觉性，把各级党组织的决策和党员干部的思想引导到党中央推动改革开放的工作大局上来。这一时期的重点是抓好各级领导班子的思想整顿和组织整顿，把各级领导班子建设成能坚决执行党的路线和政策、密切联系群众的坚强的战斗指挥部。随着改革开放的全面推进，新型的多元化经济关系引起了工人队伍、党员队伍的变化，广州在全国率先摸索改革开放新时期党建规律，较早探索非公有制经济组织的党建工作。1985年高德良成为广州市第一个入党的个体户。同年，广州市委召开外商投资企业党建会议，中国大酒店、广州花园酒店成为首批建立党组织的中外合作企业。1989年开始，广州市委每年召开一次党建工作会议，1995年至2000年实施广州市“堡垒工程”“先锋工程”，广州市委明确提出紧紧围绕经济建设和社会发展抓党建，抓好党建促进经济的发展和社会的进步，把加强党的建设作为搞好改革开放和现代化建设的根本保证。

（2）把制度建设贯穿于党的政治、组织、思想、作风和廉政建设等各个方面。改革开放40年来，广州市委持续着力党建制度设计，先后建立健全党建工作责任制，先后推出党支部和党员双目标管理、党代会常任制试点、党代会代表任期制等举措。党的十八大以来，为进一步落实把制度建设贯穿于党的建设，广州市先后出台《关于实践监督执纪“四种形态”推进全面从严治党的指导意见（试行）》《广州市关于强化落实“两个责任”责任追究工作的意见》等规章制度，重点推进主体责任落实、巡察监督、“两学一做”、党员教育管理、整顿软弱涣散党组织等工作，推进全面从严治党在广州落地生根。同时，推进传承红色基因的制度建设和阵地建设，利用中共三大会址、农讲所等红色资源弘扬红色传统。此外，构建街道“大党工委”、社区“大党委”制度，推进夯实基层堡垒。

（3）重点抓好一批基层党建创新“书记项目”。按照广东省委“抓书记项目”（“抓一批党建书记项目”的简称）要求，广州市分级立项建库，分类指导推进，在全市抓一批党建“书记项目”，建立了书记领办、组织部门（机关党委）主办、基层党组织承办的“三办”工作机制，采取上下联动、合力推进、齐抓共管，确保项目落实到位。对纳入市级项目库的基层党建创新“书记项目”，各单位结合实际情况，实行“一个项目、一名领导、一支队伍、一抓到底”的推进保障机制。截至2018年3月，全市各级党组织建立“书记项目库”1000多项。其中，部分“书记项目”探索支部建在产业链、楼宇、协会、互联网企业等模式走在全国前列，推进了资源、服务和管理进一步向基层下沉，提高了党的基层组织和工作的覆盖面、渗透力和影响力。

（4）因应社会组织蓬勃发展的新情况，率先探索社会组织党建。2010年，广州市成立社会组织党工委，与广州市民政局社会组织管理局合署办公，初步搭建起了社会组织党建工作的管理机制。2012年，社会组织党工委更名为社会组织党委，在全市范围内建立起了“底数清、情况明，动态管理、定期更新”的社会组织党建工作台账和定期报送制度。广州市还开辟社会组织行业党建和“大党建”的工作模式。2017年中共广州市社会组织联合会党委正式成立，成为广州市首个社会组织综合性党委。由此，广州市将基层党建和社会治理紧密结合起来，让党的建设成为营造共建共治共享社会治理格局的核心统领。

二、广州40年改革开放的基本经验

改革开放是决定当代中国命运的关键抉择，是党和人民事业大踏步赶上时代的重要法宝。2018年博鳌论坛上习近平总书记强调：“中国40年改革开放给人们提供了许多弥足珍贵的启示，其中最重要的一条就是，一个国家、一个民族要振兴，就必须在历史前进的逻辑中前进、在时代发展的潮流中发展。”[①]理论上弄清楚什么是“历史前进的逻辑”，什么是“时代发展的潮流”，才能深刻认识改革开放的必然性、总结好改革开放的基本经验。

（一）始终坚持改革开放的正确方向

习近平强调，“改革必须坚持正确方向，既不走封闭僵化的老路，也不走改旗易帜的邪路。我们要把完善和发展中国特色社会主义制度、推进国家治理体系和治理能力现代化作为全面深化改革的总目标，勇于推进理论创新、实践创新、制度创新以及其他各方面创新，让制度更加成熟定型，让发展更有质量，让治理更有水平，让人民更有获得感”。[②]

1. 始终坚持将完善和发展中国特色社会主义制度作为全面深化改革的总目标

中国特色社会主义制度是历史的选择，是人民的选择，也是符合中国发展需要的唯一正确的选择。历史和实践证明，中国特色社会主义制度有利于保持党和国家活力，调动广大人民群众和社会各方面的积极性、主动性和创造性；有利于解放和发展社会生产力、推动经济社会全面发展；有利于维护和促进社会公平正义、实现全体人民共同富裕；有利于集中力量办大事、有效应对前进道路上的各种风险挑战；有利于维护民族团结、社会稳定、国家统一，为当代中国发展进步提供了根本制度保障。

改革开放是中国特色社会主义制度的自我进化和自我完善，其目的是推动党和人民事业不断地取得新的进步。改革要有政治原则和底线，

---

①习近平出席博鳌亚洲论坛2018年年会开幕式并发表主旨演讲［N］．人民日报，2018-04-11.

②在中国共产党成立95周年大会上的讲话［N］．人民日报，2016-07-02.

必须始终坚持正确政治方向，确保中国特色社会主义制度不变质、不走样。在40年改革开放的过程中，广州始终坚持将完善和发展中国特色社会主义制度作为全面深化改革的总目标，科学地处理好改革过程中的“变”与“不变”的关系。这里所谓的“不变”，是指决定我国社会主义性质的基本制度不能变，决定改革开放前进方向和目标的根本原则不能变。坚持和发展社会主义制度也要解决好“变”的问题。这是因为社会主义本身也处于不断的运动变化过程中，改革不仅是社会主义发展的动力来源，也是充分发挥社会主义制度优越性的根本途径。因此，社会主义制度“不变”与“变”的辩证统一是社会主义发展的内在规律，也是中国特色社会主义制度的活力之源。改革开放40年来，广州经济社会发展之所以始终保持强大活力，稳居全国前列，关键就在于广州历届市委、市政府在推进改革开放的过程中，既始终坚持社会主义基本制度不动摇、不走样，又着力改革阻碍社会主义优越性发挥的一系列体制机制弊端；既充分发挥自身的区位和人文优势，又积极借鉴世界其他国家或地区发展的有益经验，从而确保中国特色社会主义制度的广州实践与时俱进，充满生机。

40年广州改革开放的进程，就是以公有制为主体，多种所有制经济共同发展的社会主义基本经济制度不断巩固和发展的过程。1992年广州市委、市政府《关于进一步深化改革、扩大开放的若干决定》中，提出要在全国率先探索建立和完善中国特色社会主义市场经济体制，就要坚持和完善以公有制为主体，多种所有制经济共同发展的基本经济制度。20世纪90年代，广州围绕“增资、改造、分流、兼并、破产”对国有企业进行现代企业制度建设，这一系列改革举措，都紧紧围绕壮大国有经济这一根本目标。随着国有企业经营管理体制的不断完善，国有经济发展也跃上了新台阶。2017年，市属国企实现营业收入7007亿元、利润总额623亿元、上缴税费644亿元，同比分别增长13%、12.2%、10.6%，国有资产保值增值率达114%。截至2017年末，市属国企资产总额达2.97万亿元，国有净资产5403.6亿元，同比分别增长10.1%和14%，资产规模居副省级城市第一。①

在不断完善国有企业经营管理体制的同时，广州也高度重视非公有制经济的发展。1993年起连续颁布《关于加快个体和私营经济发展的决定》《关于进一步促进个体、私营经济发展的补充规定》等一系列文件，完善体制机制，大力推动非公有制经济发展。到2012年末，广州市民营经济主体数量超过90万户，注册资本接近4000亿元，吸纳的就业人数占社会总就业量的比重超过50%。2015年，广州市民营经济增加值的绝对值已达7201亿元，占地区生产总值的39.8%。

2. 始终坚持党对改革开放的领导

中国革命、建设和改革的历史表明，必须始终坚持中国共产党的领导地位。中国共产党在长期领导中国革命、建设和改革开放的过程中确立和巩固了自己的领导地位，成为推动中国特色社会主义事业发展的领导核心。纵观党的历史可以看到，坚持党的领导是我们应对重大危机与挑战，开创社会主义事业发展新局面的制胜法宝。

改革开放40年来，中国的发展成就举世瞩目，中国面临着前所未有的机遇，也面临着诸多矛盾和挑战。随着改革开放的纵深发展，各种深层次矛盾不断暴露。广州处在改革开放的前沿，改革开放中各种问题的暴露也比全国其他地区相对要早，要解决这些问题，应对这些挑战，就要始终坚持党对改革开放的领导，这是40年来广州改革开放成功经验中最为重要的一条。

---

①广州财政金融国资国企改革创新发展现新气象［N］. 广州日报，2018-04-13.

改革开放之初，国内一些地方还在顾虑“姓资姓社”或“姓公姓私”问题时，广州市委坚持解放思想、实事求是的思想路线，鼓励各级党组织和党员干部大胆地闯、大胆地试，表现出勇于担当的气魄。1978年12月广州率先放开部分水产品市场；1979年广州率先打破国营经济“一统天下”的局面，鼓励集体、个体、私营、中外合资合作办企业；1985年广州全面放开7大类农副产品价格，率先建立多渠道、市场化商品流通体制。这一系列的改革举措无一不是在市委的坚强领导下统筹部署、顺利推进的。2000年以后，广州市委按照加强党的执政能力建设和先进性建设的要求，不断强化自身总揽全局、协调各方的功能，从思想上、组织上、作风上和制度上扎实加强各级党委和基层党组织的建设，进一步加强党对改革开放事业的领导，发挥党组织的战斗堡垒作用和共产党员的先锋模范作用，推动了广州的经济发展和城市治理。

党的十八大以来，广州坚决贯彻落实以习近平同志为核心的党中央的决策部署，2014年成立了市委全面深化改革领导小组，由市委主要领导分别任正、副组长。市委注意加强对广州市全面深化改革工作的组织领导，牢牢把握方向，凝聚改革共识，落实领导责任，全过程参与重要改革举措的调研、方案设计和实施监督，加强组织协调、强化工作保障，形成推进全面深化改革的强大合力，有力地保障了广州市各项改革工作沿着正确的道路前进。

3. 始终坚持以人民为中心

习近平总书记在庆祝中国共产党成立95周年大会上的讲话中指出：“带领人民创造幸福生活，是我们党始终不渝的奋斗目标。我们要顺应人民群众对美好生活的向往，坚持以人民为中心的发展思想。”①改革开

①在庆祝中国共产党成立95周年大会上的讲话［N］．人民日报，2016-07-02.

放也必须坚持“以人民为中心”的方向，这是习近平关于改革开放思想的核心要义，这一思想彰显了唯物史观的深厚底蕴，集中表达了中国共产党人执政为民的初心。“以人民为中心”的发展思想要求在推进改革开放的过程中，要不断满足人民群众对美好生活的期望，解决好人民群众对美好生活的期望与不平衡、不充分发展之间的矛盾，使广大人民群众共享改革开放的成果。

在广州改革开放40年的过程中，“坚持以人民为中心的发展思想”不是一个抽象的概念和空洞的口号，而是实实在在的行动，是各项改革举措的出发点和落脚点，体现在改革开放的各个环节。一是始终围绕人民群众的物质文化生活需要推进改革。40年来，广州每一项改革举措的推出都体现出“人民主体地位”的主体意识和“共同富裕”的实践要求，让广大人民从社会生产力解放和发展中获得了实实在在的好处。党的十八大以来，广州更是紧紧抓住提高经济发展质量和效益这个“牛鼻子”，通过深化改革、创新驱动，不断提升供给体系质量，着力振兴实体经济，扩大高质量产品和服务供给，更好地满足了人民日益增长的多样化需求。二是在推进改革开放过程中注意发挥人民群众的主人翁意识和首创精神，让广大人民群众成为改革的参与者和行动者。在广州改革开放进程中，广州各级党委、政府积极作为，既注意抓好重大改革举措的顶层设计，也注意充分调动地方和基层推动改革的积极性和主动性，努力为各行各业的劳动者、企业家和各级干部创造发挥作用的舞台和环境，弘扬企业家精神、工匠精神和劳模精神，调动全社会的积极性、主动性和创造性，形成了推动经济社会发展的合力。不少改革举措都是在市委、市政府的支持下由基层区县、镇街率先探索得出经验，然后再在全市推广才取得成功的。三是时刻关心改革进程中人民群众利益的保障，努力做到不让人民群众的利益受损。40年来，广州市政府不断加大对教育、医疗、社会保障、城乡环境等公共服务的投入，用于民生保障的预算支出在本级可支配财力中的比重逐年提升，切实改善了广州居民的福祉。在进行国有经济结构调整、推进国有资产重组和国有企业产权改革时，广州注意妥善处理好国家、企业职工和经营者的利益关系，着力做好企业富余人员的分流安置工作。在推进供给侧结构性改革的过程中，广州始终坚持“房子是用来住的，不是用来炒的”的定位，努力把去库存和解决群众的住房公共服务、促进流动人口市民化等工作结合起来，和扎实推进以人为核心的新型城镇化结合起来。

4. 始终坚持围绕解放和发展生产力来推进改革开放

邓小平在谈到我国经济体制改革时说过：“社会主义基本制度确立以后，还要从根本上改变束缚生产力发展的经济体制，建立起充满生机和活力的社会主义经济体制，促进生产力的发展，这是改革，所以改革也是解放生产力。”[①]改革开放的实践告诉我们，改革开放必须根据我国社会主要矛盾演化的要求，始终坚持围绕解放和发展生产力这个中心任务，不断推进和深化。

党的十八大指出，解放和发展社会生产力是全面建成小康社会的前提和现实途径。不忘初心，牢记使命，高举中国特色社会主义伟大旗帜，决胜全面建成小康社会，夺取新时代中国特色社会主义伟大胜利，为实现中华民族伟大复兴的中国梦不懈奋斗，是党的十九大的主题。不论是决胜全面建成小康社会，夺取新时代中国特色社会主义伟大胜利，还是实现中华民族伟大复兴的中国梦，都需要以解放和发展社会生产力为前提。在改革开放与解放和发展生产力的关系上，一方面，我们要坚持“革命是解放生产力，改革也是解放生产力”，通过改革开放来解放

---

①邓小平．邓小平文选：第三卷［M］．北京：人民出版社，1993：370.

和发展社会生产力；另一方面，又要坚持以是否有利于解放和发展社会生产力作为衡量改革开放工作的基本标准。

40年来广州始终坚持围绕解放和发展生产力来推进改革开放，以经济建设为中心，全面推进经济、政治、文化和社会建设，社会生产力得到了迅速的提高。一是广州以经济体制改革为总抓手，以打破传统的体制机制桎梏、提高资源要素的使用效率为目标，把生产过程中的土地、资本、技术、知识等要素解放出来。二是始终把构筑现代产业体系作为重要的工作着力点，通过完善产业政策扶持体系，在招商引资、市场准入、要素配置和金融财税政策等方面进行了一系列体制机制改革，有力地促进了广州优势主导产业的形成和产业结构的优化升级。三是协同推进政治、文化、社会、生态体制改革，为解放和发展社会生产力创造良好的制度环境。经过多年的努力，广州生产力水平得到了空前的提高。1985年广州的经济总量仅为124亿元，到2017年，广州的经济总量上升为2.15万亿元，32年增长了170多倍，人民生活水平也得以迅速提升。

（二）坚持解放思想，注重改革开放的系统性、整体性、协同性

改革开放是前无古人的伟大事业，没有现成的经验可供效仿复制，只能“摸着石头过河”。广州市不论在改革开放的探索阶段，还是全面深化阶段，都始终坚持解放思想，注重改革开放的系统性、整体性和协同性。

1. 正确处理改革开放过程中的重大关系

改革开放是一项复杂、艰巨、庞大的系统工程，是对中国特色社会主义制度运行过程中存在的矛盾和问题进行破解、改进的过程。解决这些矛盾和问题，要以唯物辩证法为指导，既要统筹全局，也要突出重点，妥善处理好改革发展中事关全局性的重大关系。在这一方面，广州

在40年改革开放的历程中积累了丰富的经验，使各项改革开放举措得以落到实处。

（1）在全局上处理好改革、发展和稳定的关系。改革、发展和稳定三者的关系，是党总揽改革开放全局的首要的基本关系，处理好三者关系是中国特色社会主义事业不断取得成功的一条基本经验。改革是动力，发展是目的，稳定是前提。广州在推进改革开放的过程中时刻注意处理好改革、发展和稳定的关系，从解决重大问题和主要矛盾入手，综合施策，突出重点，明确责任，务求实效，消除和避免各种不和谐因素。一是通过各级党委“一把手抓一把手”工程的实施，各级一把手在推动改革时大胆负责，敢于拍板，大大提高了改革的效率。二是将不断改善民生，提高人民生活水平作为保持社会稳定的基础，作为改革、发展、稳定的出发点和落脚点，为此，广州各级党委在改革过程中时刻不忘群众疾苦，为老百姓排忧解难，着力办好民生实事。三是加强社会管理创新，构建完善的多元社会治理体系，提高社会依法治理水平，防范和化解各种社会矛盾纠纷。四是强化综合整治和道德约束，坚持普法教育，规范社会行为，提高街道、社区、镇村综合服务能力，畅通诉求表达渠道，保障人民群众权益。

（2）在经济体制改革上处理好政府和市场的关系。党的十八届三中全会《中共中央关于全面深化改革若干重大问题的决定》明确指出，经济体制改革的“核心问题是处理好政府和市场的关系，使市场在资源配置中起决定性作用和更好发挥政府作用。市场决定资源配置是市场经济的一般规律”。广州作为改革开放的前沿城市，一直高度重视市场在资源配置中的决定性作用，从流通体制价格“闯关”、国有企业经营体制改革，到创办经济技术开发区、自由贸易区等，无不体现了广州改革者们强烈的市场化导向改革意识。与此同时，广州也十分注意正确发挥政府的作用，根据市场决定资源配置的原则要求，科学划分政府职责和作用范围，列出政府权力和责任清单。政府在公用事业、社会事业、公共设施等领域积极作为，不断加大基础设施和社会民生投入，通过制度创新不断优化企业营商环境，维护市场秩序，使广州千年商都魅力和经济活力历久弥新。

（3）正确处理经济发展和生态环保的关系，实现可持续发展。多年来，广州在改革开放过程中积极探索经济可持续发展之道，在实践中走出一条资源节约、环境友好的道路。一是党委一把手亲自抓生态环境建设，通过建立相应的领导机构，分工负责，各部门协调一致，提高了生态环保工作实效。二是深化环保体制改革，通过建立和完善环境保护中长期规划，逐步探索建立生态环境保护责任终身追究制度，实行离任环保审计制度，着力构建生态文明建设制度体系。三是大力推进经济发展方式转变，以“退二进三”“退二还一”为抓手，推动城市经济向低碳、绿色、高效转变。四是加大环保执法力度，严格执行环境保护法、水污染防治法等，完善相关配套法律法规，积极引导公众参与环境保护决策和监督，加大对环境污染违法行为的处罚力度。

2. 以重大问题为导向的改革方略

正如习近平总书记指出的，全面深化改革，要有强烈的问题导向意识，以重大问题为导向，抓住重大问题、关键问题进一步研究思考，找出答案，着力推动解决中国发展面临的一系列突出矛盾和问题[①]。广州改革开放成功经验之一就是抓住不同阶段的主要问题，采取以重大问题为导向的改革方略。

---

①参见中共中央文献研究室《中国特色社会主义经济发展道路》课题组：《习近平关于全面深化改革重要论述的几个要义》，人民网，http://theory.people.com.cn/n/2015/0401/c40531-26783645-3.html。

（1）以重大问题为导向倒逼改革。问题倒逼并不是被动应对，而是主动作为。20世纪80年代初期，广州当时和全国一样，面临着许多积重难返又急需解决的问题，包括群众生活物资匮乏、企业生产积极性不高、城市建设落后等。对此，广州将众多问题的压力视为倒逼改革的动力，决心以体制机制改革来促进发展，以发展来解决所有难题。这一阶段广州市瞄准群众吃鱼难、吃菜难，日用消费品供应短缺，企业缺乏经营自主权，职工工资收入低等关系到群众生活的重点问题，大刀阔斧地改革农副产品生产和流通体制，改革国有企业经营体制，改革职工收入分配体制，放开扶持个体经济发展……由于这些改革举措出发点和落脚点均在于解决人民群众所遇到的现实问题，所以，改革获得了广泛的群众支持，相关改革方案也更容易得到实施。

（2）将问题导向和目标导向有机结合，提高改革方案的针对性、科学性和可操作性。问题导向意识是一切思维活动的逻辑起点，也是一切制度创新的起点。广州在推进改革开放过程中始终着眼于国情、市情实际，直面问题、研究问题、解决问题。对重大问题进行系统分析和全面解剖，找准问题产生的主要原因和根本症结，在此基础上进行改革方案设计，对症下药，从而提高了改革举措的科学性、针对性和前瞻性。20世纪90年代中期，广州市的产业结构严重老化，产业层次不高，劳动密集型产业还占有较大比重。针对此种状况，广州市果断地将全市产业转型升级的目标与经济体制、行政体制的改革目标有机结合，统筹推进。通过调整优化全市国有资产的产业布局，一方面集中力量发展汽车、石化、钢铁等支柱产业，另一方面集中优质资源发展高新技术产业和战略性新兴产业，在广州东部形成广州科学城、广州生物岛等先进制造业的新集聚区。同时，还调整部分国有资产发展境外投资，参与城市建设。这一系列举措，奠定了今日广州的工业化和城市化的大格局，成为广州长久居于全国“一线城市”的坚实基础。

（3）注意将重大问题导向与改革战略谋划统一起来。广州在推进改革中注意以问题导向意识为改革中的战略谋划提供基础，提供前提，以解决问题作为检验战略谋划是否科学的标准；同时，以战略谋划为解决问题提供对策思路，提供整体框架，提供组织和制度保障。改革开放以来，广州市的城市建设取得巨大成就，主要的经验就是“一张蓝图画到底”，始终牢牢把握住把广州建设成为具有强大的综合竞争力和国际影响力的现代化大都市这一战略目标。而为实现这一战略目标制定的广州城市发展规划，则要根据不同时期对广州城市功能的定位、面临的主客观条件以及群众所关注的热点、痛点问题，不断进行调整完善。改革开放初期，广州的城市建设任务是发挥省会城市和计划单列市的优势，努力发展外向型经济，服务于推进城市改革和提高人民生活水平。1992年以后，广州市城市建设的目标确定为“初步建成具有强大内外辐射能力的现代化国际大都市”，针对制约广州经济社会发展的空间不足的问题和群众对改善城市环境的愿望，广州通过“东进、南拓、西联、北优”来拉开城市空间布局，通过“一年一小变、三年一中变、十年一大变”来推进城市环境建设工程。党的十八大以来，广州城市建设由外延拓展式向内涵提升式转变，工作重心转向优化大都市空间布局、建设枢纽网络型城市和推进城市社区精细化管理服务，一步步地逼近“国际一流的现代化城市”的战略目标。

3. 务实进取的多点突破策略

所谓多点突破，是指改革的思路与方案能够比较全面地涵盖经济社会发展的主要领域或关键领域，各领域的改革相互之间做到衔接协同。改革开放实践涉及方方面面的、长期的与短期的、局部的与整体的利益关系，是一个十分巨大的社会系统工程。因此，不论是研究改革，还是实施改革，都要注意改革的系统性、整体性和协同性。

40年来广州采取的多点突破的改革策略，在实践中取得了较好的成效。改革开放初期，广州基本采用率先在局部领域改革试点，取得突破后再由点到面将改革试点的经验做法铺开的办法。如广州市当时的水产品流通体制改革，虽然涉及领域不多，但在市场零售、水产品收购批发、塘鱼生产供应三个关键点上都同步实行改革，最初的改革尝试收到实效后，广州很快就将经验复制推广到整个消费品和食品流通体制改革。

2000年以后，随着改革开放的深化，社会矛盾复杂交织，广州的改革策略从过去局部突破、层层递进全面向多点协同、系统推进转变。针对当时出现的养老、医疗、保健、住房等社会保障基本制度改革滞后的现象，广州在继续坚持市场化取向改革的同时，加大社会管理体制的改革力度，着力改变社会事业落后于经济发展的局面。在社会保障领域，广州率先建立了较为健全的养老保险体系，创造了独具特色的分类施保、扩大覆盖、保障基本的方法，有效解决了社保历史遗留问题。自2009年广州出台《广州市困难群众医疗救助试行办法》起，广州从单一的大病救助向门诊、住院、专项等综合性救助转变，率先在全国建立了综合性医疗救助体系。党的十八大以来，广州将多点突破、协同推进的改革策略与提高改革的精准度和有效结合起来，如在培育房地产市场的长期调控机制问题上，广州市认识到，十多年来多轮的房地产市场调控，调控效果并未达到政策预期，房地产价格上升较快。究其原因在于，房地产价格的快速膨胀不仅与市场交易有关，而且也涉及土地制度、金融制度、财税制度、公共服务、法律等多方面因素，任何缺乏系统性、多点施策的改革设计都可能难以奏效。因此，广州着力进行顶层的方案设计和路线图，从土地、金融、财税、公共服务和城市管理等多点发力，更加注重改革的系统协同推进，从而在土地供给、人居环境改善、租售同权等方面创造了不少新的经验，也在一定程度上缓解了房价上升过快的压力。

（三）坚持勇于变革、勇于创新的责任担当

改革开放是决定当代中国命运的重大历史抉择，没有现成的经验可以复制。世界上既没有放之四海而皆准的发展模式，也没有一成不变的发展道路。任何社会变革都是一个从已知到未知的过程，是一个艰难的探索过程，既充满不确定性，也包含很大的风险。只有勇于变革、勇于担当，才能将改革开放这项前无古人的伟大事业不断推向深入。

1. 全国真理标准大讨论的广州答卷

当代中国改革的历史本身就是一部思想解放史。思想解放，改革就能取得突破性进展；思想僵化，改革就会错失良机，甚至陷入停滞。20世纪70年代末关于真理标准问题的大讨论，揭开了中国改革开放的序幕。作为南粤大地的门户城市，广州历来得风气之先，有敢于探索、敏于行动的传统。改革开放之初，国内还存在不少对改革开放的疑虑、争论，改革开放共识尚未形成。正是在这种情况下，广州通过解放思想，率先在全国真理标准大讨论中交出值得历史铭记的答卷。

1978年5月11日，《光明日报》发表了《实践是检验真理的唯一标准》的特约评论员文章，全国拉开关于真理标准问题的大讨论的帷幕。文章在广东迅速引起热烈反响，广州的两大主要媒体《广州日报》《南方日报》分别于第二天、第三天转载，推动和引导广东开展真理标准的讨论。

在广东省委、广州市委的领导和组织下，广州的真理标准大讨论活动在各级领导班子和基层组织深入展开，使广大干部群众受到马克思主义教育，提高了坚持真理、拨乱反正的思辨能力。1983年2月，广州市委

四届三次全体（扩大）会议就搞好改革与解放思想的关系进行讨论，强调要从思路老框中解放出来，克服部门偏见，增强全局观念，站在改革的前列，积极推进改革。这一时期广州改革和发展的各项工作呈现良好态势，在全国起到了较好的思想引领和行动示范的作用。

1978年1月24日，广东经济学家卓炯在《广州日报》发表文章，提出只有大力发展社会主义商品经济，才能把国民经济搞上去；社会主义必须尊重价值规律。党的十一届三中全会后，卓炯陆续在《广州日报》上发表了一系列关于价值规律的文章，较完整地阐述了社会主义商品经济理论，在广州市和全省引起热烈的讨论。1979年4月，卓炯进一步提出市场取向的经济改革基本思路。[①]这一时期，广州市的实际工作者和理论工作者对全省和广州各个领域的改革探索及时开展研究总结，组织了一系列重大理论讨论，为广州营造了解放思想、敢为人先的改革氛围，为改革打下思想基础。

2. 敢为人先的自我变革意识

广州能够在改革开放中先行一步，很重要的一点，就是在解放思想、观念更新方面先行一步。广东北接南岭山地，南临南海，襟山临海的自然环境孕育了岭南人强悍坚韧、勇于冒险、开拓进取的精神品质。以广州文化为中心的岭南文化更是这种文化特质的代表。敢为天下先的自我变革意识，使广州常常想他人所不敢想、做他人所不敢做，从而在社会变革的大潮中总能先行一步，掌握主动。在近现代史上，广东这种敢为人先的自我变革意识表现得特别强烈。随着广东沿海地区逐步开放，中外文化的不断交融，岭南文化的变革精神被强烈地激发出来，广

---

①中共广州市委党史研究室．广州改革开放实录：第一辑［M］．广州：广东经济出版社，2016：4-8.

东产生了众多敢为天下先的思想家、改革家和革命家，如洪秀全、黄遵宪、康有为、梁启超、孙中山和彭湃等，这些人对近现代中国社会产生了深远的影响，推动了我国历史前进的步伐。

改革开放以来，广州继承了这种敢为人先的文化传统，率先探索，勇于实践。改革开放之初，紧邻港澳的广州较早感受到新的时代脉搏，开启思想解放的先河，成为许多新思想、新观念的先行地和试验区，如商品经济、市场经济、契约精神、市场道德等观念。思想上的解放必然带来行动上的解放。在一些人还在对改革开放政策迟疑观望时，广州已经率先进行价格“闯关”，推进流通体制改革，广州的民营经济已蓬勃发展，非公企业生产的各类“广货”已销往全国各地并出口海外，广州成为中国放开市场的重要示范区。在一些人还留恋于传统的“铁饭碗”的用人体制时，广州已率先采取各种优惠政策从全国各地招揽所需人才，鼓励技术创新，推动形成全国人才流动“孔雀东南飞”的局面。广州还在民生保障领域创下了众多全国“第一”，包括建立全国第一家工伤康复机构、第一个开展异地就医结算、出台了第一部退休人员社会管理服务政府规章。广州这种敢为人先的自我变革意识，有力地推动了全省和全国的改革开放大业。

3.“顶硬上”的改革攻坚品格

改革开放本身是一个复杂的系统工程，是对社会利益格局的重大调整，不可能不存在压力和冲突，有时这种压力和冲突还相当强大和尖锐，足以成为改革进程的强大阻力。广州40年来的改革开放进程也不是一帆风顺的，当改革进入深水区，改革攻坚的难度就会越来越大，敢不敢以更大决心和勇气全面推进各领域改革，在重要领域和关键环节取得突破性进展，就成了改革成败的关键。

广州人有一种俗语叫作“顶硬上”的精神品质。所谓“顶硬上”是指明知道困难很多或风险很大，甚至可能会失败，也要努力地去做，即明知山有虎，偏向虎山行。在这种精神的浸润和熏陶下，广州人历来有不怕困难、迎难而上的勇气，认准的事情就扎实去做，同时也有从实际出发、灵活变通的解决难题的方法技巧。此种务实进取的作风是保障广州立于全国改革开放大潮之头的无形力量，也是一种更为持久的力量。从最初的价格“闯关”、建立开发区引进外来投资、国企改革等，到近期的“退二进三”结构调整、城乡统筹、城市治污、租售同权等，每一项改革举措无不透露出广州这种难能可贵的“顶硬上”的改革攻坚品格。

全面深化改革开放是习近平新时代中国特色社会主义思想的重要内容，是四个全面战略布局的重要一环，落实新时代党中央全面深化改革任务，必须做到不失责缺位、不回避问题、不懈怠、不惧战，这就更加需要弘扬“顶硬上”的改革攻坚品格，以绝对忠诚和积极担当，把准改革方向，紧盯改革目标，坚定改革决心，全力推进全面深化改革任务的完成。

三、登高望远，拓展广州改革开放的广度和深度

“只有改革开放才能发展中国、发展社会主义、发展马克思主义。”新时代广州只有登高望远，拓展改革开放的广度和深度，才能实现经济高质量发展，满足广州人民日益增长的美好生活需要。

（一）新时代广州进一步全面深化改革开放的必然性

中国特色社会主义进入新时代，这是我国发展新的历史方位，新时代广州要有新气象、新作为，要以最高最优最好的标准，将广州建设成展示习近平新时代中国特色社会主义思想的重要窗口和示范区。

1. 新时代我国社会主要矛盾变化和广州的发展新定位

中国特色社会主义进入新时代，我国社会主要矛盾已经从人民日益增长的物质文化需要同落后的社会生产之间的矛盾，转化为人民日益增长的美好生活需要和不平衡不充分的发展之间的矛盾。社会主要矛盾的变化，要求着力解决好发展不平衡不充分问题，更好满足人民在经济、政治、文化、社会、生态等方面日益增长的需要，更好推动人的全面发展、社会全面进步。

2018年3月7日，习近平总书记参加十三届全国人大一次会议广东代表团的审议时，要求广东在构建推动经济高质量发展的体制机制上、建设现代化经济体系上、形成全面开放新格局上、营造共建共治共享社会治理格局上走在全国前列。中国特色社会主义进入新时代，广州要有新气象、新作为。

在党的十九大精神和习近平总书记对广东重要指示批示精神指引下，广东省委、省政府提出，广州要对标国内国际最高最优最好标准，打造独具特色、文化鲜明的国际一流城市，为把广东建设成为向世界展示习近平新时代中国特色社会主义思想的重要“窗口”和“示范区”作出更大贡献。广州围绕习近平总书记指示批示精神和广东省委、省政府对广州发展要求，在前期定位和发展基础上，确定新时代广州的目标愿景是“美丽宜居花城，活力全球城市”，城市发展的战略定位为广东省省会、国家中心城市、历史文化名城、国际综合交通枢纽、国际商贸中心、国际交往中心、科技产业创新中心，逐步将广州建设成为中国特色社会主义引领型全球城市，形成枢纽型网络城市的空间格局。正如习近平总书记指出，开创广东工作新局面，最根本的还要靠改革开放。广州作为省会城市、国家中心城市，更要带头贯彻党中央关于改革开放的重大部署，勇于先行先试，大胆实践探索，继续深化改革、扩大开放，在贯彻落实习近平总书记重要指示批示精神中走在前列，当好排头兵。

2. 广州发展不平衡不充分的表现及其原因分析

（1）城乡区域发展不平衡，中心城区与外围地区发展差距较大。受制于城市发展资源、发展空间等因素，广州外围地区、农村地区公共投入长期不足，道路等基础设施相对落后，难于接受中心城区辐射、与中心城区同步发展，广州城乡二元结构及区域发展差距还比较大，城乡融合发展水平还需进一步提高。2017年，广州城市常住居民人均可支配收入和农村常住居民人均可支配收入分别为55 400元和23 484元，城乡收入比为2.36：1[①]；从化、增城、花都、南沙等几个外围城区的镇街和农村地带的经济发展水平相对落后，公共设施相对匮乏，社会保障程度仍较低。

（2）企业发展不平衡，领军型企业数量偏少。广州具有战略引领能力和核心竞争力的一流企业不多。在制造业及高新技术领域，广州缺乏北京联想、深圳华为等那样具有跨国经营实力的高技术企业"航母"。专、精、特、优的细分行业龙头企业也不多。商贸服务领域企业多、散、小，2017年中国零售企业百强中，广州只有3家企业入围，远远低于北京、上海、深圳等一线城市。总体上看，广州产业结构层次偏低。

（3）产业发展不平衡，产业结构高级化程度有待提升。与深圳、上海等城市比较，广州高技术产业所占比重偏低。2017年，广州规模以上高技术产业增加值占工业增加值比重只有12.2%，比2015年下降了1.1个百分点。[②]近年来广州大力发展新一代信息技术、生物技术与健康、人工智能与智能装备等战略性新兴产业，效果显现尚需一段时间。服务业结构层次

①广州市统计局，国家统计局广州调查队．2017年广州市国民经济和社会发展统计公报［N］．广州日报，2018-04-01.

②广州市统计局，国家统计局广州调查队．2017年广州市国民经济和社会发展统计公报［N］．广州日报，2018-04-01.

偏低，高端服务业发展不足。2016年，广州以金融、信息、商务、科技等为主体的技术、资本及知识密集型服务业增加值合计4497.88亿元，占地区生产总值比重仅为23%，明显低于同期上海（9046.52亿元、32.1%）、深圳（5237.63亿元、26.9%）的水平。[①]

（4）发展方式未实现根本转变，创新能力较弱。近年来虽然广州不断加大创新投入，全社会研发经费持续增加，但研发投入占地区生产总值比重偏低，2016年甚至低于全省水平（2.56%），同年北京、深圳、上海、天津的研发投入占地区生产总值比重分别是5.96%、4.1%、3.82%和3%。广州的专利数量及综合创新能力在国内先进城市中排名也相对靠后。

（5）供给体系质量不高，品牌影响力有待提升。广州的先进制造业具有较好基础，传统优势产业也曾在全国具有很大的影响力和知名度，但产品质量仍需进一步提升，知名品牌相对较少，服务新业态发展缓慢，服务标准化有待规范。

3. 只有深化改革开放才能解决广州的发展瓶颈

（1）以制度改革与创新推动发展。一是努力完善国资、国企经营体制，促进非公有制经济发展。要积极推进国有资产管理体制的完善，加快改革市属国有资本授权经营体制，积极推进国有资本的社会化运营，实现国有资产保值增值，推动市属国有资本做强做优做大。要细化市场准入负面清单制度，支持外资企业和民营经济发展，激发各类市场主体活力。二是以“放管服”为核心优化营商环境。要进一步放宽服务业准入限制，继续推进全市非行政许可审批事项的清理工作。要建立行政审批事项目录清单和行政权力清单制度，减少前置审批条件，强化事中事后

①分别来源于《广州统计年鉴2017》《上海统计年鉴2017》《深圳统计年鉴2017》。

培育跨国企业。培育壮大具有国际经营能力的跨国企业，扩大本土及来穗投资的世界500强企业数量，吸引更多企业在广州设立总部、区域型总部、跨国运营中心、销售中心、结算中心、共享服务中心。二是培育发展创新型企业。大力推进创新创业，扶持创新型中小企业发展壮大，在电子信息、移动互联网、生物医药、新材料等领域培育一批具有国际影响力的优秀创新公司，继续扩大高新技术企业数量。三是大力吸引国际组织机构进驻广州。争取航运贸易、城市治理、社会建设、科技人才等领域的国际组织机构进驻及设立办事机构，支持本土机构发起设立国际性经贸及人文合作组织。四是举办国际会议会展。依托丰富会议会展设施资源，巩固广交会及广州国际城市创新大会等品牌影响力，打造国际会议会展之都。

（2）引领国际交流合作，强化全球资源配置的驾驭力。一是主动参与“一带一路”建设。重点深化与21世纪海上丝绸之路沿线国家和地区的合作，务实开展产能、贸易、科技、旅游等重点领域国际合作。二是积极参与中国东盟自由贸易区建设。拓展商贸、金融、会展、现代物流等服务业辐射半径，承办面向东盟的高端会议会展，开辟东南亚的国际贸易物流大通道，强化与越南、泰国、马来西亚、印尼等国家合作。三是深化穗港澳台及泛珠三角区域合作。以高铁网络为支撑，加快珠江—西江经济带及高铁经济带建设，探索泛珠三角区域合作新机制新模式。四是加快重点国际合作项目建设。推进中新广州知识城、南沙新区、广州开发区中欧区域政策合作试点地区等一批国际合作项目建设，构建高水平对外开放经济体。

（三）围绕建设现代化经济体系的目标深化改革开放

建设现代化经济体系，必须进一步深化改革开放，大力提升产业素质，优化资源配置，提升产品质量，持续推进供给侧结构性改革；积极实施创新驱动战略，提升企业、产业和城市创新能力，提升城市核心竞争力。

1. 持续推进供给侧结构性改革，全面提高供给体系的质量

（1）提升产业素质，构建现代化产业体系。一是坚定不移发展先进制造业和战略性新兴产业。以智能化、绿色化、服务化为主攻方向，大力发展IAB和NEM产业①，推动制造业向产业链、供应链、价值链高端发展。开展新一轮工业企业技术改造行动，推动数字经济与实体经济融合发展，实现“广州制造”向“广州智造”“广州创造”跃升。二是做大做强现代服务业。积极对接“中国服务2025”，重点发展金融、物流、信息服务、科技服务、会展、商务等生产性服务业，发展文化、体育、旅游、健康医疗等生活性服务业，促进产业、科技及服务融合发展。三是大力发展海洋新兴产业，创建军民融合示范区。发展壮大海洋经济，优化提升传统优势海洋产业，升级海洋船舶工业，加强海洋生物医药研发应用，大力发展军民融合产业，创建国家军民融合创新示范区。四是积极推进价值创新园区及产业集群建设。促进产业集群集聚集成，强化三大国家级开发区（广州开发区、南沙开发区和增城经济技术开发区）建设，推进一批科技小镇、产业园区、军民融合小镇等价值创新园区建设，打造相互支撑、融合发展的现代产业集群。

（2）优化资源配置，提升产出效益。一是严格按照产业政策供应土地，合理安排建设用地，优先安排国家和省、市重点建设项目、战略性新兴产业、先进制造业建设项目用地，加大对“存量土地”的整合力

①IAB产业指新一代信息技术、人工智能、生物医药产业。NEM产业指新能源、新材料产业。

放管结合、放管并举，创新监管方式。强化监管手段，积极探索新型监管模式，提高事中事后监管有效性。

（3）深化事业单位改革，加快建立广州特色公益服务体系。要坚持分类改革方针，推进政事分开、事企分开、管办分离，强化事业单位公益属性，提高公益服务供给的质量效率和公平性。要创新事业单位管理体制和运行机制，增强事业单位活力，重点瞄准教育、医疗、科研、文化等事业单位管理体制上的重点、难点问题，探索开展管理体制创新试点，在组织结构、用人制度、财政支持、社会保障等方面提供经验探索。

2. 加强和创新社会治理，满足广州人民不断增长的美好生活需要

（1）加强社会治理制度建设，推进城市治理体系的现代化。要针对当前广州基层治理体系中存在的“小马拉大车”、“政经混合”、社会组织“多而不用”等问题，进一步厘清政治主体、自治主体、市场主体和社会主体的权责边界，推动各组织按照各自职能相对独立运作，通过制度建设和机制创新，完善党委领导、政府负责、社会协同、公众参与、法治保障的社会治理体制，提高社会治理社会化、法治化、智能化、专业化水平。

（2）加强预防和化解社会矛盾的机制建设。维护社会和谐稳定是城市治理的重要任务，要树立安全发展理念，健全公共安全体系，完善安全生产责任制，提升防灾减灾救灾能力。要加快社会治安防控体系建设，依法打击和惩治黄赌毒黑拐骗等违法犯罪活动，保护人民人身权、财产权、人格权。要深化矛盾排查机制、研判机制、化解机制，将各种社会主体的利益诉求和政治参与纳入基层冲突治理的制度框架。

（3）加强社区治理体系建设，保障基层基础的和谐稳定。要推广越秀区的“社区三会建设”、增城区石滩镇下围村“村民代表议事厅”的做法，提高村民自治工作水平。要根据党的十九大关于“推动社会治理

重心向基层下移，发挥社会组织作用，实现政府治理和社会调节、居民自治良性互动”的要求，以共有物权和共有财产为纽带，以相邻关系为依托，建设好业主委员会、互助会和居民委员会等社区治理平台和社区居民自治组织。

3. 努力深化营商环境改革，激发市场和企业活力

（1）通过健全政策体系，进一步深化法治化营商环境建设。要尽快在全市全面实施市场准入负面清单制度，打破行政性垄断，防止市场垄断。要进一步完善营商环境法制体系，提高解决商事合同纠纷司法效率，健全商事纠纷非诉讼解决机制、不动产物权登记制度和企业退出机制。要逐步完善与国际接轨的商事登记管理制度，力争广州的市场经济规则得到普遍认同和尊重。

（2）通过优化政务服务，进一步深化便利化营商环境建设。要进一步精简和规范行政审批流程，全面推行电子政务，提升政务窗口服务效率。要加强行政效能监察，实现行政投诉具责受理，提高行政权力运行透明度，推动公共企事业单位办事公开。要进一步优化完善公共资源交易平台建设，建立和完善中小微企业综合服务体系，规范涉企税费管理，促进公共资源高效公平配置。

（3）通过强化国际合作，进一步深化国际化营商环境建设。要紧紧把握国家赋予自由贸易试验区更大改革自主权的契机，结合广州建设国际型创新型城市工作，大胆学习借鉴世界各国营商环境建设的经验做法，加强对“一带一路”沿线国家商贸法规和惯例的研究，培养熟悉境外投资的法律人才。

4. 积极探索“坚持党的全面领导”的理论创新、制度创新和实践创新

党的十九大报告强调，“打铁必须自身硬。党要团结带领人民进行

伟大斗争、推进伟大事业、实现伟大梦想，必须毫不动摇坚持和完善党的领导，毫不动摇把党建设得更加坚强有力”。这是今后一个时期广州市加强党的建设的根本遵循和行动指南。党的十九大报告把“坚持党对一切工作的领导”作为新时代坚持和发展中国特色社会主义基本方略中的第一条，要贯彻落实“党政军民学，东西南北中，党是领导一切的”的重要精神，就需要推进理论创新、制度创新和实践创新。

（1）积极探索“党是领导一切的”的理论创新。习近平总书记指出，“在新的时代条件下，我们要进行伟大斗争、建设伟大工程、推进伟大事业、实现伟大梦想，仍然需要保持和发扬马克思主义政党与时俱进的理论品格，勇于推进实践基础上的理论创新”。推进党的建设伟大工程，必须高度重视理论的作用，增强理论自信和战略定力。广州市要坚持以习近平新时代中国特色社会主义思想为指导，围绕坚持和加强党的全面领导、坚定不移推进全面从严治党、加强党的政治建设、发展积极健康的党内政治文化等重大理论和实践问题，深入开展党建研究，特别要总结广州开展国企党建、社会组织党建、非公企业党建、社区党建、楼宇党建的做法，重点研究不同领域发挥党委领导功能的规律性做法，为构建中国化的马克思主义党建理论体系贡献广州经验。

（2）积极探索“党是领导一切的”的制度创新。党的领导是中国特色社会主义的最本质特征。坚持“党是领导一切的”，必然要求进一步坚定中国特色社会主义制度自信。习近平总书记指出，制度自信不是自视清高、自我满足，更不是裹足不前、故步自封，而是要把坚定制度自信和不断改革创新统一起来。这要求广州市坚持问题导向，彰显时代要求，严格贯彻党章、宪法及党内法规的要求，结合广州实际，细化落实和巩固“党是领导一切的”的规则，确保党委、党组在所有领域领导核心地位的落实。

（3）积极探索“党是领导一切的”的实践创新。在党的十九大精神指引下，全国上下各级党组织将党建工作摆在首要位置，将党的政治建设摆在首要位置。全面落实习近平新时代中国特色社会主义思想，必然要积极探索和不断创新党建工作新模式，加大党建工作落实力度。在此背景下，应重点研究和着力解决党建工作存在的“虚化”“弱化”问题，破解党建工作存在的观念陈旧、思想僵化等难点，努力在加强党的领导的思路、举措和机制等方面推进创新，确保党建工作制度化、常态化、实效化、具体化和品牌化，使各级党组织发挥领导作用和战斗堡垒作用、广大党员发挥先锋模范作用。广州市各级党组织应明确方向，转换观念，理顺思路，在党建实践中推进创新，在创新中展现实效，在实效中体现担当。

（陈鸿宇、赵祥、彭春华、蔡进兵、陈晓运）

第二章

持续推进经济体制改革
激发城市发展内在活力

40年来，广州在中央改革开放大政方针的指引下，紧密结合市情，坚持不懈地推进经济体制改革，有效地释放了体制活力，获取了丰厚的制度红利，促进了经济社会的大发展和大跨越。改革永远在路上。回顾和总结改革开放40年以来的基本经验，对于贯彻党的十九大精神，继续推进改革开放事业，继续深化以完善产权制度和要素市场化配置为重点的经济体制改革，实现广州建设国家中心城市和引领性全球城市的发展战略目标，具有重要意义。

一、经济体制改革持续不断走向深入

我国的改革开放是史无前例的、异常艰巨的开创性事业。我国经济体制改革开始之初便面临着改革的经济基础薄弱、传统体制的阻力巨大、缺乏可以借鉴的成功经验等困难和阻力。这就决定了我国的经济体制改革只能“摸着石头过河”，分阶段推进。

广州在广东省委、省政府直接领导下，紧密结合市情，发挥自身的优势，创造性地分阶段持续推进经济体制改革。

（一）破冰起航

1978年到1992年，是我国改革开放事业伟大航程的破冰与起航阶段。在此期间，发生了一系列具有深远历史意义或重大影响的事件。（1）1978年12月，党的十一届三中全会召开。会议决定从1979年起，把全党工作的着重点转移到社会主义现代化建设上。（2）也是在1978年12月，安徽凤阳县小岗村18位农民，签订了一张包产责任合同书，拉开了中国农村改革的序幕。（3）1979年7月，中央决定对广东、福建两省实行特殊政策和灵活措施，并决定在深圳、珠海等地试办经济特区。（4）1982年9月，党的十二大召开，会议提出了“建设有中国特色的社会主义”这一崭新命题。（5）1984年4月，中央决定进一步开放包括广州在内的14个沿海港口城市。（6）1984年10月5日，国务院批复同意广州实行计划单列，并赋予广州相当于省一级的经济管理权限。（7）1984年10月，党的十二届三中全会通过《中共中央关于经济体制改革的决定》，提出了发展社会主义有计划的商品经济的理论，并认为改革的中心环节是增强企业活力。从此，我国经济体制改革正式从农村延伸到城市。（8）1987年10月，党的十三大召开。会议第一次明确提出了社会主义初级阶段理论，并确立党在初级阶段“一个中心、两个基本点”的基本路线。①（9）1988年，为了改变因价格双轨制带来的经济混乱，中央决定进行价格“闯关”，实行价格并轨，由此引发了1988年下半年的严重通货膨胀。（10）1989年11月，党的十三届五中全会通过并颁布《中共中央关于进一步治理整顿和深化改革的决定》，由此开始了为期3年的国民

①党的十九大修改后的新党章明确，中国共产党在社会主义初级阶段的基本路线是：领导和团结全国各族人民，以经济建设为中心，坚持四项基本原则，坚持改革开放，自力更生，艰苦创业，为把我国建设成为富强民主文明和谐美丽的社会主义现代化国家而奋斗。

经济治理整顿。[①]

这一阶段，广州市作为实际上的全国改革开放先行一步的试验区，充分利用中央的政策倾斜、毗邻港澳、华侨华人众多和千年商都的开放传统等多种优势，在各个领域进行了改革开放的探索，颁布了一系列的文件[②]，推动了广州改革开放事业的先行发展。

1. 农村经济体制改革

针对低效的、大锅饭式的“政社合一、三级所有、队为基础”的人民公社体制，从1979年开始，广州市根据党的十一届三中全会精神，着手对农村经济体制进行改革。首先是划小生产单位，实行联产到组、联产到劳动力，把农民的劳动报酬同劳动成果联系起来，以调动农民的劳动积极性。接着，在中央精神的指引下，进一步推广了包产到户、包干

①本章中有关我国经济体制改革40年的重大事件，均来自王佳宁策划的《抚脉历程——改革开放40周年大事记》系列，见重庆《改革》杂志2016年10期至2017年7期。

②这些文件包括但不限于：《广州市城镇个体工商业户管理试行办法》（1982年）、《关于工业企业联合经营的管理意见》（1982年）、《广州市经济体制改革工作方案》（1983年）、《国务院关于广州市对外开放工作报告的批复》（1984年）、《关于集体所有制工交企业经济管理体制改革，扩大生产经营自主权若干问题的暂行规定》（1984年）、《广州市城区集体所有制工业企业若干政策问题的暂行规定》（1984年）、《广州经济技术开发区暂行条例》（1985年）、《关于对国营工业企业放宽财政税收政策，扩大资金使用自主权的通知》（1985年）、《关于扩大企业人事劳动管理机构设置权限的通知》（1985年）、《广州市鼓励外商投资的实施办法》（1986年）、《关于发挥广州地区科技优势，促进横向联合的若干规定》（1987年）、《关于鼓励国内企业利用外资的优惠规定》（1987年）、《关于放活科技人员的若干政策规定》（1987年）、《关于深化改革进一步增强企业活力的若干规定》（1988年）、《关于加快发展外向型经济的决定》（1988年）、《广州市发展私营企业的若干规定》（1989年）、《关于当前经济体制改革几个问题的意见》（1989年）、《关于完善发展企业集团的暂行办法》（1989年）、《关于继续坚持和完善全民所有制企业承包经营责任制和厂长（经理）任期目标责任制的意见》（1990年）、《关于广州市经济技术开发区进一步扩大改革开放的决定》（1991年）、《加快开发南沙经济区的十五项优惠政策》（1991年）、《关于对南沙经济区简政放权的若干规定》（1991年）。资料来自历年《广州年鉴》。

到户和家庭联产承包责任制。到1983年，建立各种承包制的生产队占总数的98.3%，其中建立家庭承包制的生产队占总数的92.3%。[①]专业户和开发性承包户也有了发展。国营农、林场和农村集体企业，以及农业机械、水利工程等部门，都先后建立了不同形式的经济责任制。农业技术承包制也有较大发展。

2. 从流通领域打开传统体制的缺口

广州的经济体制改革，是从流通领域改革开始，从价格改革开始，从涉及老百姓的日常生活利益难点问题开始。1978年底，党的十一届三中全会刚刚召开，广州就针对市民吃鱼难这一问题[②]，率先放开了部分水产品市场，实行自由购销，价格随行就市。这一改革打破了长期以来所有商品由政府指令性定价的格局。这一改革逐渐带动了其他农副产品价格的逐步放开。1984年11月，广州市全面改革蔬菜产销体制，放开渠道，放开价格，放开上市。1985年初，广州又放开了生猪和全部水产品的经营，彻底取消了指令性计划。

在工业品领域，从1980年开始逐步放开一些小百货、小文具、小五金等小商品的价格。到1984年，日用工业品价格全部放开。1986年9月，广州结束了高档日用工业品凭票供应的历史。同时，大宗工业消费品价格也作了调整，并放开了其中许多品种的价格。

在放开物价的同时，广州逐步进行了一系列的流通经济体制改革和政策创新。这种改革与创新主要表现在三个方面：第一，改革商业所有制结构，允许国有、集体和个体（私营）商业一起上，做到舆论上支持，政策上鼓励，方向上引导，资金和场地上扶持。第二，实行开放政

---

①叶选平：《1983年广州市人民政府工作报告》，载《广州年鉴》1984版。

②中共广州市委党史研究室．亲历改革开放②——广州改革开放30年口述史［M］．广州：广州出版社，2008：101.

策，打开城门允许外地企业和个人来广州设店经营，并对外地企业和个人来广州经商简化审批手续，提供各种方便。第三，培育和发展市场体系。除了与市民日常生活相关的一般农副产品贸易市场外，广州还特别注重发展生产资料市场、资金市场、技术市场、信息市场、劳务市场等。

3. 确立以对外经贸为导向的战略目标

改革开放后，广州较早意识到必须走外向型经济发展的道路。1980年5月，广州市提出了“全党动员，大办外贸，尽快把广州建设成为一个外贸出口基地”的口号。[①]1986年，广州市制定了《广州经济社会发展战略》，提出从1986年到20世纪末，广州经济社会发展的战略目标是：以对外经贸为导向，以科技、教育为依靠，以工农业为基础，以轻纺工业和第三产业为重点，大力发展能源、交通运输业，为把广州建设成为具有强大内外辐射能力、多功能的和高度文明、高度民主的社会主义现代化中心城市打下基础。

1984年12月，《国务院关于广州市对外开放工作报告的批复》下发。批复支持广州引进先进技术，同意设立经济技术开发区，同意广州实行计划单列，享有省级经济管理权限。这一批复对促进广州改革开放与发展，起了巨大的作用。

在中央和省的支持下，在以对外经贸为导向的战略指引下，广州充分利用毗邻港澳、华侨华人众多和中央给予的特殊政策与灵活措施等地缘优势、人缘优势、政策优势，积极推进外经贸体制改革，大力引进外资，积极推进广州开发区建设，促进了外经外贸的跨越性大发展。

4. 大力发展非公有制经济

1979年10月，中共广州市委、市革委会决定，允许待业人员自筹资

---

①参见《广州经济年鉴》1983年版，第719页。

金，自带工具，自选场地，自由组合，从事生产和开办生活服务事业，以及从事不剥削他人的个体劳动。1980年8月18日，市革委会召开劳动就业工作会议，决定实行劳动部门介绍就业、自愿组织起来就业和自谋职业相结合的劳动就业方针。[①]广州著名的第一代个体户代表容志仁，就是在那个时候开始经营饮食店的。[②]

1979年全市个体工商户只有5022户，1990年底已发展到95 265户，增加了近18倍，从业人数达151 159人。1979年以前广州市没有一家私营企业，至1990年底广州市的私营企业已有2905家，投资人数达5708人，雇工人数达32755人。[③]私营经济以它的健康发展和良好作用受到广大市民的充分肯定。

5. 不断探索推进国有企业改革

这一时期，广州市国有企业改革走过了若干个不同阶段。一是扩大企业生产经营自主权，增强企业活力。广州市根据国务院《关于进一步扩大国营工业企业自主权的暂行规定》等文件的规定，尤其是根据《中共中央关于经济体制改革的决定》的精神，开展了一系列改革，扩大了企业在生产经营、产品购销、价格、资金使用、劳动工资、管理机构设置、干部任免、固定资产处置、技改和引进项目审批、对外贸易等方面的自主权，有效地激活了企业生产经营的活力。二是实施利改税。从1980年下半年开始，逐步推进“独立核算，国家征税，自负盈亏”试点，之后，由“税利并存”推进到“利改税”，比较好地理顺了国家与

---

①广州经济年鉴编纂委员会．广州经济年鉴1983［M］．广州：广州经济年鉴编纂委员会，1983.

②广州市第一代个体户容志仁，创容光饮食店，以一毛钱学生餐被媒体报道而成为名人，先后被邓小平、胡耀邦接见，后被选为广州市个体劳动者协会第一届会长。

③王焰军，郑元泉．广州个体私营经济在改革、开放中顺利开展［J］．南方经济，1991（5）.

企业的分配关系。三是实施厂长（经理）承包经营责任制。到1987年，广州市企业普遍推行了“包死基数，确保上交，超收多留，欠收自补”的承包经营责任制。四是组建企业集团。从1985年到1991年，共组建了白云山企业集团、万宝电器集团、南方大厦股份集团等44家企业集团。五是探索企业股份制改造。从1984年开始，广州市开始了企业股份制改革的探索和实践，持股形式有3种，即法人持股、企业内部职工持股和社会公众持股。

6. 财政体制改革

这一阶段的财政体制改革的核心内容就是财政包干体制的建立。1980年，广州市在各行政机关和事业单位实行经费包干，年终节余归己的政策。在各县、区试行“划分收支，分级包干”财政管理体制。这一改革大大提高了各县、区财政增收节支的积极性，也提高各行政机关和事业单位财政经费的使用效率。

7. 建设新的经济发展区域

建设新的经济发展区域，是我国为快速建立一种崭新经济体制的尝试。1984年12月28日，广州经济技术开发区奠基。开发区拥有市级经济管理权限，享受财政、税收、用工、分配等方面的优惠政策。到1992年，以外资企业为主体的广州经济技术开发区共完成工业总产值24.79亿元。[①]广州经济技术开发区成功建设，成为广州市经济体制改革的标杆性区域。

同一时期，广州市还建设了其他的新经济功能区，如1984年11月，广州市决定将五山地区定为“五山科学技术开发区”，很快就把它建设成为一个技术密集型的、高水平的科研实验基地和技术经济实体。1991年3月，国家批准设立广州天河高新技术产业开发区。

---

①《广州年鉴》编纂委员会. 广州年鉴1993［M］. 广州：广州年鉴社，1993.

（二）突破展开阶段

1992年至2012年，是我国改革开放事业的突破与展开阶段。这一阶段的标志性事件主要有：（1）1992年初，邓小平发表了南方谈话，明确了社会主义也可以搞市场经济，解开了一度困扰人们思想的最大禁锢，给我国改革开放事业带来了一股清新的春风。（2）1993年11月，党的十四届三中全会通过了《中共中央关于建立社会主义市场经济体制若干问题的决定》，明确了我国经济体制改革的方向和目标是建立社会主义市场经济体制。从思想上、理论上奠定了我国改革开放深入开展的坚实基础。（3）1993年12月，国务院颁布《国务院关于实行分税制财政管理体制的决定》，进一步规范了中央与地方的财权与事权。（4）1993年至1994年间，国家对省会城市的经济管理权限和行政级别进行了调整。1993年7月，广州市被取消计划单列。1994年2月，广州市被确定为副省级城市，原中央赋予的管理权限不变。（5）1997年9月，党的十五大报告中提出了公有制实现形式可以多样化的思想。公有制经济不仅包括国有经济和集体经济，也包括混合所有制经济中国有成分和集体成分。（6）2001年12月11日，中国正式成为WTO（世界贸易组织）成员，中国改革开放从此进入一个新阶段。（7）2003年10月，党的十六届三中全会通过了《中共中央关于完善社会主义市场经济体制若干问题的决定》，首次提出科学发展观。改革开放进入全面协调发展阶段。（8）2006年2月，《中共中央、国务院关于推进社会主义新农村建设的若干意见》公布。（9）2008年10月，《中共中央关于推进农村改革发展若干重大问题的决定》发布。（10）2009年1月，《珠江三角洲地区改革发展规划纲要（2008—2020年）》公布。

这一时期，广州市根据邓小平南方谈话精神和中央的统一部署，出台了一系列改革开放文件，包括扩大开放、深化国有企业改革、发展民营经济、深化城市管理体制改革和简政放权等。这一系列改革开放措施的出台，有力地推动了广州经济体制改革的突破与展开。[①]

1. 深化企业改革

企业改革仍然是这一阶段经济体制改革的主题，其核心内容主要是探索建立现代企业制度。如果说前一阶段国有企业改革基本上是在传统体制内进行一些改良，在这一阶段就是对原有的企业体制进行一场革命，即建立现代企业制度。

广州市认真贯彻《中华人民共和国全民所有制工业企业法》和《全民所有制工业企业转换经营机制条例》，把增强企业活力，建立现代企业制度，放在了经济体制改革的核心地位。一是抓好企业的“放开经营，综合改革”。1993年将市属328家预算内国有工业企业全部放开经营，并实施综合改革。在大型企业中建立董事会、监事会等法人治理机构，构建现代企业的治理框架。2009年，取消65个国有企业的行政级别。到2011年，基本完成国有企业的公司制改造。二是实施理顺产权、混合经营改革。1993年10月开始，按“理顺产权、卸掉包袱、转换机制”的思路，试行把单一的公有制经济改革为国有民营、公有私营、公私合营、股份制等多种形式的所有制，逐步建立起产权明晰、经营贴

---

①这些文件主要有：《中共广州市委、广州市人民政府关于进一步深化改革、扩大开放的若干决定》（1992年）、《广州市贯彻〈全民所有制工业企业转换经营机制条例〉实施办法》（1993年）、《广州市私营企业权益保护条例》（1997年）、《中共广州市委　广州市人民政府关于鼓励和吸引国内各地来穗投资办企业的若干规定》（1998年）、《中共广州市委　广州市人民政府关于深化城市管理体制改革的决定》（1998年）、《中共广州市委　广州市人民政府关于进一步扩大对外开放的若干意见》（1999年）、《中共广州市委关于国有企业改革和发展的若干意见》（1999年）、《中共广州市委　广州市人民政府关于加强个体私营经济工作的若干意见》（2000年）、《中共广州市委　广州市人民政府关于加快发展民营经济的实施意见》（2010年）、《中共广州市委、广州市人民政府关于简政强区（县级市）事权改革的决定》（2011年）、《广州市人民政府关于促进我市国有经济又好又快发展的实施意见》（2011年）等。

金参与经营性公益事业和城市基础设施建设，广州市积极推进投融资体制改革。到2008年，在交通、水务、地铁、燃气、环卫等城市建设领域组建了7个专业投资集团，迈出了城市投融资体制改革的新步伐。

7. 行政管理体制改革进一步深化

一是依法行政全面推进。强化了行政立法和监察工作，加强了行政效能建设，制定了一批新的行政规章，在全国率先出台了公务员行为规范——《广州市国家行政机关及其公务员公共服务行为规范试行规定》。二是精简政府机构，提高办事效率。到2010年，市级政府工作部门由2000年时的55个精简到40个。三是行政审批制度持续简化。到2010年，行政审批事项由816项减少到275项。四是放权强区。按照“两级政府、三级管理、四级网络”城市管理体制，按照重心下移、权责一致、能放则放的原则，精简放权，扩大了区一级管理权限。五是行政区划得到调整。在2000年番禺、花都撤市设区之后，2005年又将原越秀区与东山区、荔湾区与芳村区合并，新设立萝岗区（现并入黄埔区）和南沙区，有效整合了资源，拓展了发展空间。

8. 国家级经济功能区进一步发展与完善

一是在继续办好广州经济技术开发区的同时，经国务院批准，设立了天河高新技术产业开发区、南沙经济技术开发区和广州保税区。开始着手规划东南部地区的开发和建设。根据对外经济贸易形势的发展和扶持边远地区发展的需要，加快了从化、增城和花都的开发区、加工区建设。二是在全国率先实行经济技术开发区、高新技术产业开发区、保税区和出口加工区“四区合一”的管理模式。

（三）全面深化阶段

2012年11月，党的十八大召开。此后，我国经济社会发展进入了一个新阶段，改革开放事业全面向深度进军，成效显著。这一时期，影响改革的标志性事件主要有：（1）2012年11月，党的十八大召开，中国特色社会主义建设进入一个新阶段。（2）2013年11月，党的十八届三中全会召开，审议通过《中共中央关于全面深化改革若干重大问题的决定》，以完善和发展中国特色社会主义制度与推进国家治理体制和治理能力现代化为总目标的深化改革全面展开。（3）在党的十八届三中全会上，决定成立中共中央全面深化改革领导小组，负责改革总体设计、统筹协调、整体推进、督促落实。中央全面深化改革领导小组密集召开会议，出台了大量涉及各个领域的文件，指引改革开放的全面深入展开。（4）2015年11月，中央财经领导小组第十一次会议，提出供给侧结构性改革，这成为产业结构调整的主线。（5）2017年10月，党的十九大召开。会议提出了习近平新时代中国特色社会主义思想，是全党全国人民为实现中华民族伟大复兴而奋斗的行动指南。

这一时期，广州市认真贯彻党的十八大以及历届全会精神，出台了一系列文件，采取了一系列有力有效措施，开启了全面深化经济体制改革的新征程。[①]特别要提出的是两个有关深化经济体制改革的重要文件：

①这些文件包括：《广州市科技创新促进条例》（2013年）、《中共广州市委　广州市人民政府关于进一步加快发展民营经济的实施意见》（2013年）、《中共广州市委　广州市人民政府关于全面建设广州区域金融中心的决定》（2013年）、《中共广州市委贯彻落实〈中共中央关于全面深化改革若干重大问题的决定〉的意见》（2014年）、《广州市市场监管体系建设规划（2012—2016）》（2014年）、《广州市社会信用体系建设规划（2014—2020）》（2014年）、《中共广州市委贯彻落实〈中共中央关于全面推进依法治国若干重大问题的决定〉的意见》（2015年）、《中共广州市委　广州市人民政府关于全面深化国资国企改革的意见》（2015年）、《广州市人民政府关于进一步发展和利用资本市场的若干意见》（2015年）、《中共广州市委　广州市人民政府关于加快实施创新驱动发展战略的决定》（2015年）、《广州市人民政府关于印发广州市供给侧结构性改革总体方案及5个行动计划的通知》（2016年）、《广州市人民政府关于创新重点领域投融资机制鼓励社会投资的实施意见》（2017年）、《广州市系统推进全面创新改革试验三年行动计划（2016—2018年）》（2017年）。

理、审批、监管“三权分离”，严格规范审批裁量权。四是建立后台即时审批和限时办结承诺制，切实提高审批效率。五是打破部门和层级壁垒，推进审批服务重心下移。六是打造全天候、无界限的网上政务服务，努力实现更多事项“全城通办”。[①]

4. 推动市场监管制度改革

2014年8月，广州市颁发《广州市市场监管体系建设规划（2012—2016年）》。2014年12月，广州市颁发《广州市社会信用体系建设规划（2014—2020年）》。按照规划，广州市将发挥市场配置资源的决定性作用与加强政府市场监管职能结合起来，加快政府职能转变，改革市场监管体系，实行统一的市场监管，加快形成企业自主经营、公平竞争，消费者自由选择、自主消费，商品和要素自由流动、平等交换的现代市场体系。一是开展了商事制度改革。推行工商登记“三证合一、一照一码”和全程电子化商事登记模式。加强市场监管体系和社会信用体系建设，注重事中事后监管，推进“放管服”改革。二是开展“两建”专项行动，成立市公安局食品药品犯罪侦查支队，实施建设社会信用体系、市场监管体系五年行动计划，进一步规范了市场秩序。

广州市要全面推进市场准入、质量监管、市场竞争秩序监管、行政执法体系改革、行业自律、消费维权和社会监督、市场监管法制、市场监管信息平台、食品安全监管、金融市场监管十大子体系建设，基本建立较为完善的市场监管法制和政策体系，统一、规范、共享的市场监管信息平台，科学、依法、高效的市场监管长效机制，逐步形成“政府负责、部门协作、行业规范、公众参与”四位一体的市场监管新格局。

---

①张西陆．广州推进改革：行政审批“一窗收件统一出件”［N］．南方日报，2015-05-27.

5. 进一步加快投融资体制改革

这一期间，广州市加快了投融资体制改革步伐。2015年7月，广州市颁布《广州市人民政府关于进一步发展和利用资本市场的若干意见》，目的在于加快建设多层次资本市场体系，进一步增强全市各级政府、企业利用多层次资本市场的自觉性和主动性，进一步优化投融资结构，提高直接融资和资产证券化比例，提升资本运作水平，增强风险管理能力，推进企业上市“双百工程”，加快市属金融机构及竞争性国有企业上市、挂牌步伐，推动广州发展和利用多层次资本市场再上新台阶。

2017年1月，广州市颁布《广州市人民政府关于创新重点领域投融资机制鼓励社会投资的实施意见》，旨在建立公平、开放、透明的市场规则，突出企业投融资主体地位，优化政府投资使用方向和方式，形成可复制推广的投融资机制。

在此期间，广州市创建了民间金融街等6大金融功能区，设立广州碳排放权交易所等5大金融交易平台，组建了广州产业投资基金管理有限公司（简称“广州基金”）这一投融资平台。与中国人寿、新华人寿合作设立了产业投资基金。创建了一批社区及农村金融服务站、小额贷款公司、村镇银行和资金互助合作社等普惠金融机构。南沙新区金融改革创新15条政策获得批准实施。积极推动企业上市，积极推动企业到广州股权交易中心挂牌。

6. 深化财税体制改革

建立全口径政府预决算编报体系，率先在全国公开三级政府“三公”经费及会议费。落实“营改增”和小微企业税费优惠政策，停征堤围防护费，停征或取消行政事业性收费。

7. 深化农村综合改革

这一时期，广州的农村农业改革，主要体现在农业生产经营的专业化、协作化。通过土地流转实现了农产品的规模化经营，出现了一批农业龙头企业。农村股份制经济得到进一步发展。

这一时期也推进了集体建设用地使用权流转，建成集体经济“三资”交易管理平台，启动农村土地承包经营权确权工作，农村集体土地所有权、宅基地使用权、集体建设用地使用权确权登记发证率99.6%以上。

8. 推进各类新型产业功能区建设和转型升级

一是加快南沙自贸试验区建设。广州把南沙自贸试验区作为深化改革开放的试验田，希望通过自贸区建设带动南沙新区和全市创新发展。因此，广州大力推进自贸区体制机制创新，包括推行“一口受理”新模式，实施负面清单管理，推动穗港澳服务贸易自由化，组建国际航运仲裁院，首创“智检口岸”模式和政府购买查验服务等。二是推动原有各类经济技术功能区转型升级。经过30多年的发展，各类园区的产业和功能普遍面临转型升级的紧迫局面。广州市采取了一系列措施，促进这些园区逐渐淘汰落后产能，发展包括先进制造业和现代服务业在内的新兴产业。如黄埔区（广州开发区）于2017年2月出台4个“黄金十条”[①]，大力促进产业升级换代。三是创建一批价值创新园区。通过价值创新园区，快速发展新一代战略性产业，抢占产业制高点。在此战略指引下，广州聚焦新一代信息技术、人工智能与生物医药产业和新能源、新材料产业，着力打造富士康、思科、通用医疗、百济神州、广汽智能网联产业园、琶洲互联网创新集聚区等10个价值创新园区，并力争从2017年起3年内引进500个高精尖技术项目。

---

①《促进先进制造业发展办法》《促进现代服务业发展办法》《促进总部经济发展办法》《促进高新技术产业发展办法》。

二、市场经济体制在改革中基本确立

历经40年的经济体制改革，广州的生产关系得到了革命性的调整，多种所有制经济共同发展的局面基本形成，市场在资源配置中逐步成为决定性力量，兼顾公平与效率的社会财富分配体制基本形成，以政府职能转变和宏观调控体系建立为核心的营商环境不断完善，农村改革不断向纵深发展等，这些以建立社会主义市场经济为根本目标的体制机制基本确立，释放出巨大的制度性能量和红利，激发出巨大城市发展活力，促进了广州经济社会发展水平的极大提高。

（一）多种所有制经济共同发展的局面基本形成

1. 国有资产在战略性领域不断增值并起主导作用

通过国有企业改革的不断深化，广州的国有资产不断增值保值，国有资本不断变强变大变优，在国民经济中的主导作用不断增强。一是国有资本持续保值增值，实力不断强大。到2016年，广州公有制经济创造的增加值高达7949.7亿元，是2000年的5倍。[①]截至2017年3月末，广州市属国有企业资产总额2.75万亿元，国有净资产5068.7亿元，资产规模仅位居北京、上海、天津和重庆四大直辖市之后，在副省级城市中排名第一。[②]二是通过对国有资产进行战略性调整，如抓大放小、兼并重组、实施供给侧结构性改革等，使广州的国有资产大部分集中在城市基础设施领域、公共服务领域、战略性产业领域和具有鲜明优势的产业领域，对

①广州市统计局，国家统计局广州调查队［M］．北京：中国统计出版社，2017.

②耿旭静．穗国资家底稳居副省城第一［N］．广州日报，2017-05-12.

广州国民经济发展起着主导作用。三是通过实施以建立现代企业制度为核心的改革，广州的国有企业活力不断增强。到2017年，近七成市属国企完成混合所有制改造，国有企业资产总额、利润总额年均保持两位数增长。

2. 民营经济逐步发展壮大

一是民营经济规模不断壮大。2016年，民营企业出口2340.7亿元，占出口总值的45.1%，出口份额跃居首位。到2017年，广州民营经济市场主体达到150多万户，民营经济创造的地区生产总值占全市地区生产总值的40%。二是民营经济发展质量比较高。全市科技型中小企业中90%以上是民营企业；高新企业中97%是民营企业，达4600家；企业发明专利申请量的98%来自民营企业；新三板挂牌企业中95%是民营企业，超过400家。[①]

3. 外资经济成为生力军

外资经济在广州改革开放40年来的经济发展中，起到了生力军的作用。广州的外资经济已经从“三来一补”等初级形式，向今天的知识密集型、资本与技术密集型、科技创新型、总部型方向发展延伸。2016年，广州引进外商直接投资项目1757个，实际利用外资达570 120万美元，分别是1990年的4.5倍和30倍。[②]到2017年底，世界500强企业中已有297家在广州投资落户，累计投资设立项目921个。这297家企业中，有120家以上在广州设立总部或地区总部。[③]

4. 混合所有制成为最为重要的产权组合模式

混合所有制是现代产权制度的重要实现形式，也是国有企业改革和国有资产配置的重要途径。广州在建设现代企业制度进程中，十分重视

---

①许可，陈思勤，黄伟. 新兴科技企业成民营经济新力量［N］. 南方日报，2017-10-24.

②数据来自相应年份的《广州统计年鉴》。

③杜弘禹. 世界500强企业竞相布局：外资巨头“加持”广东产业升级［N］. 21世纪经济报道，2017-12-05.

利用这一产权配置形式。通过兼并重组、企业上市，到2017年，广州市属国有企业超过70%已经完成混合所有制改造。[①]

（二）市场在资源配置中逐步成为决定性力量

1. 建立起以价格为主要信号的市场资源流通体系

价格是市场经济最重要的信号。广州已经建立起了比较成熟的以价格为主要信号的市场资源流通体系。除了少部分关系到国计民生，并带有自然垄断的产品和服务，如水、电、气、油料、基本交通工具票价、行政服务收费等外，市场产品与服务价格一律由市场调节。通过价格信号，市场自动调节生产、流通与消费。

2. 统一市场体系基本建立，区域商品流通中心地位稳固

广州通过减少流通审批环节、打破各种行业与区域垄断、提供各种便利等流通体制改革，建立起了一个统一的大市场体系。不分国别、不分区域，所有的合法产品都可以在广州经营。

经过40年的快速发展，广州已是国内名列前茅的商贸中心城市，是连接国内、国际两个市场的桥梁和枢纽。一是广州形成了数量巨大的专业市场群。据广州专业市场商会的调研，广州有近1000个各类专业市场，成交额突破万亿，约占全国的1/7。60%以上的专业市场的辐射力超越华南地区，有160多个专业市场具有全球辐射力。二是形成了一批“广州价格”。一批专业市场已成为国内主流货物的集散地。超过40%的广州专业市场不仅影响中国价格，还影响国际价格。其中，纺织服装、中药材、塑料、木材、水产品等行业已形成了“广州价格”，影响到全国乃至全球。三是形成了一批实力雄厚的商贸流通企业，如广百股份、广州

①参见《2018年广州市政府工作报告》。

极大提高。

4. 推进公共服务均等化以增强人民群众平等感

社会公共服务也是社会财富分配和再分配的重要形式。随着城市财政收入的高速增长，广州用于公共服务的支出也相应快速提高。教育、医疗、文化、科技、体育、休闲等服务设施大幅度地增加和改善，城乡与区域的公共服务差别大幅地缩小，有效地增强了人民群众的平等感。

（四）高效透明的营商环境建设成效显著

广州在营商环境建设方面取得了公认的成就，国际知名机构对广州的效率和营商环境高度认可。《福布斯》中文网五次将广州评为“中国大陆最佳商业城市”第一名。普华永道与中国发展研究基金会连续两年将广州评为中国“机遇之城”第一名。联合国相关机构2016年底将广州评为全球发展最快的超大型城市和中国城市人类发展指数第一名。①

1. 行政审批制度改革

改革开放以来，广州分别在1999年、2002年、2006年、2009年、2012年实行了五轮简政放权，大幅度取消和调整审批事项，有力地促进了政府职能转变。

2. 商事制度改革

按照国家、省的统一部署，广州市深化了商事制度改革，通过推行工商登记“三证合一、一照一码”，推行全程电子化商事登记模式，推进市场监管体系和社会信用体系建设，加强事中事后监管，有效地提高了整体的营商效率。

---

①李天研．营商环境　接轨国际　近300家世界500强入驻，广州成为面向世界的乐享之地［N］．广州日报，2017-12-03.

3. 财政体制改革

2015年3月，广州市颁发《广州市全面深化财政体制改革总体方案》。在改革方案的指引下，广州市在探索建立市以下政府权责清单，明确市、区财权与事权相配套，规范财政预算管理与监督，公开财政信息，加强财政绩效管理，防控财政风险以及落实税收优惠政策助力企业减负等方面，都取得了显著成效。如广州的政府负债率始终控制在可控风险线以下，财政的透明度名列全国地级以上城市第二。[①]

4. 投融资体制改革

广州在经济体制改革实践中，摸索建立了一套行之有效的投融资体制，有力地促进了城市建设和产业发展。一是形成了投资主体多元化组合。在体现政府发展规划意图的建设项目上，改变了政府作为单一投资主体的格局，形成了企业、投资者广泛参与的主体多元化的格局。二是拓展了投融资渠道和方式。改变以往城市建设与产业发展以财政资金和银行信贷为主的格局，通过债券融资、股权融资、BOT（建设—经营—转让）、PPP等方式，广泛吸纳社会资本参与，拓展了投融资渠道和方式。三是设立投融资平台。为了加快城市发展，在城建、水务、交通等领域设立了企业化、市场化运作的投融资运作平台，也设立了广州基金等综合性政府引导性基金。四是加强了投融资的效益与风险管理。

（五）以家庭承包为基础的农村合作经济体制日益完善

1. 联产承包责任制

20世纪80年代初，我国开始了农村改革的历史进程。以联产承包为

---

①清华大学. 2016年中国市级政府财政透明度研究报告［J］. 中国经济周刊，2016（31）.

核心的农村改革在广州广泛展开。到1982年全市有96%的生产队实行了联产承包责任制。到1983年，这一数据上升到了98.3%，其中建立家庭承包制的生产队占总数的92.3%，基本上确立了这一农村改革制度。此后，家庭联产承包的承包期陆续得到延长和巩固。

2. 农村股份制改造

作为特大城市郊区的农村，广州市农村地区受益于改革开放后城市的快速发展，集体资产也在快速增值。这些集体资产的收益如何分配，是必须解决好的一大课题。广州创造性地采用了股份制形式，收到了较好的效果。1987年7月，全国第一个股份制农村经济组织——杨箕村股份制合作经济联社，在广州市天河区沙河镇杨箕村成立。这一行动既得到了群众的拥护，又得到了市、省和中央的肯定。随后，农村股份制改造在全市得到了较为普遍的推广。

3. 农业规模化生产

广州市通过体制机制改革和政策支持，农业生产的集约化、规模化和专业化水平大幅提高，形成了大批农业龙头企业。早在20世纪80年代初，广州就产生了闻名全国的“江高模式”[①]。到2017年，仅加入广州市农业龙头企业协会的会员，就超过200家，产值超过2000亿。2017年底，广州东升农场有限公司、广州市华南农大生物药品有限公司、广州傲农生物科技有限公司、广州绿航农业科技有限公司、增城市粮食局新塘粮食管理所5家企业被纳入广东省重点扶持的农业龙头企业。

4. 农村土地流转

农村土地合法有序流转，是农业规模化经营和农业现代化的重要条

①1983年，位于广州白云区江高镇的江村鸡场创立了以鸡场为龙头，带动周边农户共同发展养鸡业的经济发展模式，这种模式被国家经济体制改革委员会命名为“江高模式”。

件。广州市通过深化农村改革，在这一方面取得了突出成效。一是推进了农村集体产权制度改革，基本完成了农村土地承包经营权确权登记颁证。二是通过发展农村社区股份合作经济，引导有条件的农村企业逐步建立现代企业制度，转变了农村集体经济传统管理模式。三是通过完善承包地"三权分置"制度，建立起农村土地信息系统数据库，推进数据库与农村集体"三资"交易管理平台结合，开展农村土地流转竞价交易，引导土地经营权有序流转。四是推进了农业补贴政策改革，农民财产权益更有保障，集体经济更加壮大。

三、改革实践结出丰硕经验之果

40年来，广州市紧跟中央改革开放的战略部署，紧密联系广州市情，实事求是，解放思想，创造性开展经济体制改革，积累了丰富的、具有广州特色的经验。

（一）解放生产力始终是改革的基本方向

我国的经济体制改革，从一开始，就在总体上坚持了改革的生产力标准，先后提出了"社会主义初级阶段""一个中心，两个基本点"[①]"以经济建设为中心""发展是第一要务""三个有利于"标准[②]等指导整个改革开放事业的基本理论、方针路线。

广州创造性地贯彻执行了中央关于改革开放的基本方针政策，在整

①中国共产党在社会主义初级阶段基本路线的核心内容。一个中心，指以经济建设为中心；两个基本点，指坚持四项基本原则，坚持改革开放。

②三个有利于，即有利于发展社会主义社会的生产力，有利于增强社会主义国家的综合国力，有利于提高人民的生活水平。这个思想是1992年初邓小平在视察南方时所提出来的。

个改革开放的过程中，始终坚持解放思想、实事求是的思想路线，始终把经济建设作为中心工作，始终把发展作为第一要务，始终把建设现代化中心城市作为广州城市发展的战略目标，始终把建设现代化产业体系作为工作的重中之重，始终把是否有利于生产力的发展作为经济体制改革的衡量标准。

一是始终坚持建设现代化中心城市的战略目标。1979年2月，党的十一届三中全会召开后不久，广州市就研究和部署把广州市的工作重点转移到社会主义现代化建设上来。1980年11月广州市明确提出，要努力把广州市建设成为一个经济繁荣、高度文明、优美整洁的社会主义现代化城市，使广州成为广东和华南的经济中心、外贸中心、旅游中心和科技中心。这里第一次比较明确涉及了建设现代化中心城市的内涵。1986年初，广州市在“七五”规划中明确提出：到20世纪末，广州市经济社会发展的战略目标是以对外经贸为导向，以工农业为依托，以轻纺工业和第三产业为重点，把广州建设成为具有强大的内外辐射能力、高度文明、多功能的社会主义现代化中心城市。至此，广州市第一次明确提出了建设现代化中心城市的战略目标。此后，尽管各个时期对城市发展战略目标的表述有所不同，但都是围绕建设现代化中心城市这一基本目标来展开的。“十三五”规划时期，广州市提出了“建设国际航运中心、物流中心、贸易中心、现代金融服务体系和国家创新中心城市”。之后，又提出了建设网络型枢纽城市，建设国际航运枢纽、国际航空枢纽、国际创新枢纽等战略构想。在2018年2月发布的《广州市城市总体规划（2017—2035）》草案中，又进一步提出要将广州逐步建设成为中国特色社会主义引领型全球城市，使现代化中心城市战略目标更加具体化，更加具有时代色彩。40年来，广州的经济体制改革一直紧紧围绕建设现代化中心城市的战略目标来展开。

二是始终把建设现代化产业体系作为工作的重中之重。产业始终是城市发展的根本动力。广州市在建设现代化中心城市的进程中，始终坚持以经济建设为中心，并将其落实为现代化产业体系建设，落实为建设一批生产力骨干项目。围绕建设现代化产业体系这一战略目标，广州以产业政策为导引，在机构设置、经济管理权力配置、重要资源分配、市属大型企业整合、重点招商引资等方面，进行了一系列体制机制改革与建设。20世纪80年代，广州在原有工商业基础之上，依靠对外开放、对内搞活，建成了以纺织服装、食品饮料、家用电器、日用化工等轻纺产品为主，重化产品兼有的工业体系，以及内外贸易兴旺的商贸体系。到了20世纪90年代，广州开始尝试发展现代化重工业，先后成功引进了本田、东风日产、丰田三大日系汽车。目的在于通过这些生产力骨干项目的建设，提升广州产业体系的资本技术密集化水平。

进入21世纪后的第一个十年，广州继续努力将建设现代化产业体系放在关键战略地位。在继续加速发展已经初露锋芒的汽车产业及电子信息、生物医药、新材料等高新技术产业的同时，也大规模地展开港口、机场、会展中心、高铁枢纽站等现代化城市基础设施建设，为广州发展现代物流、国际会展等现代服务业奠定了基础。当我国经济发展进入新常态后，特别是进入“十三五”规划时期以来，广州紧紧抓住世界技术发展新浪潮和我国转换经济发展动能、产业转型升级的新机遇，大力发展以IAB、NEM等为代表的高技术产业和战略性新兴产业，先后引进了富士康、思科、百济神州、GE生物园、日立电机、华为等世界级项目，欲建成世界显示之都、国际软件名城、国际一流的人工智能应用示范区、国家级生物医药创新强市。

三是始终以“三个有利于”为标准来衡量体制改革的取舍与成效。只要符合“三个有利于”标准，就大胆地去干，抓紧时间去干。为了有利于建设现代化中心城市和区域平衡发展，广州市冲破阻力，大幅调整行政区划，设置南沙区，为广州建设国际航运中心、自贸区南沙片区、南沙新区等改革开放与发展平台奠定了空间基础。为了降低营商成本，提高办事效率，广州市一直以来都致力于精简行政审批事项，下放权力，实行窗口式行政服务。20世纪80年代中期，广州就率先创办了“外经贸一条街”，实行相关部门集中办公，展现了广州高效率服务的对外形象。为了改善民生，广州市出台了《中共广州市委、广州市人民政府关于切实解决涉及人民群众切身利益若干问题的决定》（又称“惠民66条”）和《中共广州市委、广州市人民政府关于切实解决涉及人民群众切身利益若干问题的补充意见》（又称“补充17条”），市民生活质量和幸福感明显提升。

（二）厘清政府与市场的边界始终是改革的重点

我国的经济体制改革，从一开始就面临如何正确厘清政府与市场边界的问题。一方面，我们必须选择以市场经济体制为改革的基本取向，这就决定了资源配置必须以市场调节为主导。另一方面，在发展市场经济的过程中，政府的管控和调节又必不可少。世界各国的实践证明，市场主导和政府调节两者之间任何严重的偏颇，都会给经济发展带来效率上的损失。因此，如何厘清、把握政府和市场的边界，始终是我国的经济体制改革，特别是宏观调控体制机制改革的重点。

在经济体制改革的初期，广州就清楚地认识到，长期的计划经济体制压抑了生产力的发展，政府管得过宽过死造成了普遍的资源无效低效配置。因此，在大力发展商品经济的目标下，必须以“放”为主。广州选择了以放开鱼肉蔬菜等农副产品的生产、流通、销售为突破口，让市场价格自动调节供给与需求，取得了良好的效果，并由此逐步扩展到了其他领域。40年来，广州一直秉承“市场能够解决的就交给市场”这一理念，使市场成了资源配置的决定性力量，市场机制发育程度一直走在全国前列。

在充分发挥市场机制调节经济运行作用的同时，广州市也充分认识到，市场不是万能的，在发挥好市场调节机制的同时，也要结合中国国情和广州市情，发挥好政府在经济发展领域中的主导、引导和监控作用。其一，在经济社会发展的关键领域，坚定不移地发挥政府的主导作用。40年来，广州市政府通过在现代化城市基础设施建设、集聚型产业发展功能区建设、战略性建设和生产力骨干项目建设等发展关键领域发挥主导作用，实现了整个城市的跨越发展。其二，在经济社会发展的重要领域，适时地发挥政府的引导作用。政府通过产业政策、公共财政投入、产业引导基金、土地等关键资源配置等手段，引导高新技术产业、民生服务领域等经济社会重要领域的发展。其三，在经济社会发展的全领域和全过程，特别是一些重点领域和环节，利用各种形式和手段，充分发挥政府的依法监管作用。如推行综合执法改革、建立食品药品监管公安支队、推进社会信用体系建设、推进商事制度改革、加强事中事后监管等，在保障消费者权益、维护市场公平竞争、打击市场违法犯罪等方面起了巨大的作用。

（三）建立现代企业制度始终是改革的核心

企业是市场经济运行中的主体，是构成现代经济体系的细胞。这一经济细胞是否具有健全的架构，是否具有生生不息的活力，从根本上决定了经济体制的生命力。在改革大潮推动计划经济体制向市场经济体制转型之际，建立新型的现代企业制度，就成了城市经济体制改革的核心所在。

广州在建立现代企业制度方面，总结有如下经验：

一是自始至终将搞活企业作为经济体制改革的核心目标。改革开放之初，广州从允许企业根据业绩发放奖金，打破企业利益分配上的平均主义开始，开启了企业制度改革的历程。此后，经过逐步实施放开企业的生产计划、放开原材料采购、放开产品销售价格、放开用工管理权限、承包经营、引进外资、兼并破产等措施，企业活力大幅提升，并逐步走上了自主经营、自负盈亏的道路。

二是要让企业在市场竞争中成长。传统的公有制企业多是在政府的庇护下生存，即政府对企业具有天然的“父爱主义”。这种企业从内到外都缺乏生存压力。广州从企业改革一开始，就比较清楚这种体制机制的弊端，通过利益分配上的与业绩挂钩、企业整顿上的优胜劣汰，将企业推向市场，让企业在竞争环境中成长壮大。通过市场竞争，广州一批经营管理不善、缺乏市场前景的企业陆续退出市场，同时，也崛起了一批具有强大竞争力的企业集团。

三是构建现代产权制度。现代产权制度是现代企业制度的核心，是现代市场经济运行的重要基础。现代产权是以所有权为核心的一组权力的组合，包括占有权、使用权、收益权、支配权等。现代产权制度有若干基本特征，如产权多元、归属清楚、权责分明、保护严格、流转顺畅等。在经济体制改革之初，广州通过“以税代利”“承包经营”等措施，对国有资产的所有权和经营权进行了分离，这些改革措施不仅保证了国有资产的保值增值，也兼顾了国家、企业在分配上的利益。随着改革的深入，广州通过实施混合所有制改革、推动企业上市，使企业股权形成多元化格局。通过从战略上调整国有资产布局、组建企业集团、实施国有资产授权经营、组建国有资产投资控股公司等措施，使国有资产从管资产转变为管资本，使国有资本的保值增值进入了良性循环轨道。

四是鼓励企业走向国际市场。在全球化时代，企业国际化发展是现代企业制度的重要内容。国际化与现代化紧密相连。现代企业制度的建立，需要注入国际化的内容。2009年，出台了《广州市关于加快实施“走出去”战略若干意见的主要内容》。截至2016年底，广州市企业累计向全球80个国家（地区）投资设立了1208家非金融类境外企业（机构），中方协议投资额达171.7亿美元。[①]广州积极响应国家“一带一路”倡议，到2017年中，已累计在沿线国家设立166家企业，中方协议投资额21亿美元。[②]通过“走出去”，广州企业的国际化素质得到了很大提高。

（四）让改革成果惠及人民大众始终是改革的动力源泉

20世纪80年代初，我国农村改革取得巨大成功的经验表明，改革的道路正确和成功的评判标准和决定性因素，在于改革的道路取向必须与人民大众的利益取向高度一致，在于改革的成果要惠及人民大众。只有这样，改革才能获得绝大多数人民群众的支持，才能获得强大的动力源泉。

广州改革开放40年，不仅是广州飞跃发展的40年，也是人民群众物质文化生活水平急速提高的40年。正是因为改革终极目标是使人民群众有极大的获得感，所以，广州的经济体制改革各项工作都得到了广大人民群众的支持。

首先，改革始终聚焦民生的难点与热点问题。广州的改革是从人民群众最不满意的地方开始的，如20世纪70年代末80年代初，广州城市经济体制改革就是从解决人民群众吃鱼难、吃菜难开始的，因而改革一开

①赵安然．去年广州“走出去”步伐大 对外投资新增企业263个［N］．南方都市报，2017-04-13.

②朱伟良．广州已在“一带一路”沿线国家设立166家企业［N］．南方日报，2017-06-20.

始就获得了广泛的支持。此后，广州的改革措施的制定和实施，都是优先考虑人民群众不满意的领域，如在农村推行家庭联产承包责任制、农村股份制改造，在企业打破“铁饭碗”，精简政府机构，简化审批项目与程序等，由于这些体制机制上的改革，给人民群众带来了直接的利益，所以，改革获得了广泛的群众基础。

其次，改革始终在推动广州的健康发展。广州的健康发展，是人民群众的根本利益所在。广州经济体制改革的40年，也是不断用创新经济体制机制促进城市发展的40年。通过激活企业活力、创新产业政策、改革投融资体制、扩大对外开放等一系列措施，广州城市建设40年来获得了超速发展，一个美丽、生态的大广州，赢得了人民群众的好评与支持。

最后，改革始终坚持发展成果为人民群众共享。广州一直注重发展成果来自人民用于人民，让人民有极大的获得感。一是通过提高就业水平、鼓励创业、提高最低工资水平等措施，不断提高劳动者在国民财富的初次分配中的占比。二是提高城市的社会保障水平，如最低生活保障线、社会救济、社会养老等，不断提升老百姓的安全感。三是建设现代化的城市基础设施，如城市轨道交通、机场等，提升人民群众的生活与工作的便利感。四是提升城市公共服务水平，如加大教育、科技、文化、体育等方面的公共财政投入，提升人民群众的平等感。

（五）开放与改革的相互促进是改革取得成功的有效途径

开放带来进步，封闭必然落后。在经济全球化背景下，我国实行以建立社会主义市场经济体制为取向的改革，必须与打开国门实行对外开放同时进行。广州正是在这一大背景下，拉开了改革与开放相互促进的序幕。

一是通过对外开放营造了最初的改革效应。广州充分利用开放的历史传统和毗邻港澳的优势条件，在中央的支持下，最早向港澳打开了城门。港澳地区发达的市场经济、高度的国际化水平、先进的城市基础设施，使人们耳目一新。广州从当时急需改进的高档酒店、出租车等城市基本设施与服务领域开始，引进了港澳资本以及相应的管理制度。这些先进的管理制度，为广州推进各个领域的改革带来了示范效应。

二是通过对外开放建立的新型经济实体，为新、旧体制的转换奠定了经济基础。计划经济时代形成的公有制经济及其管理体制，不可能在短时期内完成变革。通过对外开放引进外资，发展民营经济，对原有经济体系进行剥离改造，在旧体制和旧经济体系之外迅速发展出一个崭新的经济体系并逐渐取代旧的经济体系，是新、旧经济体制平稳转换的最佳途径。

三是体制改革的深化促进了对外开放的扩大。不断深入开展的经济体制改革，反过来又促进了对外开放的进一步扩大和提升。改革的深化，促使市场经济体制机制日益成熟，市场化、法治化和国际化的营商环境不断改善，对外开放的条件越来越优越，因此，吸引了越来越高端的资源进入广州。同时，广州的本土企业也越来越多地走向国际市场。

（六）建设好先行先试试验区是探索改革之路的重要举措

在局部先行试点，取得成功后，以其样板效应，带动全局发展，这是中国改革开放的一条最基本的经验。广州在经济体制改革过程中，十分重视新型区域的建设。通过积极争取并在国家的批准支持下，先后建成了广州经济技术开发区（1984年批准）、南沙经济技术开发区（1993年批准）、增城经济技术开发区（2010年批准）三个国家级经济技术开发区。广州高新技术产业开发区（1991年批准）也成为首批国家级高新区之一。之后，南沙新区作为国家新区、广东自贸区南沙片区也获得国家批准。通过在新型区域先行先试新的经济管理体制，为全市经济体制改革树立样板，积累经验。

在实践中，广州将各类新型经济区域建设置于改革开放的战略关键地位。在管理权限上，赋予了这些新兴区域市一级审批权限。在管理机构设置上，允许其按照实际需要，实行精兵简政。在财政体制上，赋予了其更多的自主权限。由于实施了一系列崭新的管理体制，这些新兴区域获得了超常发展，成为广州财富创造的明星区、对外开放的新高地、先进产业的集聚区、创新发展的示范区，有效地推动了广州经济体制改革的深入开展。

四、深化经济体制改革是新时期发展的必由之路

在新的历史时期，广州这座千年商都已经确定了自己新的历史目标——建设国家中心城市、引领性全球城市。为了实现宏伟的发展目标，广州要按照党的十九大关于深化经济体制改革的总体布局，按照习近平2018年3月“两会”期间在广东代表团的讲话精神[①]，进一步全面深化经济体制改革，在营造稳定公平透明高效开放的营商环境、培育具有国际竞争力的市场主体、完善经济发展的宏观调控体系、构建充分调动全民参与改革创新积极性的利益机制等重大关键领域，攻坚克难，将改革进行到底。要通过深化改革来突破当前已面临的人口、资源和国际经

①习近平总书记要求广东的同志们进一步解放思想、改革创新，真抓实干、奋发进取，以新的更大作为开创广东工作新局面，在构建推动经济高质量发展体制机制、建设现代化经济体系、形成全面开放新格局、营造共建共治共享社会治理格局上走在全国前列。

济贸易宽松环境红利逐步消失的困扰，创造出具有国际竞争力的经济体制新优势。

（一）营造稳定公平透明高效开放的营商环境

营商环境是城市竞争力和城市软实力的综合体现。营造一个良好的营商环境，是政府工作的主要任务和目标。

2017年7月，习近平在中央财经领导小组会议上强调，要建立起稳定公平透明的营商环境，并特别强调北京、上海、广州、深圳等特大城市要率先加大营商环境改革力度。因此，广州要按照市场化、法治化、国际化的原则，营造更加稳定、更加公平、更加透明、更加高效、更加开放的营商环境。

1. 营造更加稳定的营商环境

保持营商环境的稳定性，是增强投资者良好预期的前提条件。这里的稳定，主要是指法规政策的稳定性和市场环境的安全性。首先，广州要提出一个较长时期内的、明确的、具有感召力的经济社会发展战略目标，这一目标要使投资者通过预判看到城市的发展前景。其次，要保持各项政策的相对稳定，切忌朝令夕改。即使因不可预料的原因需要对以往的政策进行调整，也需要对因政策调整而遭受损失的经营者进行必要的赔偿。再次，要注重保持政府的高度信用。对于政府作出的各类承诺，要严格遵守。要打造一个良好的信用政府。最后，营商环境的稳定性，也需要市场环境的安全性作支持。要依法打击各种欺行霸市的黑恶势力。

2. 营造更加公平的营商环境

这里所说的公平环境，主要是指公平的市场竞争环境，包括市场进入公平、资源获取公平、政策支持公平等。就广州而言，建立公平的市场竞争环境，一是要推广负面清单管理。在管理规则面前，所有市场主体权利一律平等。特别是在存在大量国有企业的前提下，要让所有市场主体在市场进入、资源获取、政策获取等方面，能够进行公平竞争。二是要破除行政垄断，最大限度地压减自然垄断。对于需要进行行政管控监督的领域和行业，特别是带有行政监管的服务型行业，要引入市场竞争机制，改变监督方式，加强过程监管。对于带有自然垄断性的行业，要在行业的局部环节、局部领域引入竞争机制。

3. 营造更加透明的营商环境

透明的营商环境，不仅可以增强投资经营者的预期，也可以帮助投资经营者快速决策，降低决策成本，提高营商效率。广州要进一步提高营商环境的透明度。一是要提升政府管理的法治化和规划化水平，使政府的经济社会管理行为建立在有法可依、有策可据的基础上。二是要健全各种信息发布系统和平台。在信息严重不对称的情况下，很难保证公平竞争。要让广大市民和投资经营者有广泛的知情权。因此，各类信息平台的建设，是改善营商环境的重要内容。

4. 营造更加高效的营商环境

高效的营商环境，是一种强大的竞争力，对高端发展资源有强大吸引力。政府要营造更加高效的城市营商环境，关键要抓好如下工作：一是继续深化行政审批制度改革。根据国家、省有关法规和政策，并结合市情，压缩负面管理清单内容。实践中证明能够让市场选择与决定的，就坚决让市场去决定。二是继续推进管理权力下放。广州是一个超大城市，应将已经时间证明可以下放的管理权力下放到各区。三是大力推广网上审批与备案。充分利用当今发达的网络信息技术，将绝大部分管理事项置入网络管理。四是进一步办好集中式“窗口服务”，并继续深化程序简便改革和限时办理。

5. 营造更加开放的营商环境

改革开放40年的实践证明，开放与改革发展相辅相成，互为支持。营造更加开放的营商环境，就国内看，就是要形成更加统一的市场；就国际来看，就是要提升经济国际化水平，建设一种高度开放性经济体制。广州作为世界性千年商都，作为中国对外开放的前沿城市，需要继续保持对内对外开放的领先态势。一是要继续发挥好广州作为国内贸易中心城市的传统优势，取消一切行政门槛，大力发展流量经济，使广州成为国内货物、资金、信息等资源集散中心城市。二是要发挥广州的综合性国际交通枢纽的优势，办好自贸区，大力发展转口贸易、离岸贸易、跨境电商、保税加工等，力争将广州建设成为全球性高端资源集散中心城市。三是要率先研究制定外商投资负面清单管理制度，以更加开放的姿态展开新一轮招商引资，要按照中央的要求，加快放开育幼养老、建筑设计、会计审计、商贸物流、电子商务，以及一般制造业和服务业等竞争性领域对外资准入限制和股比限制。

（二）培育具有国际竞争力的市场主体

市场主体是指在市场经济运行中担任主体角色的各类企业。40年来，不断推进企业改革，建立现代企业制度，始终是城市经济体制改革的重点目标和任务。广州要实现未来发展的战略目标，关键的一环也在于各种市场主体的快速成长，在于建立起一支具有国际竞争力的企业队伍。

从经济体制角度看，建立起具有国际竞争力的企业队伍，要把重点放在完善国有资产管理体制、完善民营经济发展的体制机制和大力推进发展混合所有制经济三个方面。

1. 完善国有资产管理体制，推动国有资本做强做优做大

国有资产是支撑社会主义经济制度的关键基石，也是宏观经济调控

的重要物质基础。如何使国有资产保值增值，如何使国有资本做强做优做大，如何使国有企业能够代表国家参与国际竞争，是经济体制改革的重要内容。

广州国有资本和国有企业相对比重较大。为使国有资本在广州国民经济与社会发展中起主导性作用，必须进一步深化国有资产的战略性改革。一是要进一步调整国有资产的战略性布局，使国有资产逐步从竞争性的一般制造业和一般服务业领域退出，进而加强国有资本在战略性领域、公共服务领域的主导地位，要在高速公路、铁路、机场、港航、能源、水利、信息、城建、环保和科技等关键领域增强国企的控制力、影响力和竞争力。二是要从管资产为主逐步过渡到管资本为主。要支持有条件的国有企业集团改组为国有资本投资集团，保障国有资本的保值增值。三是要健全国有企业的法人治理结构。要进一步探索国有企业所有权和经营权分离的体制机制，探索国有企业经理（厂长）的选拔任用途径与机制。

2. 把壮大民营经济提升到战略关键地位

民营经济具有机制灵活、资源配置效率高等天然特性。民营经济是中国特色社会主义的重要经济基础。发展民营经济，是增强广州综合竞争力的关键因素之一。广州大力发展民营经济，要注重几个方面的问题：一是要充分认识发展民营经济的战略地位。我国先进地区和城市的经验表明，民营经济是创新创业的主力军，是可持续发展的根本保证，也是综合实力的关键内容。广州必须要从关键战略的高度重视民营经济的发展。要在全社会形成崇尚企业家精神和尊重企业家的城市文化氛围。二是要在信息公开、审批简便等方面切实畅通民间资本进入产业领域的渠道。要大力支持和奖励民营资本进入非营利性的教育、医疗、文化等领域。三是要在土地、融资、政策支持等方面，支持民营实体经济的发展。四是在一般制造和一般服务等领域，要引导国有资本不与民营资本争利。靠民营资本能够满足社会和市场需求的领域，国有资本要主动退出。

3. 大力发展混合所有制经济

从微观层次看，混合所有制经济是指不同所有制性质的投资主体，包括国有资本、集体资本、非公有制资本共同出资组建企业，是当今世界一种具有普遍适应性的所有制结构模式。大力发展混合所有制经济，是培育具有强大竞争力的市场主体的有效途径。要在国有企业中加大混合所有制改革的力度。要通过资本构成的多元化，特别是增加民营资本的额度来构建国有企业可持续发展的机制。

（三）完善经济发展的宏观调控体系

从区域和城市发展的角度看，广州宏观经济调控的基本目标主要包含四个方面，即促进经济增长、保障就业、稳定物价总水平和促进国际贸易发展。根据广州建设国家中心城市和引领性全球城市的总体战略目标，宏观经济调控体系要集中精力抓好深化推进供给侧结构性改革、构建支持实体经济和创新创业的公共财政体系与金融体系、构建低风险高效率的战略性投融资平台三个领域的工作。

1. 进一步完善以深化供给侧结构性改革为核心的产业政策体系

供给侧结构性改革实质上是着重从供给侧实施的产业结构转型升级促进的行动，也是一项经济增长由数量型到质量型转变的行动。广州在推进这一行动中，要着重抓好三个领域的工作：一是要通过收购、兼并和破产等渠道，比较彻底地出清多年来因各种原因沉淀下来的、以国有企业为主的“僵尸企业”。二是利用包括互联网、大数据、人工智能、新材料、新设计、新工艺等高新技术，改造提升传统产业，使这些传统产业（包括五金、塑料、纺织服装，以及各类服务业等）能够提供适合市场需求的新产品、新服务。三是大力发展高新技术产业，特别是新一代信息技术、人工智能、生物医药、新材料等产业。通过出清与发展，促进广州产业结构更新换代。

2. 构建以支持实体经济和创新创业为中心的公共财政体系和金融体系

发挥好公共财政体系和金融体系的引导、调节和控制功能，是城市宏观经济调控的重要内容和手段。发展实体经济、支持创新创业，是当今我国的基本政策。城市的公共财政体系和金融体系必须要围绕支持实体经济和创新创业来进行构建。第一，要加大公共财政资金对实体经济和创新创业的支持和引导力度。目前，广州已经建立了若干相应的发展基金和年度专项资金。随着公共财政收入状况的进一步提升，要逐步增加用于支持实体产业发展、支持创新创业的支出预算。第二，要建立起能够与实体经济和创新创业深度融合的地方金融体系。要在政府政策和公共财政资金支持下，大力发展风投基金、股权投资基金、融资担保、信托投资、租赁金融、产业保险等金融创新产品，支持实体经济和创新创业的发展。第三，要建立起公共财政支持的各类项目绩效的考核体系与机制。根据自由严格的绩效考核进行奖优罚劣，才能真正发挥好财政资金的引导、带动作用。

3. 构建低风险高效率的战略性投融资平台

在当今中国，城市地方政府面临两大发展重任，一是建设城市基础设施，二是发展战略性产业。要完成这两大重任，必须要在政府信用和城市土地资源的基础上，搭建政府背景下的战略性投融资平台。这些投融资平台分布在交通、环保、文化、产业等领域。这些平台，成了政府对经济社会发展进行宏观调控的重要平台和手段，其功能效用不可低估。对于这些平台，一要进行严格的风险控制。要建立健全的法人治理机构，由党委会、董事会、监事会，以及专家委员会进行常规控制。必要时人大常委会可以进行依法监督。二要在这些平台中导入市场运作机制，要对其运行绩效进行考核，并将考核结果作为相关个人报酬的依据，使这些平台成为高效率的投融资机构。

（四）构建充分动员全民参与改革的利益机制

改革的成败取决于广大人民群众对改革的拥护和参与程度，而人民群众对改革的拥护和参与程度又取决于其对改革利益的预期。因此，如何按照增强人民群众的改革利益获得感的原则，构建充分调动全民参与改革创新积极性的利益机制，就成了经济体制改革的重要环节。

完善和落实产权保护制度，创新按劳分配机制和按要素分配制度，推进改革服务均等化，是增强人民群众改革利益获得感，实现改革利益共享的重要改革方向。

1. 完善和落实产权保护制度

产权制度是市场经济的根基，也是经济体制改革的核心内容。“有恒产者有恒心。”只有建立了现代产权保护制度，才能确保市场经济主体投资经营的坚强信心和良好预期，才能够促进民营经济大发展，才能够吸引国际市场的高端资源进驻广州，也才能保证国有资本的保值增值。

现代产权制度是权责利高度统一的制度，归属清晰、权责明确、保护严格、流转顺畅是其基本特征。广州要按照《中共中央国务院关于完善产权保护制度依法保护产权的意见》的要求，率先加快完善现代产权制度。其一，要根据相关法律，明确各类资产权属。资产权属不仅包括所有权，也包括经营权、收益权和处置权。特别是对于权属比较复杂的资产，如农村土地资产、集体资产、国有资产等，要逐步理清理顺。其二，要严格保护各类合法资产，形成各类合法资产的安全环境。要防止造成国有资产和集体资产在调整重组中资产流失。要严格依法保护私有资产。要依法维护各类合法的使用权、经营权，以及相应的分配权。其三，要创造良好环境，使各类资产及其附带的各类权利能够顺畅流转。

2. 创新按劳分配机制

按劳分配是社会主义社会最基本的经济制度，是社会主义制度最基本的优越性之一。按劳分配是对平均主义的否定。广州完善按劳分配制度，需要抓好以下三方面的工作：一是体现多劳多得，优劳优得，不劳不得。这是按劳分配原则最基本的要义。只有这样才能最大限度地调动劳动者的积极性，特别是能够吸引优质人才进入广州。二是要彻底实行同工同酬、同岗同酬。特别要创造条件打破因历史原因造成因身份不同（如正式工与临时工）而劳动报酬不同的怪现象。三是要引导劳动成果向劳动者报酬倾斜。要继续完善最低劳动报酬制度。

3. 创新按要素分配制度

按要素分配可分为按资本要素分配、按劳动力要素分配、按技术要素分配、按管理要素分配、按信息要素分配等。按要素分配是社会主义初级阶段重要的分配制度。这一制度的实施，有利于动员各方面的资源进入经济发展领域，如资金、技术、信息、管理、土地等。

广州要进一步拓宽按要素分配渠道，要紧紧抓好以下两方面的工作：一是抓好财富管理。广州人均收入水平已经步入发达水平行列。居民的财产积累已经比较可观，广州经济发展动力中已有财富驱动元素。因此，要逐步制定和完善财富管理相关法规政策，包括鼓励、支持和方便居民购买各类理财型金融产品。二是完善鼓励、支持、方便人才和技术要素入股政策，以吸引各类高端人才和科研成果来广州创业和创新。

4. 推进公共服务均等化

公共服务属于社会财富再分配的范围。公共服务均等化是指政府要为社会公众提供基本的、在不同阶段具有不同标准的、最终大致均等的公共物品和公共服务。推进公共服务均等化，可以极大地体现改革发展成果共享理念，可以极大地提高广大人民群众支持和参与改革的积极性。

广州进一步推进公共服务均等化要着重于教育、医疗、社会保障等领域。首先是大力发展和普及优质教育。要着力提升城郊和远郊区域的教育质量，改变优质教育扎堆城市中心区的现象。其次是着力解决人民群众看病难的问题。要大力发展各层次的医疗机构，并从制度上解决看病贵的问题。再次是大力发展社会保障。社会保障是社会发展的稳定器。其中较为迫切的是社会养老问题。老龄化社会的到来不可避免，如何鼓励支持各方面的力量发展社会养老机构，是一个值得深入研究的问题。

（刘江华）

广州素有“千年商都”之美称，早在秦汉时代，广州（古称番禺）已成为商贾云集之地和海上丝绸之路的发祥地。在2200多年的发展历程中，广州港口贸易持续不断，商业重镇地位长盛不衰。在中华人民共和国成立初期的1957年，第一届广交会举行，成为改革开放前中国对外贸易的唯一窗口。[①]作为中国目前历史最长、层次最高、规模最大、商品种类最全、到会客商最多、成交效果最好的综合性国际贸易盛会，广交会已成为“千年商都”广州一张闪亮的城市名片。在改革开放第40个年头，广州也迎来第123届和124届广交会。

“千年商都”只是改革开放40年的广州产业体系的靓丽底色，伴随着经济发展实现历史性飞跃，广州逐步形成了以金融、信息服务、科技服务、商务服务等为支柱的现代服务业和以汽车、石油化工、电子信息制造为支柱的先进制造业“双轮驱动增长”的产业格局。在改革开放之初，广州的地区生产总值还只有43亿元，在全国主要城市中位列北京、天津、上海、武汉、沈阳等城市之后，排在第八位。[②]改革开放以后，

①在朝鲜战争爆发后，西方国家加紧对华经济封锁和货物禁运。为了突破封锁和摘掉闭关锁国的帽子，广交会应运而生。第一届广交会（当时的名字还是“中国出口商品交易会”），共有来自19个国家和地区的1223名客商参加，总展览面积1.8万平方米，出口成交额1754万美元。

②廖惠霞，欧阳湘. 新中国60年广州社会主义建设的成就和经验启示［J］. 探求，2009（5）.

出了产业发展与科学发展观、转变发展方式以及产业结构优化升级之间的联系，是对“新型工业化”理念的补充和发展。随着党的十八大以来我国经济发展进入新常态等一系列深刻变化，决策层对于现代产业体系的认识和对应的部署也在深化。面对高增长和紧约束之间难以协调的系列问题，保持产业持续较快发展面临的土地空间、能源和水资源、环境承载力难以为继的瓶颈性制约日益突出。在我国经济已由高速增长阶段转向高质量发展阶段，必须坚持质量第一、效益优先，以供给侧结构性改革为主线去转变发展方式、优化经济结构、转换增长动力，着力克服三次产业相互促进和联动发展的动力和后劲不足的问题，以及进一步增强产业发展的自主创新能力。在上述背景下，党的十九大报告提出构建实体经济、科技创新、现代金融、人力资源协同发展的产业体系。与之前侧重从两化融合视角阐述现代产业体系不同，以实体经济为核心建设协同发展的现代产业体系是一个新的提法，具体体现在三个方面：一是从要素的角度分析产业体系；二是针对我国“重虚轻实”的经济问题，强调实体经济的重要性；三是重视科技创新、现代金融及人力资本对实体经济发展的推动作用。这四元素之间形成如下逻辑关系：实体经济为躯干，科技创新为筋骨，现代金融为血液，人力资源为中枢，唯有实现四者的有序协作，才能有效促进经济发展。[①]

协同发展的现代产业体系强调基于产业生态系统的视角，构筑现代化经济体系的产业内核。当前在我国新科技革命与产业变革同经济增长模式转变形成交织的阶段，技术变革、新分工模式给众多产业带来全球价值链革命，重组了这些产业的价值创造过程以及改变了价值利益分配

①黄汉权．构建现代化产业体系是建设现代化经济体系的重头戏［J］．经济研究参考，2017（63）．

机制。这要求我国必须把创新驱动发展作为建设现代化经济体系的战略支撑和重要抓手，坚持质量第一、效益优先，推动以创新为主导地位发展模式的形成。在创新驱动全球产业链再配置加速的新阶段，支撑创新企业孵化成长和产业集群发展的产业生态体系与以往相比有着非常大的改变，产业发展越来越成为一个系统工程，打造一个有机融合、良性循环的产业生态链、生态圈，是激发企业创新创造活力和提升产业价值链水平的长效机制。坚持实体经济、科技创新、现代金融与人力资源的协作，才能在微观企业层面提高公司间的本地结网能力，在中观产业层面充分发挥集群内知识溢出效应，在宏观经济层面提高生产效率。可见，构建与现代化经济体系相适应的协同发展现代产业体系，就是要以现代产业文明为引领，以创新、协调、绿色、开放、共享为发展理念，以创新驱动发展为核心战略，构建价值链高端化、组织结构高度活跃、制造与服务高度融合、空间布局一体化为基本特点的产业新体系。

（二）广州产业体系发展历程

改革开放以来，广州先后以调整产业结构和构建现代产业体系为主线，推动产业发展不断提质增效。目前，科技创新、人才服务、资本运营、信息共享、现代物流等产业支撑效应逐步显现，自然生态环境、重大基础设施、对内对外开放、能源及社会保障等促进产业发展的条件不断改善，产业体系建设取得了显著成效。按照产业结构特征，可将改革开放40年来广州产业体系发展历程大致划分为如下三个阶段：

1. 第一阶段（1978—2000年）：从第二产业主导转向第二、第三产业并重

在中华人民共和国成立之初，广州第一产业、第二产业、第三产业占全市生产总值的比重分别为27.4%、33.0%、39.6%，基本上是“三分

天下”，以传统商业为主体的第三产业略为占先。此后，受当时“重生产轻流通”发展理念影响，广州确立了建设成为“工业生产城市”的指引方针，逐渐形成了门类比较齐全、配套能力较强的工业生产体系。到1978年，广州三次产业占全市生产总值的比重变为11.7：58.6：29.7。改革开放以后到20世纪末，广州按照“稳定提高第一产业，调整优化第二产业，大力发展第三产业”的思路调整产业结构，充分释放了结构红利。在此期间，第二产业、第三产业得到迅速发展。1978年至1988年间，第二产业增加值在三次产业中份额最大，1989年后第三产业增加值首次超第二产业，逐步形成了第二、第三产业对经济增长“双推动”格局，三次产业发展更加协调。到“九五”末期的2000年，第三产业占了半壁江山。

（1）产业发展思路

从1978年到20世纪90年代中期，广州以“轻型、优质、高效、外向”作为调整工业生产结构的方向，着力推进轻工业产品通过优胜劣汰和科技进步实现升级换代，以及使外向型经济成为工业发展的重要动力。

进入“九五”时期，广州顺应高新技术产业和服务业迅速兴起的新趋势，及时调整发展方向，将发展重点调整为对国民经济起支柱作用的六大产业群，以及在现代化过程中起带头作用的信息产业。提出通过提高第一产业中的“三高”农业、第二产业中的高科技制造业、第三产业中的科技和金融及信息业的比重，促进经济增长方式由粗放型为主向集约型为主转变。在《广州市国民经济和社会发展第九个五年计划及2010年远景目标纲要》中，广州提出打造六大支柱产业和一个带头产业，即高科技制造业、金融保险业、交通运输业、商品流通业、旅游服务业、建筑与房地产业和信息产业。其中，高科技制造业的发展方向是，以八个“龙头”制造业[1]为主体，加快高新技术产业化，运用高新技术改造传统工业，培养一批具有较强国内外市场竞争优势的名牌产品和企业集团。同时重点关注电子技术工业、生物工程工业、新材料工业、高新技术医疗器械工业、新能源工业、环保工业六个新兴工业，以及引导应用高新技术改造轻工、电气和电工、机械制造、船舶、能源、纺织服装、建材、橡胶等广州传统工业。在金融保险业领域，广州提出要通过建立“四个体系”和形成“八大中心市场”[2]，建成依托珠江三角洲经济区，辐射华南地区及华中与西南部分地区，沟通港澳和国际的区域性金融中心。在交通运输业，广州的发展思路是加强广州港口、铁路、航空枢纽建设，建设穗港珠三地间快速轨道交通系统，提高交通运输邮电设施装备的技术水平和管理现代化水平，增强各种运输方式的协调配套能力和综合运输能力。在商品流通领域，对外贸易业的发展方向是：加速推进外贸增长方式的转变，实行商品贸易和服务贸易并举战略，完成重组商品结构、重设市场布局、重塑企业制度的任务，加快形成广州国际贸易大口岸、大通道。国内贸易业的发展方向是：建立综合商社等现代流通组织形式，建成一批跨世纪的现代化购物中心和购物广场，发展期货、保税、会展、博览等高层次的市场交易和服务形式，培植一批在国内外市场有较强竞争力的商贸企业集团。在旅游服务业领域，广州提出加快旅游资源开发利用，提高旅游服务质量，扩大旅游行业总体经济效益和创汇能力。在建筑与房地产业领域，当时确立的发展方向是建立统一的

①具体包括汽车工业、摩托车工业、电子通信工业、家电工业、石油化工工业、医药工业、食品及饮料工业、冶金工业。

②四个体系是金融市场体系、金融组织体系、金融管理体系、金融服务体系；八大中心市场是证券交易中心市场、资金拆借中心市场、商业票据贴现中心市场、资金清算中心市场、外汇交易中心市场、保险中心市场、金融信息中心市场和金融人才培训中心市场。

建筑与房地产市场体系、健全的管理服务体系、合理的收益分配体系。在信息产业领域，提出将信息产业作为带头产业发展，并逐步将信息产业培育成为广州市未来的新兴支柱产业。为了支持和鼓励发展六大产业和信息产业发展，广州实施了系列产业发展政策，从财力、物力等方面对高科技制造业、“三高”农业和基础产业重点项目给予扶持，包括在项目的立项审批、项目的投融资方式、财政贴息、股票和债券的发行、利用外资、用地规划等方面予以政策倾斜支持。

因此，从1990年开始，培育支柱产业成为广州经济发展的方向，广州政府提出发展的支柱产业群也在不断发展。支柱产业的变化，体现了政府在对广州经济发展环境和阶段的把握下对产业发展方向的调控而作出的动态调整。

（2）产业发展成就

改革开放以来，广州产业结构调整和支柱产业培育成功带动了城市经济起飞。从1989年开始，广州的经济总量长期牢牢占据全国主要中心城市第三位。到2000年，三次产业比例调整为3.96：43.69：52.35，形成第二、第三产业并驾齐驱拉动经济增长的格局。

一是工业行业结构持续优化（详细见表3-1），结构红利得到比较充分的释放。在20世纪80年代，广州大力引进和发展劳动密集型轻纺工业，电气机械、纺织服装、食品饮料和家用电器等行业逐渐成长为工业中的支柱产业。轻工业在“六五”和“七五”期间迅速增长，年均增速分别达到13.1%和14.5%，占工业总产值比重分别达到65.3%和64.2%，到1988年达到65.96%，在全国十大城市中居第一位。在“八五”末期的1995年，广州轻、重工业总产值比为59.59：40.41，技术进步对工业经济增长的贡献率达41%，全市“三资”企业达7825家、驻境外企业已发展到130多家，工业总产值中国有经济、集体经济、其他经济的比重调整为30.59：11.67：57.74。[①]进入20世纪90年代，广州面对纺织、煤炭、冶金、建材等传统行业生产能力过剩、产品落后等问题，进一步调整这些行业的长线产品结构，淘汰了一批污染严重、技术落后的“五小”企业和相关产品，把有限的资源集中到有市场优势的企业和产品上去，使结构红利得以延续。

表3-1　广州市工业内部结构变化

（单位：%）

年份	工业结构		重工业结构		
	轻工业	重工业	采掘业	原材料工业	加工工业
1978	63.24	36.76	0.52	29.37	70.11
1980	65.15	34.84	0.48	30.47	69.05
1985	65.40	34.60	0.92	37.21	61.87
1990	63.97	36.03	2.62	44.44	52.94
1995	59.59	40.41	10.61	40.34	49.05
1998	62.33	37.67	14.69	34.59	50.71
2000	56.85	43.15	3.00	27.00	70.00

数据来源：相应年份《广州统计年鉴》，中国统计出版社。

注：工业内部结构用产值的比重表示。

二是支柱产业培植成效显著，石油化工和交通运输设备制造业在行业排序中逐渐位居前列，高新技术产业初具规模。得益于外部发展环境的变化和“6+1”支柱产业（即六大支柱产业和一个带头产业，分别为高科技制造业、金融保险业、交通运输业、商品流通业、旅游服务业、

①数据来源于《广州统计年鉴》2017年版和《广州市国民经济和社会发展第九个五年计划及2010年远景目标纲要》。

建筑与房地产业和信息产业）培育政策的实施，石油化工、交通运输设备制造业、电子通信设备制造业等行业在“九五”期间发展势头迅猛，在行业排序中逐渐位居前列，支柱作用日渐突出。2000年，高新技术产品产值达487亿元，占全市工业总产值的15.8%，较“八五”末期提高9.4个百分点。2000年，有经认定的高新技术企业331家，民营科技企业1700多家，初步形成电子信息、生物技术、光机电一体化、新材料等一批成长性好的高新技术企业。广州东南部高新技术产业带已具雏形，成为广州高新技术产业化基地和新的工业基地。

三是产品结构和产业组织结构逐步优化，形成了一批有竞争力的名牌产品和企业集团。截至1999年，广州有58个产品被认定为广东省名牌产品，初步形成了如珠江牌钢琴、珠江牌啤酒、广日牌电梯、五羊牌摩托车、金页牌新闻纸、双桥牌味精、555牌干电池、通宝牌IC卡公用付费电话系统等一批技术含量高、附加值高、市场占有率高、知名度高的拳头产品。通过实施包括“抓大”扶持政策、建立行业公会或协会、设产业引导基金（包括企业集团发展基金、技术改造基金、科研开发风险基金等）等为核心内容的产业组织政策，充分发挥大企业集团的资金、技术、人才、管理、经营网络优势，促进资本向优势企业集中，实现强强联合、以大带小、以强扶弱，形成石化、汽车、钢铁、造船、电梯、轻工、造纸、钢琴、啤酒、医药等行业的一批大企业集团。

四是服务型经济持续扩张，新兴服务业持续发展。到2000年，广州实现第三产业增加值1249.49亿元，服务业从业人员数占全社会从业人员总数的比例达到40.89%。金融保险、房地产等新兴产业持续稳定增长，会展、咨询等新兴产业方兴未艾，教育、文化、体育、科研等产业化趋势加快，在国民经济中扮演着越来越重要的角色。其中，房地产业和社会服务业、科研文卫体等行业保持快速增长势头，房地产业和社会服务业、科研文卫体行业占广州生产总值的比重分别从1980年的4.1%和1.29%上升到了2000年的12.52%、5.41%，两者合计上升了接近13个百分点。在第三产业中的比重两者合计上升近19个百分点（详见表3-2）。另外，旅游服务能力不断增强，2000年接待过夜国内外游客人数达到2299.97万人次。现代金融服务产品开发与服务能力居国内前列，会展业拉动经济的作用凸现，中介服务业发展呈现出巨大潜力，广交会、留学人员科技交流会、国际美博会、广州博览会、国际美食节、国际服装节等成为综合性国际贸易盛会。以商贸、金融保险、房地产、信息咨询、旅游服务，以及教育培训、文化娱乐为主的第三产业不断发展壮大，使广州经济增长格局从过去主要依靠第二产业推动转向第二产业和第三产业共同推动。

表3-2　广州市第三产业内部结构变化

（单位：%）

年份	交通邮电业		商贸餐饮		金融保险业		房地产和社会服务业		科研文卫体		其他	
	占第三产业比重	占地区生产总值比重	占第三产业比重	占地区生产总值比重	占第三产业比重	占地区生产总值比重	占第三产业比重	占地区生产总值比重	占第三产业比重	占地区生产总值比重	占第三产业比重	占地区生产总值比重
1980	42.48	14.71	32.78	11.35	5.11	1.77	11.83	4.10	3.71	1.29	4.09	1.42
1985	31.94	11.94	32.78	12.26	13.25	5.06	9.54	3.57	10.03	3.75	2.19	0.82
1990	30.00	14.79	16.14	7.96	29.11	14.35	12.97	6.39	7.99	3.94	3.79	1.87
1995	20.19	9.57	22.96	10.89	25.48	12.08	20.64	9.79	7.02	3.33	3.71	1.76
1998	23.34	11.74	18.97	9.54	23.20	11.67	21.68	10.91	8.43	4.24	4.38	2.20
2000	27.87	14.65	19.49	10.25	12.91	6.79	23.81	12.52	10.29	5.41	5.63	2.96

资料来源：相应年份《广州统计年鉴》，中国统计出版社。

2. 第二阶段（2000—2012年）：构建以服务业为主体的都市型产业体系

进入21世纪，经济全球化趋势、科技革命浪潮和世界范围经济结构调整格局，以及我国加入WTO，使广州产业发展迎来外部的发展机遇。另外，国家全面实施科教兴国、可持续发展、西部大开发、城镇化战略，也为广州提供了一个较为宽松的国内环境和竞争机遇。在上述背景下，广州确立了在“十五”期间于发展中促进经济结构战略性调整的总体思路，积极推进体制创新和科技创新，继续实施“外向带动”“科教兴市”“可持续发展”三大战略，推进国民经济和社会信息化，提高工业化水平，促进传统产业、高新技术产业和服务业协调发展。党的十七大之后，广州颁布了《广州市建设现代产业体系规划纲要（2009—2015年）》，提出打造广东省现代产业体系“首善之区”，构建以高科技含量、高附加值、低能耗、低污染的产业群为核心，以技术、人才、资本、信息等高效运转的产业辅助系统为支撑，以环境优美、基础设施完备、社会保障有力、市场秩序良好的产业发展环境为依托，具有创新性、开放性、融合性、集聚性和可持续性特征的新型产业体系。

（1）产业发展思路

进入21世纪，广州继续沿袭释放结构红利的政策思路，以结构调整为主线，按照“三、二、一”方针整体引导产业转型升级，积极完善中心城市大服务业体系，努力提升区域工业基地的功能，加速形成都市型农业，实现经济持续快速健康发展。具体而言，在第三产业领域，以现代流通业、金融保险业、旅游业、会展业、房地产业、中介服务业、教育产业、文化产业及社区服务等新兴产业为发展重点，坚持市场化、产业化取向，扩大开放领域、打破行业垄断、放宽市场准入，重视引导高新技术向第三产业渗透，改造提升传统服务业，大力发展现代服务业，增强中心城市综合服务功能。在第二产业领域，大力发展高新技术产业，加大对传统优势产业改造的力度，通过结构调整，扶持壮大一批、重组发展一批、放开搞活一批、关闭破产一批，力求尽快形成具有特色优势和较强市场竞争力的若干产业（行业）板块，全面提高工业化水平。值得一提的是，在"十五"期间广州明确将工业发展重点置于交通运输设备、电子通信设备、石油化工三大支柱产业，加快发展资金、技术密集型的重化工业，这成为广州产业结构调整的一大特色。此外，广州提出按照"有所为，有所不为"的原则集中发展具有优势的信息产业，重点开发生产移动通信、数字视听、集成电路三类大产品，建设软件、计算机及外围设备、光电子产业三大基地，增强数据、网络、咨询三大服务中心功能。在第一产业领域，重点依靠科技进步发展都市型农业，推进农业产业化和现代化，促进生产结构的调整优化和农村经济的可持续发展。

另外，以战略性主导产业为重心和支撑，加快推动产业转型升级和产业结构优化，提升整体产业核心竞争力，是广州在建设国家中心城市和推进新型城镇化过程中所作出的重大战略决策之一。广州战略性主导产业自2010年首次提出以来，经历了从"442"十大核心产业、"9+6"战略性主导产业到"343"十大重点产业的调整变化过程。2010年广州"十二五"规划提出发展汽车制造、石油化工、信息产业等十大核心产业的设想，包括4个先进制造业、4个现代服务业和2个战略性新兴产业，简称"442"十大核心产业。2011年12月，广州市第十次党代会明确提出将商贸会展、金融保险、现代物流等9类现有优势产业，以及新一代信息技术、生物与健康产业、新材料与高端制造等6类潜力产业确定为战略性主导产业，简称"9+6"战略性主导产业。2013年，广州市委常委会审议并通过了《广州市加快推进十大重点产业发展行动方案》。该方案围绕加快发展促转型的中心任务，将汽车、精细化工、重大装备、新一代信息技术等十大重点产业确定为广州未来一段时期的产业发展主攻方向，十大重点产业包括三大先进制造业、四大战略性新兴产业和三大现代服务业，简称“343”十大重点产业。（详细见表3-3）从表3-3中可以看出，“442”十大核心产业是广州战略性主导产业选择的起点，“9+6”战略性主导产业是对“442”十大核心产业的扩充和调整，而“343”十大重点产业则是对“9+6”战略性主导产业调整和完善后向“442”十大核心产业的回归。

表3-3 广州战略性主导产业的政策演变

“442”十大核心产业	汽车制造、石油化工、信息产业、重大装备、商贸会展、现代物流、金融保险、文化创意、生物医药、新材料
“9+6”战略性主导产业	现有优势产业：商贸会展、金融保险、现代物流、文化旅游、商务与科技服务、汽车制造、精细化工、电子产品、重大装备 战略性新兴产业：新一代信息技术、生物与健康产业、新材料与高端制造、时尚创意、新能源汽车、节能环保
“343”十大重点产业	汽车、精细化工、重大装备、新一代信息技术、生物与健康、新材料、新能源与节能环保、商贸会展、金融保险、现代物流

资料来源：2010年9月11日《广州日报》A1版和2013年11月27日《南方日报》第GC02版。

在产业布局方面，“十五”期间广州按照“农业划圈层、工业进园区、服务业分功能”的思路，促进产业布局调整与产业结构调整、城市规划建设相协调，从而保证结构红利的释放。具体而言，推动农业生产呈三个各具特色的圈层分布：第一圈层（包括白云、天河、海珠、黄埔、芳村）侧重发展花卉、林果、草坪等绿色园艺产业，以及健身、休闲、体验型农业，近郊及卫星城、城市饮用水源流域限制发展畜牧水产业；第二圈层（包括番禺、花都、从化和增城靠近广州中心区的村镇及白云区的边远村镇）突出种养业和多种经营，因地制宜发展优质谷、蔬菜、林果、花卉园艺、畜牧、水产业；第三圈层（包括外围其他村镇）发展名优土产品、反季节农业、特色农业、生态农林业、休闲度假农业和速生丰产林。工业主要布局在东南部各园区，形成专业化和集中度较高的重点工业基地。重点引导具有一定规模的工业新建项目和搬迁项目分类进入各工业园区；完善新城区工业布局，鼓励老城区工业迁入市中心区外围工业园区。中心城区主要发展食品加工、服装加工、工艺美术品制造、旅游用品生产等都市型工业。在服务业领域，强化服务功能分区：促进中心区形成金融、信息、商贸、旅游、房地产及政治、科教、文化等相对集中的功能区；东南翼形成港口运输、房地产、科研、高等教育、游乐、滨海旅游功能区；北翼形成物流和休闲度假功能区。

在“十一五”期间，为了顺应信息化、全球化背景下第三次新技术革命深入推进的新趋势，广州提出要对城市功能进行战略性转型，在党的十七大关于发展现代产业体系的精神指引下建设现代产业体系，以适应全面参与经济全球化战略和引领珠江三角洲地区产业发展的要求。为了打造优质产业群，广州以突破产业发展瓶颈和选准产业主攻方向为抓手，发展以现代服务业为主导、高技术产业为引擎、先进制造业加速发展和优势传统产业巩固提高的主体产业，形成产业特色突出、产业链条完整、产业分工合理、产业布局优化的现代产业集群。将现代服务业置于优先发展的序列，重点发展现代物流、金融保险、商务会展、总部经济、信息服务、科技服务、文化创意、服务外包等现代服务业，精心打造“广州服务”品牌，把广州建设成为在国内外具有较强影响力和辐射力的区域性现代服务业中心。为了做大做强先进制造业，广州以技术高端化、产业集群化、资源集约化、园区生态化推动制造业结构调整，以壮大支柱产业为重点，做强先进制造业高端环节，跨区域延伸产业链条。依托大产业、大项目和大基地建设，实现从发展中调整向发展中提高的转变，打造国家先进制造业基地。以加快完善以企业为主体、市场为导向、产学研相结合的技术创新体系为切入口，培育高技术产业龙头企业和产业集群。重点发展电子信息、生物医药、新材料、环保、新能源、海洋等产业，把大力加强自主创新作为发展高技术产业的核心战略，推进从加工组装向研发设计及品牌服务两极延伸。在家电、轻工、建材、纺织、造纸、中药等优势传统产业领域，加快信息技术的应用，力求进一步增强竞争力。在都市农业领域，按照高产、优质、高效、生态、安全的要求，加快转变农业发展方式，拓展外向型农业的广度和深度，提高土地产出率、资源利用率和劳动生产率。在产业布局优化方面，广州提出以主体功能区规划为引领，结合“南拓、北优、东进、西联、中调”城市空间发展战略，形成“一带六区”产业空间结构[①]。同时，重点建设现代产业体系十大载体[②]，建成核心竞争力强、高端产业集聚的带动全省、辐射华南的现代产业示范区。

（2）产业发展成就

在此阶段，广州积极有效应对国际金融危机冲击，以举办2010年广州亚运会为契机，大力推进“三促进一保持”：促进提高自主创新能力、促进传统产业转型升级、促进建设现代产业体系和保持经济平稳较快增长，产业发展实现了速度、结构、质量和效益协调统一。

一是形成以服务业为主体的都市型产业结构。围绕推进城市功能向金融中心、商贸中心、信息中心、文化中心、教育中心、科技中心、交

①包括东部产业带和南部临港产业区、北部空港经济区、中部现代服务业核心集聚区、东南部产学研创新区、中南部服务业发展区、东北部生态休闲旅游区。

②包括广州总部经济集聚区、广州空港—海港经济区、广东现代流通大商圈广州核心区、广州中国服务外包示范城市、广东文化创意产业圈广州核心基地、广州华南科技创新中心、信息广州、广州国家先进制造业基地、广州循环经济示范工程、穗港澳合作平台。

通中心等综合服务功能转变，广州产业发展重心不断向第三产业转移。2012年，广州第一、第二、第三产业增加值占地区生产总值的比重由2000年的3.96：43.69：52.35调整为1.6：34.8：63.6，第三产业比重提高超过10个百分点。在第三产业内部金融保险、商贸会展、现代物流、文化旅游等现代服务业蓬勃发展。服务业新技术、新模式、新业态不断涌现，电子商务、健康服务、融资租赁、检验检测、互联网金融等新兴服务业态发展态势良好。例如，金融业呈现稳步上升趋势，其在第三产业的比重由2003年的7.5%上升至2012年的11.3%（详细见表3-4）。第三产业内部结构变化表明，随着广州市中心城市功能定位的进一步明确，其作为区域性金融中心的地位正在进一步强化，作为我国南方地区科技、信息、旅游、文化和教育中心的地位逐步提升。

表3-4　2003—2012年广州第三产业内部构成表

（单位：%）

年份	交通、仓储邮电	信息传输、计算机服务和软件业	批发和零售	餐饮	金融	房地产	租赁和商务服务业	其他
2003	18.5	7.6	17.7	4.8	7.5	10.7	10.4	22.8
2004	18.8	7.8	18.2	4.6	6.9	10.5	10.5	22.7
2005	19.0	7.8	18.7	4.2	6.7	11.2	10.3	22.1
2006	18.9	7.5	16.9	4.4	6.7	11.8	10.7	23.1
2007	17.6	7.3	16.6	4.5	8.2	12.0	11.6	22.2
2008	12.9	6.9	19.1	5.1	9.1	12.3	13.3	21.3
2009	11.6	7.0	20.2	4.7	9.9	12.7	12.4	21.5
2010	11.4	6.6	20.7	4.6	10.2	11.8	13.1	21.5
2011	10.8	6.3	20.9	4.5	11.2	11.7	12.9	21.6
2012	10.8	6.0	22.0	4.5	11.3	11.9	12.6	20.9

资料来源：相应年份《广州统计年鉴》，中国统计出版社。

注：为保证统计口径的一致性，数据从2003年开始统计。

系，把推进经济结构战略性调整作为加快转变经济发展方式的主攻方向，着力解决制约经济持续健康发展的重大结构性问题。2016年3月，《中华人民共和国国民经济和社会发展第十三个五年规划纲要》在“优化现代产业体系”中指出，现代产业新体系具有创新能力强、品质服务优、协作紧密、环境友好等特征。广州意识到，在巩固提升国家中心城市地位、引领全省实现“三个定位、两个率先”目标要求的关键时期，必须对标更高标准、自我加压、主动作为。广州应致力于构建高水平的现代产业体系，其由具有鲜明现代元素特征的不同产业及行业部门所构成，是能够对经济社会发展起到引领和支撑作用、完整全面且不断演进的全新产业系统。

为了构建高端高质高新产业体系，党的十八大以来，广州主要从以下几方面发力：

一是培育未来发展新动能。2001年《广州市工业发展“十五”计划》中明确电子信息制造业、汽车工业、石化三大支柱产业地位后，三大支柱产业拉动广州超千亿规模高速增长。但经济的发展必然伴随着新、旧动能迭代更替。近几年，广州聚焦IAB、NEM产业，加快布局新兴产业，培育发展新动能。2017年3月，广州市发布战略性新兴产业蓝图，实施“IAB”计划，正式对增长新动能展开全新的探寻。继IAB产业计划之后，黄埔区、广州开发区启动NEM产业政策研究，致力于以“大项目—产业链—产业集群—制造业基地”为发展路径，打造高精尖的新能源、新材料产业集群。目前全市IAB领域共有国家、省级工程中心（实验室）、工程技术中心、企业技术中心约110家，形成了较完整的技术研究和创新体系，部分领域领跑全国。

二是优质高效发展现代服务业。以深化国家服务业综合改革试点、强化城市高端服务功能、建设国家服务业中心为指引，不断提高现代服务业增加值占服务业增加值的比重。具体而言：第一，推动生产性服务业向专业化和价值链高端延伸。实施生产性服务业发展三年行动方案，加快发展金融、物流、信息服务、电子商务、科技服务、会展服务、商务服务七大生产性服务业。精心打造沿珠江生产性服务业发展带，加快建设天河中央商务区、广州国际金融城、民间金融街、琶洲国际会展商务区、荔湾花地河电子商务集聚区、黄埔临港经济区等珠江沿岸集聚区，培育壮大南沙新区、空港经济区、广州开发区三大生产性服务业增长极。鼓励有条件的工业企业剥离内部服务功能，组建生产性服务业法人实体，培育生产性服务业龙头企业。第二，推动生活性服务业向高品质转变。制定了加快发展生活性服务业的实施方案，重点发展文化、旅游、体育、健康产业，把文化产业、体育产业、旅游业打造成为支柱产业。第三，加快建设区域总部经济中心。实施了总部经济发展三年行动计划，培育壮大本土总部企业，吸引更多企业在广州设立总部、区域型总部、跨国运营中心、销售中心、结算中心、共享服务中心。优化总部功能布局，做好总部集聚区的建设与土地利用总体规划的衔接。推动本土总部企业开展跨区域投资和经营，吸引市外企业在穗设立区域总部的基础上，着力推动在穗设立事业部全国总部、亚太总部、全球总部。第四，推动服务业开放发展。有序扩大金融、教育、文化、医疗等领域开放度，积极推进非基本公共服务市场化、产业化，鼓励引导各类社会资本进入服务业领域。借鉴南沙自贸试验片区外商投资负面清单管理模式，完善服务业企业“走出去”政策体系。

三是增强先进制造业核心优势。以智能化、绿色化、服务化为主攻方向，强化工业基础能力，提高综合集成水平，推动制造业向产业链供应链价值链高端发展。加快新一代信息技术与制造业深度融合，优化提升传统支柱产业。培育新的支柱产业，大力发展智能装备及机器人、新颁布《关于广州建设国际化科技产业创新中心的建议》，提出瞄准世界500强、中国500强、民营500强，引进一批龙头企业落户生根，按照“龙头企业+产业集聚+N个靶向配套”的要求，规划建设一批集聚度高的价值创新园区。

（2）产业发展成就

党的十八大以来，广州有效应对国际金融危机持续影响、国内经济发展“三期叠加”等一系列风险挑战，全力以赴稳增长、调结构、促改革、惠民生、防风险、保稳定，高端高质高新产业体系实现新突破。

一是产业规模持续扩大，产业布局不断优化。2017年，全市实现地区生产总值21 503.15亿元，约占广东省的1/4。2013—2016年，按可比价格计算，全市生产总值年均增长9.2%，高于全国（7.2%）和全省（7.9%），也高于北京（7.1%）和上海（7.1%）。2016年全市人均生产总值达到21 382美元，分别为全国（8118美元）和广东省（10 946美元）的2.63倍和1.95倍，产业规模不断扩大。近年来，广州聚焦先进制造业，不断优化产业布局，形成了以产业链带动产业集聚区建设的发展模式。例如，在汽车制造领域，形成了广州开发区、花都、南沙、黄埔、增城、白云6个汽车零部件产业聚集地，带动了全省汽车零部件配套发展。广州在一些先进制造业领域也已形成聚集优势，比如新材料产业汇集了一批在全国具有垄断性的骨干企业和独创性新材料产品。目前，广州形成了五大产值超千亿元的产业，包括汽车、电子、石化、电力热力、电气机械产业集群。

二是转型升级深入推进，制造业加速迈向高端化。2017年，全市三次产业结构为1.09：27.97：70.94，第三产业对经济增长的贡献率达79.3%，服务业对经济的支撑作用进一步增强。从服务业内部看，高附加值的现代服务业保持较快增长，现代服务业增加值占服务业增加值的比重为66.0%。从工业内部看，得益于高起点布局发展IAB和NEM产业，战略性新兴产业引领带动作用进一步彰显，带动先进制造业增加值占规模以上制造业增加值的比重提高到65.6%。另外，广州高新技术产业不断提升在价值链上的位势，高端制造业加速发展。2016年广州实现规模以上工业高新技术产品总产值8716亿元，相较于2012年，总产值增长率接近40%。与此同时，规模以上工业高新技术产品总产值占规模以上工业总产值的比重由2012年的42.2%上升至2016年的46.1%。2013—2016年广州先进制造业和高技术制造业增加值分别年均增长8.8%和11.7%，成为工业增长的“领跑者”。

三是企业发展不断壮大。受益于结构调整和盈利方式多元化，2017年全市规模以上工业企业主营业务收入利润率达到5.87%。在35个行业大类中，23个行业实现盈利同比增长，5个行业同比增速超50.0%。从服务业看，服务业企业利润增长迅速，尤其是利润合计占比超八成的交通运输仓储和邮政业、信息传输软件和信息技术服务业、租赁和商务服务业增长较快。2016年，全市拥有南方电网、广汽集团、南方航空等7家千亿级企业，其中，世界500强2家（南方电网、广汽集团）；百亿级企业103家；高新技术企业4739家。在智能无人机、卫星导航、第三方医学检验等领域涌现出一大批行业领先企业，培育了金发科技、达安基因、金域检验等一批行业领军企业，集聚了亿航智能、尚品宅配等一批成长高、模式新的瞪羚企业。新业态、新模式迅猛增长，一批代表性移动互联网企业快速成长，涌现了网易、动景科技、腾讯微信、唯品会、酷狗等一批互联网龙头企业。

四是创新能力持续增强。截至2016年，全市研究与试验发展（R&D）经费支出457.46亿元，占生产总值比重达到2.34%；受理专利申请量99 070件，专利授权量48 313件；拥有国家级重点实验室19家、略转变。

另外，针对近年来传统行业内生增长动力不足、制造业投资增长下行压力加大的情况，广州又将产业结构调整的切入口转到IAB产业上。新一代信息技术、人工智能、生物医药产业是科技含量高、创新驱动强、未来潜力大的新兴产业，是推进经济转型升级的驱动器，是提升城市吸引力、创造力、竞争力和全球资源配置能力的加速器。在2018年1月广州市政府常务会议审议通过的《广州市加快IAB产业发展五年行动计划》中，确立了如下发展目标：到2022年，广州市IAB产业规模超1万亿元，成为影响全球、引领全国的IAB产业集聚区。为此，广州将出台一系列大力度的IAB支持政策，包括成立5只百亿元级基金、每年安排不少于30亿元资金集中支持IAB产业发展、每年奖励20名杰出产业人才等。在产业空间布局方面，以广州“一江两岸三带”中的科技创新带和经济带为支撑，集中打造IAB科技创新带与IAB高端制造带。

进入21世纪，尤其是党的十七大以来，广州越来越意识到，当制造业发展到一定阶段后，其附加值和市场竞争力的提升将更多地依靠服务业支撑，自此，广州积极扭转政策导向，推动各类资源向服务业转移，尤其是推动土地、基础设施、技术、资金、人才、政策等各类资源向现代服务业集聚。近年来，广州服务业对经济的支撑作用进一步增强。2017年，第三产业实现增加值15 254.37亿元，对经济增长的贡献率接近80%。

（二）坚持创新驱动，推动产业向价值链创新链高端发展

价值链高度化是产业转型升级的重要方向和表现形式，也是构建现代产业体系的重要导向。在产业内部的“微笑曲线”价值链中，随着战略性要素资源的优化，企业的核心竞争力会从价值链中游的低附加值端环节，向上下游的高附加值端其他环节转移，由此实现产业比较优势从

组装生产升级到研发设计或营销。上述产业升级的过程，即价值链高度化的产业升级模式。

从供给角度看，技术创新和科技进步是推进产业结构和产业体系变动的最主要因素之一。早在“十五”时期，广州就提出建立以企业为中心的技术创新机制，并颁布实施了《广州市产业技术政策》等一系列鼓励企业开展技术创新的政策文件。党的十八大以来，广州以建设国家创新中心城市为指引，坚持市场导向，打破路径依赖，切实把发展的基点放在创新上，推动以科技创新为核心的全面创新，健全区域创新体系，推动创新驱动发展走在前列。2016年7月，《广州市人民政府关于印发广州市加快创新驱动发展实施方案的通知》正式颁布，提出要充分发挥珠三角创新驱动发展的龙头和引擎作用，形成以创新为主要引领和支撑的创新型经济体系和发展模式，将广州建设成具有国际影响力的国家创新中心城市和国际科技创新枢纽。

广州实施创新驱动战略，在推动产业向价值链创新链高端发展过程中，其任务措施呈现如下特点：

一是依靠技术创新促进整个产业体系的高度化发展。就整个产业体系而言，产业结构高度化发展要求在单个或多个产业科技创新与升级的基础上，依靠主导产业科技创新带动其他关联产业创新扩散与模仿，从而利用产业创新的诱导机制和产业发展的关联机制，共同促进整体产业体系的高度化发展。为了激发技术创新推动产业升级的效果，广州非常注重加强重大科研设施建设，依托广州地区科教资源集中优势，支持高校、科研院所建立科技服务机构，增强高等学校、科研院所原始创新能力和共性技术研发能力，从而形成重大战略产品和带动相关产业发展。另外，广州注重引导和推进跨领域跨行业协同创新。比如，鼓励大型企业牵头组建产业技术联盟，形成集成创新合力。

二是依靠技术创新培育新兴产业。广州意识到，不仅要利用技术创新，不断革新产业主导技术或辅助技术、重新改造整合产业既有技术甚至全面升级产业技术，从而衍生催化出一批适应需求结构变化的新产业，而且要依靠技术创新，结合自身竞争优势重点培养与发展一批支柱性产业和主导产业群作为国民经济新的增长点，增强这些新兴产业的集聚效应。为此，一方面，广州注重推动传统优势产业凭借技术创新向高端化发展。实施了《广州制造2025战略规划》和《广州市工业转型升级攻坚战三年行动实施方案（2015—2017年）》，加快推动移动互联技术、智能制造技术、绿色制造技术等高新技术向传统产业的渗透；分行业制定技术突破、产品升级、企业培育、链条配套、产业集聚、淘汰落后等“六个一批”行动路线，推动食品饮料、家居家电、灯光音响、电子产品等优势传统产业转型升级。另一方面，在“十三五”期间，广州瞄准一批国家重大前沿科技项目，加快突破新一代信息通信、新能源、新材料、生物医疗等领域核心技术，支持量子通信、云计算、重大传染病防治、高通量基因测序、智能制造和机器人等领域开展项目研发和产业化。实施了《广州市加快发展科技服务业三年行动计划（2015—2017年）》，重点推动研发设计、成果转化、检验检测、科技金融等行业发展，促进科技服务业向专业化、网络化、规模化、国际化发展。

三是把推进产业技术创新视为一项系统工程。产业技术创新是以企业产品或生产技术创新为基础，通过共享创新资源、协作开发共性技术等方式加强创新主体间的合作互动，促进技术创新在产业内外扩散及个性化的过程，包括从产品设计、技术开发到产业化整个过程一系列创新活动。这就要求政府在推动技术创新的过程中树立系统思维，在认清产业发展及其结构调整的技术需求基础上，将优化创新生态环境视为一项系统工程。党的十八大以来广州实施的加快创新驱动发展的方案乃是一套“政策组合拳”，核心内容是如下“四板斧”：第一，大力推进全面创新改革试验。制定实施广州市系统推进全面创新改革试验三年行动计划，有序推进在转变政府职能、金融创新改革、科技体制改革、激发企业创新内生动力、推动开放创新等方面形成政策突破。积极争取国家和省授权广州在大数据交易市场试点、检验检测认证机构整合改革、互联网金融创新发展、穗港澳科技合作发展、技术移民制度试点等改革内容上开展先行先试，探索系统改革的有效机制，形成全省、全国可复制、可推广的模式和经验。第二，建设知识产权枢纽城市。开展国家知识产权运用和保护综合改革试点，设立知识产权综合管理局、一站式知识产权综合政务服务中心。发挥广州知识产权法院作用，实施严格的知识产权保护制度，争取新设商标、专利、版权知识产权快速维权中心。以国家知识产权局专利局专利审查协作广东中心和国家专利导航产业发展实验区为重点，建设知识产权服务业集聚发展试验区等。第三，推进科技创新与金融结合。设立市级创业投资引导基金，鼓励发展天使投资、创业投资、股权投资和重大科技专项投资基金，撬动更多社会资本投入种子期、初创期和成长期的科技企业。实施科技型企业上市路线图计划，鼓励企业直接融资。争取开展互联网股权众筹融资试点，推进创新型企业资产证券化，多渠道扩大融资规模，等等。第四，大力促进科技成果转化。建立创新型企业、人才税收激励，运用财政激励机制，引导企业普遍建立研发准备金制度，落实创新型企业研发经费加计扣除和科技人才所得税优惠政策。推进科技成果处置权改革，除涉及国家安全和重大社会公共利益外，将科技成果处置权放至高等院校和科研机构。落实科技成果收益分配、期权股权激励政策，科技成果转化所获收益规定可按不少于70%的比例，用于奖励科技成果完成人和为科技成果转化作出重要贡献的人员。

（三）高效配置空间资源，促进产业集群集聚集成

布局决定格局，格局决定结局。广州注重统筹空间、规模、产业三大结构，把城市功能布局和生产力布局结合起来，以发展新空间承载发展新产业，以发展新产业增强发展新动力。广州在充分发挥市场资源配置作用基础上，通过政府的规划引导，建立起科学的与周边城市职能分工体系和产业分工体系，以调动珠三角城市群乃至粤港澳大湾区城市群内的优势资源在不同职能城市之间的空间优化配置和产业优化配置。从城市群内城市间产业分工的视角看，由于不同环节生产活动对要素禀赋、市场距离的要求不同，将根据城市职能分工及其产业配套条件的差异而产生空间分工布局，并由此形成特定竞争优势。广州在发展中注重挖掘区位条件、资源优势和产业特点，以增强集聚辐射与综合服务功能为方向，以实施“退二进三”工作为契机，通过促进产业集群集聚集成，形成以“服务经济”为主的产业结构和“组织之城”的核心功能。

广州是国内最早从功能区—集聚区—具体产业项目三级体系规划和建设现代服务业功能区的城市之一。广州按照“地理集中、产业集群、功能集成、资源集约”的原则，规划建设一批既体现广州城市战略地位又凸显广州区域特色的现代服务业功能区，建立起有利于产业链网络形成、产业生态系统集成和产业集聚发展的空间布局宏观调控机制，从而构筑具有独特优势和强大竞争力的服务产业群，增强对外服务能力。根据2009年开始实施的《广州市现代服务业功能区发展规划纲要》，广州积极培育珠江新城—员村—琶洲、白鹅潭周边地区、白云新城地区、新中轴线南段地区等核心地区，依托产业发展带和交通枢纽设施，整合空间资源和发展要素，全力打造“一区聚合、双轴驱动、三心拓展、四极辐射”的现代服务业空间布局，形成点、线、面有机结合的总体发展格

局。中心城区注重提升商务楼宇综合功能，合理利用原有工业用地和老厂房，着力打造总部、金融和科技集聚区；外围新城注重依托现有产业基础、资源禀赋加快建设现代物流等生产性服务业集聚区。历经10年培育发展，广州服务业已以集聚区为主体形态，其中有21个集聚区被评为省级现代服务业，占全省总数的30%。其中，不少集聚区已具有较大的国内乃至国际知名度。例如，天河中央商务区成功加入世界商务区联盟，汇聚了广州1/4的总部企业。截至2015年，税收超亿元楼宇48栋，其中15栋已超10亿元，建成区每平方千米创造的年生产总值高达202亿元，以全市2‰的土地实现全市1/8的生产总值。

党的十八大以来，广州谋求通过建立健全强有力的统筹协调机制和分工合理的推进实施机制，以形成“三大战略枢纽”支撑产业集群发展格局。具体包括：（1）国际航运枢纽，立足南沙新区、广州港建设国际航运枢纽，升级改造黄埔临港经济区，大力发展先进制造业、战略性新兴产业、生产性服务业以及海洋经济产业集群；（2）国际航空枢纽，立足空港经济区、白云国际机场建设国际航空枢纽，重点发展直接服务及依托航空运输的高端产业及临空经济产业集群；（3）国际科技创新枢纽，立足广州高新区、中新广州知识城、科学城、琶洲互联网创新集聚区、广州国际生物岛、广州大学城、民营科技园、黄花岗科技园、天河智慧城等建设国际科技创新枢纽，发展知识密集型、资本密集型、技术密集型产业集群。

（四）以理顺体制机制和优化营商环境为本、出台优惠政策为辅，精明释放政策红利

政府出台的政策措施要想保证构建现代产业体系的各项目标和任务

得以顺利落地，根据默顿提出的关于政府行为的理论框架[①]，应重点关注如下三大环节：一是目标设定。要使调整产业结构以及构建现代产业体系的目标取向与各级政府的行为满足激励相容。在发展重点选择、载体打造等问题上，切忌搞“一刀切”，要使之成为行为主体权衡风险与收益的结果。上级政府为下级政府设定外生目标（如服务业比重）时，要注意地方政府是否拥有与目标执行相匹配的资源，以及设定外部性的激励和约束机制，避免使之成为下级政府的“政策性负担”。二是行动条件与资源匹配性。将地方政府所拥有的资源与构建现代产业体系的行动目标关联起来考察资源与目标的匹配性时，存在着两种可能性：资源匹配或不匹配。前者意味着地方政府拥有完成相应目标任务的客观条件，只要主观上积极努力，就能够实现目标；后者表明地方政府拥有的资源不足以支撑相关任务的完成，或者会影响其他任务的完成。三是信息结构与督查机制。政府组织内部信息结构的核心是上下级政府所占信息的不对称性。为保证构建现代产业体系的目标能实现、相关措施能落地，上级需要在制度上设置好激励与惩罚机制，并保证能有效甄别并掌握下级政府行为的信息。其中，上级的考核和督查机制至关重要。因此，从政府行为角度看，提出构建现代产业体系的政策措施，关键要着眼于目标设定、保证行动条件与资源匹配性、设置信息结构与督查机制三环节，理顺相关体制机制。

从广州近年来出台的有关构建现代产业体系的政策文件中可以看出，其非常注重增创体制机制新优势，为形成高端高质高新产业体系提

---

①美国社会学家默顿1938年在《社会结构与失范》一文提出分析政府行为的理论框架，认为行为受到文化目标、合法实现目标的手段和机会三个要素的制约。详见：Merton，R.K. Social Structure and Anomie［J］. American Sociological Review， 1938，3（5）：672-682.

供重要支撑。比如，为了推进重点功能区开发建设，打造转型升级新引擎，广州将创新功能区开发体制机制置于重中之重的位置。结合市级管理权限下放，积极推进南沙新区和自贸试验区、中新广州知识城、空港经济区等重点功能区管理体制机制创新，在管理权限、用地、资金、项目、重大改革试点等方面给予适度倾斜，这有利于保证这些功能区获得与目标执行相匹配的资源。与此同时，还谋划建立全面反映重点功能区开发成效的综合评价体系，实施差别化的绩效考核，这则有利于形成上下一致的激励和约束机制。又如在加快创新驱动发展行动中，广州将做好科技创新统筹工作放在保障措施的首位。要求发挥市科技创新工作领导小组的作用，研究审定全市科技创新发展重大布局、优先领域、发展规划和重大政策，统筹协调推进全市创新示范（试验）区、高新区的重大建设工作；建立市、区联动的科技工作推进机制，统筹各区科技创新工作，推进科技重大创新项目的配套衔接；统筹全市科技经费使用安排，确保专项资金错位支持、领域互补；统筹全市各类科技园区的建设，实行统一管理、统一规划，享受统一的政策及服务。

广州各界越来越形成共识：营造稳定公平透明、可预期的营商环境，要比出台优惠政策更能起到激发微观企业创新和发展的功效。早在2015年，广州市就出台了建设市场化、国际化、法治化营商环境三年行动方案，率先对提升营商环境工作作出全面部署。2017年，广州市委、市政府更是将“提升市场化、国际化、法治化营商环境”作为首要重点改革项目，由市委主要领导牵头主抓。在《关于进一步提升法治化营商环境的工作意见》中，广州从健全营商环境工作制度体系、严格规范涉企行政执法行为、强化企业合法权益司法保护、建设完备法律服务保障体系和注重发挥各类民间主体作用五个方面，提出了25条指向明确、措施具体、分工到位的工作措施，努力解决营商环境建设中的一批制度性、瓶颈性问题。正是得益于不断优化的营商环境，“美在花城、赢在广州”，广州声名鹊起，吸引企业争相落户。2017年，广州新登记市场主体32.77万户，增长33.9%；注册资本金1.79万亿元，增长1.2倍。

在出台产业政策时，广州越来越注重向企业和个人提供无差别政策，以及从科技型企业的成长规律出发，按创新链的承接关系致力于构建一个结构完整的有广州特色的创新政策体系，为创新型企业提供从种子期到成熟期的全过程多样化持续性解决方案。

三、展望：构建协同发展的现代产业体系

党的十九大报告提出，构建现代化经济体系应坚持供给侧改革的主导地位，实现经济增长在质量、效率及动力三方面的革新，提高全要素生产率，努力构建有利于实现科技、金融、人力及实体经济互利共赢的产业体系。协同发展的产业体系和有效的经济体制是现代化经济体系的“双翼”，也是不断增强经济创新力和竞争力的着力点和重头戏。党的十九大报告不仅精练阐述了建设现代化经济体系的方向，也指明了与之相适应的协同发展的产业体系的内涵和发展任务。就广州而言，未来构建协同发展的产业体系，就是要以创新为引领，实现实体经济、科技创新、现代金融、人力资源协同发展，使科技创新在实体经济发展中的贡献份额不断提高，现代金融服务实体经济的能力不断增强，人力资源支撑实体经济发展的作用不断优化。

（一）展望下一个十年：构建协同发展产业体系的新机遇和新挑战

展望未来10年，国际、国内发展环境可能发生如下一系列重大变

化，将对广州产业发展产生重要影响：

1. 创新成为新经济发展的核心驱动力

全球经济正逐步从工业经济向新经济阶段转变，主要表现在：主导产业将从传统的工业、服务业向创新型产业转变；竞争形态将从产品竞争、产业链竞争、区域竞争向创新优势竞争、全球性竞争转变；发展的驱动力将从传统的要素投入为主要驱动力向创新为主要驱动力转变。在新经济时期，技术群体性突破将成为产业技术创新的新常态，重大技术突破将催生一批新兴产业，产业在颠覆和融合中迭代衍生发展。创新全球化愈演愈烈，高效链接整合高端要素、高端平台、高端产品和服务，成为区域发展新经济、实现加速崛起的关键。

2. 内需市场扩容和消费结构升级推动产业升级

未来一段时期，“人民日益增长的美好生活需要和不平衡不充分的发展之间的矛盾”将成为我国社会主要矛盾。国家仍将处在工业化与城镇化快速推进期和居民消费结构快速升级期，居民消费品质将从中低端向中高端转变，消费形态将从物质型为主向服务型为主转变。消费结构的升级、消费潜力的释放将推动新产业、新业态不断涌现，加快产业优化升级。

3. 产业跨界融合不断深化

在互联网、物联网时代，新一轮技术革命蓬勃发展，传统产业链跨界融合更加频繁，商业模式重构现象成为常态，产业边界模糊化趋势日益明显。制造业服务化与服务业制造化相向发展。前沿技术及相关产业的相互渗透推动“互联网+”“物联网+”“智能+”等新兴业态不断涌现。

4. 区域一体化趋势明显

“一带一路”倡议的实施，拓展了我国国际区域合作空间。粤港澳大湾区、珠三角自主创新示范区等战略的实施，将推动广东以珠三角城市为核心的区域一体化发展不断深入，产业梯度转移将逐步向分工合作转变，加强区域协同发展、拓展腹地空间将成为全省产业转型升级的重要内容。全面创新改革试验区、国家自主创新示范区、自由贸易区（港）为广州突破科技创新和产业发展的机制束缚加快发展提供了支撑。广深科技走廊有助于广州充分利用珠三角和港澳的创新资源实现区域协同发展。

（二）从“千年商都”到枢纽型网络城市：构建现代产业体系的新使命

到改革开放50年，广州有望建设成为具有全球影响力的枢纽型网络城市。国际航运枢纽、国际航空枢纽、国际科技创新枢纽“三大战略枢纽”将全面建成，国际贸易中心、金融中心功能将全面增强，综合服务功能将全面提升。为了支撑广州建成枢纽型网络城市，广州产业体系建设需担负起如下使命：一是增强创新驱动发展动力，建立起以企业为主体、市场为导向、产学研深度融合的创新体系，实现研发（R&D）经费占生产总值比重5%以上，科技、人才对经济增长贡献率不断上升。二是供给侧结构性改革全面深化，构建形成实体经济、科技创新、现代金融和人力资源协同发展的现代产业体系，提升发展的协调性、平衡性和可持续性，建成重要的国家先进制造业中心、现代服务经济中心和国际科技产业创新中心。

相应地，未来10年广州建设协同发展产业体系的重点应集中在：

第一，强化创新驱动，向“产品实验室”和“世界品牌”摇篮转变。随着信息技术的普及，全球产业链的脑体分离趋势越来越明显，产业链的各个分工环节在空间上分布更为广泛。不断提高科技创新在实体经济发展中的贡献份额，突破口就在于通过创新占领价值链的高端环节，实现从组装、加工式的制造环节向上游的研发、设计环节和下游的销售、服务环节延伸，完成从“世界工厂”向“产品实验室”和“世界品牌”摇篮的转变。为此，要围绕重大项目科技创新发展战略，绘制世界人才地图和企业布局地图，多管齐下集聚创新资源，构建以“人才（团队）—项目—机制”为核心的创新体系。以开放式创新为指引[①]，完善产业集群的价值环节，提升集群创新的技术能力及品牌能力。以增强自主创新能力和培育发展自主品牌为导向，促进金融、科技与制造业联动，形成创新、创意、创业“三创”聚集效益。着力引导传统制造业企业与国内外科研院所高位嫁接，抓好关键技术的引进、消化、吸收再创新和集成创新。实施科技企业孵化器倍增计划，完善“创业苗圃—孵化器—加速器—科技园”的全孵化链条，构建低成本、便利化、全要素、开放式的孵化载体。推广新型孵化模式，依托专业孵化器和众创空间，大力发展“创业导师+专业孵化器+天使投资”的孵化模式，鼓励发展众创、众包、众扶、众筹空间。引导科技成果与企业对接，建设一批公共技术服务平台，形成面向企业的有效开放机制。

第二，强化提升在全球产业链、供应链、价值链中的地位和控制力，形成跨界融合的“广州智造+广州服务”优质产业集群。瞄准未来新一代芯片和通信网络技术、自动化和智能化的人工智能技术、生物医药技术、新能源技术等领域的重大技术突破，顺应大数据、云计算、移动互联网、平台经济新趋势，聚焦IAB和NEM战略性新兴产业发展，促进互联网经济和知识产权密集型产业发展。加快发展金融、物流、信息

①开放式创新（Open Innovation）核心内涵有两点：一是企业研发活动要立足于全球，包括研发项目的选择、研发人才的利用等；二是研发成果的全球化应用。企业开放式创新与封闭式创新最大差别在于：一是前者立足点是全球化的竞争，后者立足点是企业本身；二是前者强调知识产权的经营和快速营利，后者强调知识产权的拥有和技术领先。

等生产性服务业，加快建设成为服务全国、辐射亚太、面向世界的全国生产服务中心。突出信息化、智能化、高端化，积极推进制造业与服务业双向融合发展，促进有条件的制造企业由生产型向生产服务型转变、服务企业向制造环节延伸，打造一批产业融合型龙头企业。要突出两个重点：一是突出生产性服务业与先进制造业的融合，这是创造制造业高附加值的源泉，也是提升现代服务业整体发展水平的需要，更是加快制造业社会化、专业化发展的需要。二是突出生产性服务业和传统服务业的融合，即强化金融、创意、中介、咨询、科技、信息化等高端服务要素投入，运用现代服务技术和经营方式改造提升传统服务业，以创造需求，引导消费，促进传统服务业经营效率的提高和高级化发展，来实现传统服务业的信息化、市场化、专业化和现代化。要推动生活性服务业向精细化和高品质转变，重点发展商贸、文化、旅游、健康、教育、体育、养老等服务产业，努力把文化产业、旅游业打造成为新的支柱产业，推动生活性服务业供给规模和质量水平明显提高。

第三，强化多点支撑，布局高品质产业平台和价值创新园区。推动产业组团串点成线、以线带面，整体提升功能布局和环境品质，构建多点支撑现代产业体系。中心城区重点推进“一江两岸三带”地区产业升级，腾出滨水地区发展总部经济、金融、信息服务、科技服务、商务服务、创意设计等高端现代服务业，提升文化、旅游、商贸等生活性服务业品质，打造广州最具创新活力、最具人文气息的现代服务业集聚区。以广深科技创新走廊为主线，选择若干个创新基础好的区域打造核心战略平台，带动周边具有创新潜力的节点，形成点（载体）、线（走廊）、面（枢纽）相结合的高精尖产业布局。围绕构建以世界级价值创新园区（Value Park）为龙头，以专业化骨干园区为支撑，以中小型特色发展的卫星园区为基础的产业载体新体系的目标，在产业园区建设制高点上发力，大力推动存量优化、增量优质，实现园区迭代升级、走向高端。具体而言，一是建设一批价值创新园区。聚焦世界级龙头企业的资源配置能力、价值攀升能力、创兴驱动能力的最强优势，按照“六位一体”（主导产业链+产业创新中心+产业基金+产业组织+产业服务平台+产业社区）发展理念，着力打造企业集聚、要素集约、技术集成、产业集群、服务集中、平均亩产超千万级的价值创新园区。二是开展一批产业园区提质增效。紧紧围绕“提高亩产”的核心目标，采取园区为主、市区联动、“解剖麻雀”的方式，通过“补链”“建链”“强链”，每年“精准帮扶”推动一批低效园区转型升级，形成错位发展的专业化骨干园区载体。三是推进实施村级工业点转型升级。着力破解村集体土地上企业厂房简单集聚的困局，按照“小关停、中整合、大改造、一村一策”的指导思想，采取淘汰落后产能、置换污染企业、整合零散工业厂房、完善清洁生产和污染控制，逐步转变“村村点火”粗放型发展模式。四是进一步创新优化政策配套。加快产权分割出让等有利于“放水养鱼”的政策落地，探索实施容积率、配套率更有弹性的M0（新型产业用地）政策，引导更多资源进入园区建设运营领域，壮大实体经济发展载体。

第四，强化系统植入政府服务创新职能，推动营商环境迈上新台阶。要强化服务型政府建设。极力打造具有高效市场机制、灵活市场主体及适度宏观调控的经济体制，进一步弱化目录指导、市场准入、项目与供地审批、贷款核准等政府干预措施。要创新行政管理方式，进一步清理政府审批权限，加强行政审批标准化建设，赋予市场主体更充分的自由。要强化政府服务职能，以信息化手段改进政府运作流程，以互联网思维促进政府服务效率提升和职能作风转变。推进政务服务效能提升，推动行政无为问责、绩效面谈、“期中和期末考试”常态化。积极倡导和促进公平竞争，高效整合竞争政策与产业政策，实现产业政策公平性与竞争性审核的标准化。要平等对待各类投资主体，及时调整或清除具有所有制歧视的政策规程，做到在工商登记、项目与土地审批、投资补贴与贷款、税费征收、供水供电、人才引进等方面对国民实行同等待遇。要推进市场准入负面清单制度实施，建立健全与市场准入负面清单制度相适应的准入机制、审批机制、监管机制、法规体系，在更高层次上积极引进利用外资。深化投融资管理体制改革，鼓励社会投资，深化“放管服”改革，降低企业成本。以世界先进城市为标杆，努力建设城市功能完善、城市管理精细、生态环境优美、法治体系健全、生活安全舒适、社会文明有序的国际化城市环境。

（三）积极有为，多措并举：建设协同发展的产业体系的任务措施

着眼妨碍实体经济、科技创新、现代金融、人力资源协同发展的瓶颈和薄弱环节，切实履行政府职责，建立灵活高效的实施机制，动员各方面力量精准发力，构建支撑协同发展产业体系的良好环境。具体任务措施包括如下几方面：

第一，以创新引领高质量发展。一是探索产业金融创新发展道路。广州发达的金融产业，从历史到当下都是以和实体经济紧密结合为特色。随着科技创新的推进，广州以IAB、NEM为代表的现代服务业、高端制造业发展势头迅猛，对产业金融提出了新的需求。广州应瞄准自身产业特点，大力推动航空、船舶、汽车等领域融资租赁业不断做大；瞄准汽车、电子产品等先进制造业，大力发展文化金融、汽车金融、航运金融等特色产业金融。进一步鼓励有条件的企业向产业金融方向发展。培育出一批产业金融的龙头企业，以产业金融促进实体经济发展，进一

步扩大广州实体经济的影响力和辐射力。二是继续深入推进科技创新工作，坚持以体制机制改革为主线，促进产业链、创新链、资金链三链融合，聚焦培育创新型企业支撑高端高质高新现代产业体系、聚焦破除束缚创新制度障碍推动创新要素自由流动和聚集、聚焦全球创新资源配置助力形成全面开放新格局，支撑开放型经济新体制，推动高质量发展。三是把创新作为引领发展的第一动力，继续大力发展新一代信息技术、人工智能、生物医药等IAB产业和新能源、新材料等NEM产业。发挥IAB产业对“生产、生活、生命”领域的提质增效作用，加快发展“以人为本”的数字经济和大健康产业，空间布局以广州“一江两岸三带”中的科技创新带和经济带为支撑，集中打造IAB科技创新带与IAB高端制造带。此外，探索构建产业转型升级和创业投资相融合的全生态链。广州与珠三角制造业联系紧密，这为广州创投的发展提供了强大的产业基础。未来应坚持走科技创新和产融结合的方向，探索出产业创投的“广州模式”。

第二，深化产学研协同创新。借鉴深圳经验，以推动开放创新和释放改革红利为抓手，提升产业技术创新水平。以全球视野谋划和推动创新，主动融入全球创新网络，营造国际一流创新环境，提高国际协同创新效率。坚决破除制约创新的思想和制度障碍，提高改革的精准性、系统性和有效性，增加创新制度供给，全面激发各类创新主体的创新活力，争创体制机制新优势。遵循市场规律，强化市场主导作用和企业创新主体地位，加快科技成果转移转化，加快新旧动能持续转换，构建企业主体突出、市场导向鲜明、产学研结合紧密的技术创新体系，推动支柱产业向价值链高端跃升，为产业迈向全球价值链中高端提供坚实的技术支撑。鼓励企业与国内外一流研发机构更紧密合作，构建市场敏感度高、消化吸收转化能力强、更注重用户体验的新型企业研发机构。鼓励创新企业向专利授权、技术转让型研发企业发展，专业承接研发服务外包。抓住国家实施“一带一路”倡议、推进国际产能合作的机遇，支持有实力的企业通过自建、合作、参股、并购等方式，在全球范围内整合生产资源及产业价值链。激励企业与高等院校、科研机构协作，建立合作研究所或产业研究院、产业经济服务与培训中心、竞争性情报系统、产业发展信息库等联盟组织。

第三，创新多元融资模式。围绕产业链创新链部署资金链，完善科技与资本对接机制，构建多元化、多层次、多渠道的金融支撑体系，强化金融服务科技创新和实体经济的能力，建设具有全球影响力和辐射整个粤港澳大湾区的创新金融中心。要打造充满活力的创业投资中心，畅通“募、投、管、退、通”各环节，加快创投资本与创业项目对接。要增强资本市场对创新的支撑能力，以及发挥并购对整合创新资源的杠杆作用，鼓励设立混合型并购基金，在IAB和NEM等战略性新兴产业领域打造主业突出、创新能力强的大型企业集团。依托政府引导基金，联合银行类金融机构、知名创投机构和社会闲置资本等以参股方式共同发起设立创业投资企业，从而发挥财政资金杠杆放大效应。推动金融平台创新发展。如争取国家支持在广州设立民营银行，争取省支持在广州开发区建设金融、科技、产业整合创新综合试验区等。

第四，激发人力资源潜力。鼓励并积极推动人才培训、人才测评、人才招聘、就业指导、人才外包等形态的服务业发展。激励人才服务机构实行跨区域甚至国际化经营模式，力争成立一批经营规模大、专业性强、品牌影响力大的高精尖的人才服务企业。另外，注重建设一系列人才服务产业园，并积极吸引一批国内外高端人才服务企业集聚。加大“高精尖缺”人才培育引进力度，重点引进IAB、NEM和现代服务业紧缺人才以及具有国际视野和拼搏精神的企业家。集聚一批诺贝尔奖获得者、我国“两院”院士等世界级顶尖人才和团队，建成承载国家战略的世界级原始创新集聚区。构建海外引才网络，提升广州全球人力资源配置功能，建立人才自由流动、创新创业生态优越、生活环境舒适便利的国际化创新人才集聚地。

第五，有序疏解非中心城区功能存量。围绕广州市打造“三中心一体系”和建设国家创新中心城市、枢纽型网络城市的战略部署，树立“精明增长”“紧凑城市”理念，坚持调整疏解和提质增效相结合，采取“协同、共享、优化”的疏解策略，以“限制低端业态、产业转型升级、城市更新改造”为主要突破点，实现非中心城区功能有效疏解。指导中心城区初步建立起新增产业和项目准入动态调整机制，带动低端业态和部分公共服务业存量疏解工作取得重要进展，城区功能空间布局进一步优化，门户枢纽、资源配置、信息集散、研发创新、高端总部运营等中心城区功能得到进一步强化。针对非中心城区功能存量，要建立疏解工作体系、政策制度体系和工作台账体系，加强工作机制创新，强化政策制度先行，实现牢固的工作抓手、系统的政策制度支撑、科学准确的基础数据支持，促进全市非中心城区功能存量疏解整治促提升工作有效和持续开展。积极推动部分教育、医疗等社会公共服务功能向外转移和疏解，如鼓励三甲医院在保留“高端、精准、科研”等高端环节的基础上，将一些非核心环节疏解出去。鼓励中心城区功能中的非核心环节向周边地区进行转移，逐步减少一般性生活服务业超额部分的供给量。以部分重点区域为试点，不再规划新增住宅用地（历史审批的除外），引导有条件的商业地产发展高端金融等现代服务业。

（顾乃华）

在中国改革开放大业中，具有千年国际商埠基础并地处改革开放前沿的广州，对构建开放型经济新体制新优势，做出了积极探索，积累了丰富经验。党的十八大以来，广州进一步形成了新的开放格局，并为打造全球资源配置中心即全球城市的发展目标而努力，为广东构建全面开放新格局、发挥对全国构建开放型经济新体制的支撑作用而创造着新的业绩。

一、广州开放型经济发展的历史与现状

在中国对外经贸发展的历史沿革中，广州具有特殊的、重要的地位，不仅是千年国际商埠，也是中国对外贸易的前沿口岸，更是改革开放中发挥先行作用的国家中心城市。

（一）海上丝绸之路上的千年国际商埠

海上丝绸之路是绵延两千余年的中外商品海上贸易之路，也是一条包括政治、文化、军事、科技等方面的中外交流之路。自秦汉以来，广州作为海上丝绸之路的主要枢纽，在中国对外贸易史上留下了浓墨重彩的一笔。根据广州现存的秦代造船遗址可见当时广州（番禺）航海业的

发达，以及综合其地理环境、经济情况、考古发掘、交通路线、商业传统进行判断，当时广州就是除徐闻等地外最重要的海上丝绸之路始发港。[①]

魏晋南北朝时期，以广州为起点的海上丝绸之路新航线已经清晰，它的覆盖范围不仅仅局限在东亚和东南亚，而且向西到印度甚至罗马帝国。[②]两汉和魏晋南北朝时期，作为"一都会"的广州能够成为海上丝绸之路的主要起点与当时广州的发展及相关背景密不可分。出于各种原因当时作为重要对外贸易渠道的陆地丝绸之路经常封闭，海上丝绸之路成为对外贸易的主渠道；同时广州当时是重要的造船基地，拥有先进的造船技术和初具规模的航运业，且经济稳定、远离战乱，故而广州成为海上丝绸之路的可靠起点。

隋唐时期海上丝绸之路空前繁盛，"广州通海夷道"航线得到了空前延伸。据《新唐书·地理志》[③]，当时从广州出发的西向贸易通道，全程约14 000千米，是八九世纪世界最长的远洋航线，同时也是唐朝最重要的海上交通航线。

宋代海上丝绸之路继续发展。宋朝商船已行南洋[④]各国，且能横渡印度洋。尽管宋代至元代泉州的外贸功能在加强，但广州始终都是海上丝绸之路的一个重要港口。且北宋初期泉州仍未设有市舶使（中央在外贸主要口岸设立的贸易主官职位）。《文献通卷》记载："泉人贾海外者，往复必使东诣广。"南宋至元代期间，泉州与广州的外贸量互见高低。

15—18世纪欧洲人开始了全球性的海上扩张活动。这一时期的明代

---

①黄启臣．广东海上丝绸之路史［M］．广州：广东经济出版社，2003：49.

②黄启臣．广东海上丝绸之路史［M］．广州：广东经济出版社，2003：86.

③黄启臣．广东海上丝绸之路史［M］．广州：广东经济出版社，2003：126-127.

④史上所称"南洋"，泛指东南亚、南亚、西亚一带，涵盖西南太平洋及印度洋沿海区域。

海上丝绸之路航线也已扩展至全球，包括向东航行的“广州—拉丁美洲航线”（1575年）：由广州启航，经澳门出海，至菲律宾马尼拉港，穿圣贝纳迪诺海峡进入太平洋，东行到达墨西哥西海岸。[①]这样，开始于秦汉的海上丝绸之路，经唐、宋、元三朝发展，到明代，达到高峰，而广州亦在明清时期保持了中国最大国际商埠的地位。明朝建立之初，朝廷采取海禁政策；清朝初年，明政府实施严厉海禁与迁界，限制中外正常交往。康熙二十五年（1686年），清政府解除海禁，允许发展对外贸易，指定广州等4个地方为通商口岸。同年四月，广东巡抚李士桢会同两广总督吴兴祚、粤海关监督宜尔格图发布《分别住行货税》文告，设立“金丝行”和“洋货行”，分别办理国内贸易和对外贸易业务。[②]乾隆二十二年（1757年），清政府只保留广州“一口通商”，凡是外商来华贸易或办理其他事务的，都须经过清政府特许的“公行”（即广州十三行）进行。此后一直到鸦片战争后“五口通商”为止的近百年间，广州成为中国海上丝绸之路唯一对外开放的贸易大港，[③]更是世界海运史上唯一达2000多年长盛不衰的大港。

（二）中华人民共和国成立以后的重要贸易口岸

“一五”计划期间，中国工业化建设需要大量建设物资，但进口所需的外汇因西方国家的封锁很难获得。在此背景下，由当时的对外经济贸易部和广东省人民政府开始联合主办广交会，开辟出一条国家外贸的

---

①参见赵晓秋、李绍潭、周斌：《海上丝绸之路千年兴衰史》，载人民网文史频道，2014-05-20，http://history.people.com.cn/n/2014/0520/c385134-25040882.html。

②李金明．广州十三行：清代封建外贸制度的牺牲品［J］．广东社会科学，2010（2）：164-164.

③参见赵晓秋，李绍潭，周斌：《海上丝绸之路千年兴衰史》，载人民网文史频道，2014-05-20，http://history.people.com.cn/n/2014/0520/c385134-25040882.html。

主要渠道。1957年4月25日至5月25日，第一届广交会在广州当时的中苏友好大厦举行。广交会最初定名为“中国对外贸易公司联合举办中国出口商品交易会”，后更名为“中国出口商品交易会”，2007年再更名为“中国进出口商品交易会”。广交会提升了广州作为全国外贸主要窗口的功能。自1957年起，广交会每年春、秋两届在广州定期举行，至今已成为中国历史最长、规模最大、到会客商最多、信誉最佳的综合性国际贸易盛会。[①]从1957年至1977年，广交会成交额从8700万美元跃升到32.30亿美元，采购商人数由3146人次增加至33 419人次，涉及国家和地区数从33个扩大至99个；[②]1978年广交会成交额占全国外贸出口的44.43%[③]。广交会为国家对外贸易发展和出口创汇作出了非常大的贡献，体现了国家赋予广州的历史重任。

（三）改革开放以来的开放型经济格局不断推进

改革开放以来广州开放型经济格局主要演进过程可依据1978年党的十一届三中全会、1992年邓小平南方谈话、2012年党的十八大召开等重要历史节点，分为以下三个阶段：

1. 第一阶段（1978—1991年）：先行开放创优势

1984年5月，中共中央、国务院批准广州等14个城市为沿海开放港口城市。广州市获得了举办经济技术开发区的重大机遇，开发区优先发展和科研生产相结合的新技术工业，协调发展其他服务设施，《广州经济技术开发区条例》成为全国首个开发区条例。

---

①叶曙明．广交会［M］．广州：广东教育出版社，2010：8.

②数据来自于中国进出口商品交易会（广交会）官方网站。

③陈忠暖，王芳，曾思敏．建国以来广州在全国的地位与作用的历史变迁［J］．经济地理，2009，11（29）：1784-1790.

1986年，广州市政府制定的《广州经济社会发展战略（1986—2000年）》提出，广州经济社会发展的战略目标是：以对外经贸为导向，以科技、教育为依靠，以工农业为基础，以轻纺工业和第三产业为重点，大力发展能源、交通运输业，为把广州建设成具有强大内外辐射能力的、多功能的和高度文明、高度民主的社会主义现代化中心城市打下基础。[①]可见，广州“对外经贸”的开放型经济导向地位已得到确立。

20世纪80年代也是广州率先构建国际化营商环境的重要发展期。1985年1月，广州在全国率先创立“外经一条街”，集中了广州市外经贸、工商行政、税务、劳动、银行、保险、海关等有关管理单位在此设立办事处，使投资者能“在一个屋顶下就把事情办定”。1988年在此基础上成立了广州外商投资管理事务中心；同年广州市出台《关于简政放权，简化手续，提高办事效率的若干规定》，率先深化营商环境建设，为外商投资带来了便利。同时，广州利用外资的方式也在调整，引资额大幅度提升。从1984年开始，逐步由开放初期的“三来一补”为主转向以合作经营和合资经营为主。[②]1978—1991年广州全市共签订利用外资合同15 193项，合同外资金额约45.7亿元。[③]

2. 第二阶段（1992—2011年）：扩大开放促发展

1992年初，邓小平视察南方，强调“改革开放胆子要大一些，看准了的，就大胆地试、大胆地闯。对的就坚持，不对的就赶快改，新问题出来加紧解决”[④]。广州市随之采取了进一步扩大开放的举措，加大引

①廖惠霞，欧阳湘．广州改革开放20年大事纪实（一）［J］．探求，1999（2）：23-25.

②全国政协文史和学习委员会．十四个沿海城市开放纪实（广州卷）［M］．北京：中国文史出版社，2015：7.

③数据来源于广州1989—1991年各年度的年鉴。

④陈炎兵，何五星．中国为何如此成功［M］．北京：中信出版社，2008.

进先进技术，提高利用外资水平。特别是引导外商投资于能源、交通、通信等基础设施建设，兴建一批增强经济发展后劲的大项目，扩大与港澳地区及国际间的经济、文化、科技、教育合作交流，不断提高交流合作的层次；办好境外企业，鼓励有条件的企业到海外投资设厂或与当地合办企业。[①]

2001年12月，中国正式加入WTO，为广州对外贸易发展带来新机遇和新挑战。广州的商品进出口总值从2001年的130.37亿美元增至2008年的819.52亿美元，并经受住了国际金融危机冲击，2011年的外贸额进一步升至1161.72亿美元。

20世纪80年代，港澳资金以“三来一补”“三资”企业形式进入广州。为顺应广州产业结构调整以及经济开发区的建设发展，港澳资金投入以生产性项目为主导，1991年生产性项目占全部外资项目的85%以上和实际利用外资额的60%以上。[②]1992年以后，在包括取消外汇留成、出口退税等一系列新政策的支持下，穗港澳合作进入了一个高速发展阶段。随着1997年香港回归和1999年澳门回归，先后建立了“穗港合作联席会议”机制、穗澳高层会晤制度等，实现了以民间合作为主向民间与政府共同推动合作的转变，形成了优势互补、互利共赢的良好发展态势。2003年6月和10月，中央政府与香港特别行政区政府、澳门特别行政区政府分别签署《内地与香港关于建立更紧密经贸关系的安排》《内地与澳门关于建立更紧密经贸关系的安排》，统称为《关于建立更紧密经贸关系的安排》（简称CEPA），穗港澳经贸合作关系更为紧密，合作领域不断扩大。“广州—香港CEPA入门网站”在2003年9月启动，广

①王永平．广州改革开放20年回眸［J］．开放时代，2000（2）：16–22.

②刘良山，武文霞．改革开放以来穗港澳经贸合作回顾与前瞻［J］．广州社会主义学院学报，2009，7（2）：61–63.

州市政府在香港举办穗港经贸合作交流会暨《2008年广州外经贸发展白皮书》发布会，广州市成为与香港特区政府在境外举办联合商会、开通CEPA招商网站和到香港发布城市外经贸白皮书的首个内地城市。

2003年1月，广州市政府制定《广州外商投资企业委托审批管理规定》，在全国率先简化外商投资办事程序。2004年1月，广州对外商投资企业实行“六个放宽”和“六个取消”政策①，大大提高了外商投资的办事效率。2004—2011年，全市累计批准外商直接投资项目达7905个，实际利用外资约268.6亿美元。实际利用外资的数额由2004年的24亿美元增长至2011年的42.7亿美元，增长了大约78%。②2011年8月，《广州外商投资商业及并购项目审批指引》出台，进一步下放了外资审批权限。在外资企业带动下，加工贸易占出口总值之比持续高于50%。③

1993年5月，国务院批准成立广州南沙经济技术开发区。2000年11月，广州对20世纪80年代以来先后成立的广州经济技术开发区、广州高新技术产业开发区、广州保税区以及广州出口加工区实行“四区合一”管理模式，把广州开发区建成东部制造业基地，使之成为全市利用外资、出口创汇和经济增长的亮点。同时，为加快南沙开发区的建设和发展，2001年8月成立了广州南沙开发区建设指挥部；南沙开发区的地区生产总值由1994年创办之初的4.29亿元增长到2011年的571.06亿元，增长了100余倍。

3. 第三阶段（2012年至今）：优化开放绘新图

2012年11月党的十八大召开，提出要“全面提高开放型经济水平。……加快转变对外经济发展方式，推动开放朝着优化结构、拓展深

①全国政协文史和学习委员会. 十四个沿海城市开放纪实（广州卷）［M］. 北京：中国文史出版社，2015：9.

②数据来源于广州2005—2012年各年度的年鉴。

③数据来源于广州统计信息网、国家统计局。

度、提高效益方向转变”。同年12月，习近平以中共中央总书记身份首次离京赴外地考察就到达广东，并明确指出：“这次调研，是我在党的十八大之后，第一次到地方调研。之所以到广东来，就是要到在我国改革开放中得风气之先的地方，现场回顾我国改革开放的历史进程，宣示将改革开放继续推向前进的坚定决心。”

2013年9月和10月，习近平总书记在出访中亚和东南亚国家期间，先后提出共建“丝绸之路经济带”和“21世纪海上丝绸之路”的重大倡议。国家发改委、外交部、商务部2015年3月联合发布的《推动共建丝绸之路经济带和21世纪海上丝绸之路的愿景与行动》（以下简称《愿景与行动》）先后三次提到广州：“充分发挥深圳前海、广州南沙、珠海横琴、福建平潭等开放合作区作用，深化与港澳台合作，打造粤港澳大湾区。”“加强上海、天津、宁波—舟山、广州、深圳、湛江、汕头、青岛、烟台、大连、福建、厦门、泉州、海口、三亚等沿海城市港口建设。”“强化上海、广州等国际枢纽机场功能。”《愿景与行动》强调，广州要以扩大开放倒逼深层次改革，创新开放型经济体制机制，加大科技创新力度，形成参与和引领国际合作竞争新优势，成为“一带一路”特别是21世纪海上丝绸之路建设的排头兵和主力军。随着“21世纪海上丝绸之路”倡议的推进，广州与沿线各国的经贸合作日益密切，贸易关系不断升级。广州已逐步形成以开放促改革、以改革促发展的新格局，并朝着国家中心城市、国际商贸中心和综合交通枢纽的城市定位新愿景迈进。

（1）自贸片区新开局

2014年，国务院宣布增设包括中国（广东）自由贸易试验区（简称“广东自贸试验区”）在内的第二批自贸试验区。广东自贸试验区包括广州南沙、珠海横琴和深圳前海蛇口3个片区。其中，位于广州的南沙自贸片区分为7个功能片区，分别为国际航运发展合作区、金融商务发展试验区、粤港澳融合发展试验区、国际教育和医疗合作试验区、粤港澳科技创新合作区、境外投资综合服务区以及加工贸易转型升级服务区，以航运物流、特色金融、科技创新、高端制造，旅游健康五大主导产业为核心，大力培育新产业新业态，建设以生产性服务业为主导的现代产业新高地和具有世界先进水平的综合服务枢纽。

在改善营商环境方面，广州在全市率先推行“一口受理”新模式，实现“十一证三章”联办，市场准入联办证件数量和速度全国领先。实施“一照一码”、综合窗口服务以及政务服务事项标准化等改革，为企业登记及办事提供便利化服务。在全国率先推行“先办理后监管”、“自主有税申报”、国地税一窗通办等税收管理服务新模式。

在贸易便利化方面，打造“智检口岸”平台、建立跨境电商商品溯源平台、构建市场采购出口“南沙模式”等在内的检验检疫创新制度。通过“智检口岸”平台，通关便利化水平大幅提高，实现大多数货柜查验手续可在一分钟内办结。实施国际贸易“单一窗口”，采取先进区后报关制度，一次申报、一次查验、一次放行的“三个一”通关模式。经测算，启用快速验放通关模式后，海关通关时效提高50%以上，进出口货物物流运转时间由原来的2～3天缩短为1天以内。

在金融创新方面，南沙“金融15条”、部际联席会议“金融6条”以及广东自贸试验区“金融45条”政策为南沙深化金融开放创新提供了前提和保障。南沙积极探索与自贸试验区相适应的账户管理体系、创新跨境人民币业务、完善金融监管体系，推动适应粤港澳服务贸易自由化的金融创新，促进投融资便利化。

在事中事后管理方面，2015年正式投入使用广州南沙新区市场监管信息平台。该信息平台汇集了由12个部门提供的包括市场准入、企业信用、行业自律等107个专题数据，形成9大监管专题数据库和2个专用平台，连通区属、市直驻区等40多个部门，实现市、区两级政府跨部门信息资源共享，提升行政服务质量与管理现代化水平，建设智慧自贸试验区。

在法制化建设方面，2014年6月20日，广州市人大常委会通过《广州市南沙新区条例》，对南沙新区产业发展、社会治理、综合服务、环境保护以及人才培养方面进行了法律上的规定。[①]广州市南沙区人民法院2015年6月30日发布《广东自由贸易区南沙片区人民法院关于服务保障中国（广东）自由贸易试验区广州南沙新区片区建设的意见（试行）》（以下简称《意见》），分别围绕构建与自贸试验区建设相适应的司法理念，回应自贸试验区国际化、市场化、法治化营商环境的司法需求。[②]该《意见》首次将港澳深度合作作为一个独立的版块提出，为自贸试验区粤港澳投资、服务贸易自由化建设提供司法保障。

在改革和创新政策的支持下，南沙对外开放取得显著成绩。2017年进出口总值达到1951.75亿元，增长15.2%，总量占广州全市1/5；实际利用外资10.42亿美元，增长66.8%，总量占全市1/6。

（2）经贸格局新转型

党的十八届三中全会指出“适应经济全球化新形势，必须推动对内对外开放相互促进、引进来和走出去更好结合，促进国际国内要素有序自由流动、资源高效配置、市场深度融合，加快培育参与和引领国际经济合作竞争新优势，以开放促改革”[③]。在我国经济进入全面转型的新时期的大背景下，广州进入经贸格局新转型阶段。

一是从“贸易大市”向“贸易强市”转变、从价值链中低端的参与

①黄建忠，陈子雷，蒙英华. 中国自由贸易试验区研究蓝皮书（2015）［M］. 北京：机械工业出版社，2015.

②载人民网，http://gd.people.com.cn/n/2015/0630/c123932-25414917.html。

③载新华网，http://news.xinhuanet.com/politics/2013-11/12/c_118113455.htm。

者向配置全球高端要素的创新引领者转变。2017年广州市外贸进出口总值达到1432.32亿美元，在外贸体量已相对较大基础上，广州将工作重点从“稳增长”转移到“稳份额、调结构、增效益”上，培育企业在品牌、质量、技术、服务等方面的新优势。积极发展贸易新业态。广州于2013年9月获批为跨境贸易电子商务服务试点城市，试点工作进展顺利。2014—2017年，跨境电商进出口额在全国试点城市中保持排名第一，2017年纳入统计的跨境电子商务进出口227.7亿元，同比增长55.1%。[①]同时，广州加快推动贸易发展方式转变，加工贸易占进出口比重已由2012年的50.7%降至2017年的28.2%；并积极推动加工贸易企业向生产指挥中心或区域总部角色转变，与之相适应，贸易结构得到优化，竞争力稳步提升。2017年机电和高新技术产品进出口比重分别达到48.42%和21.3%。

二是服务业向现代化、高端化转型，广州向服务贸易强市迈进。自国家发改委2010年底确定广州作为国家服务业综合改革试点以来，广州加快构建现代服务业、高新技术产业与先进制造业融合发展的现代产业体系，2017年广州市服务业增加值占生产总值比重达到70.9%。2016年2月，广州获国务院批准为全国15个国家服务贸易创新发展试点城市（地区）之一，当年全市服务贸易进出口总额3235.4亿元，同比增长42.7%，居试点地区第三位。2017年上半年，全市服务贸易进出口总额1777.8亿元，同比增长10.1%。在外资利用的产业结构中，服务业（不包括房地产业）实际外资额占全市实际外资总额从2013年的46.7%上升到2017年的78.99%。[②]

三是“引进来”与“走出去”更好结合，逐步形成内外贸一体化、全方位对外开放的新格局。在“引进来”方面，逐步推进“引资”与

①数据来源于《2017年广州市国民经济和社会发展统计公报》。
②数据来源于《2017年广州市国民经济和社会发展统计公报》。

“引智”并重，借助重大平台的招商作用，推进以会招商、以商招商、产业集群招商、中介机构招商等，吸引世界500强和行业龙头企业来穗投资和设立机构。截至2017年底，297家世界500强企业已在广州设立921个项目，主要集中在支柱制造业和现代服务业。2012—2016年，广州市外商直接投资的企业个数由1095个增长到1757个，实际利用外商直接投资增长约24.6%；[①]2017年新签外商直接投资项目2459个，同比增长40.0%，实际使用外商直接投资金额62.89亿美元，增长10.3%。[②]在“引进来”的同时，广州市鼓励企业“走出去”赴境外投资和承包工程，深度开拓国际市场。截至2016年底，广州市企业累计向全球80个国家（地区）投资设立了1208家非金融类境外企业（机构），中方协议投资额达171.7亿美元，其中民营企业构成了海外投资存量的主体；从行业分布角度看，从原有的贸易为主转变为制造业、服务业并重。

（3）国际对话新路径

一是提升广交会全方位对外开放对话平台。截至2018年春季，广交会已经成功举办了123届。自2007年春第101届更名为“中国进出口商品交易会”起，除了出口商品展览外，进口展区也发挥着越来越大的作用。2017年广交会进口展区推出来自近50个国家与地区的超过600家优质企业及产品。越来越多的国内参展企业在巩固传统出口市场的同时，积极布局“一带一路”沿线市场，针对沿线国家市场特点开发适销对路的产品，到沿线国家建设研发中心、生产基地和营销渠道，发展符合当地产业升级需求的产业集群，有力促进了中国与沿线国家的贸易畅通和互利共赢发展。

二是拓展“友好城市”国际城市交流朋友圈。2017年是广州开展国

①数据来源《广州统计年鉴》（历年）。

②数据来源于《2017年广州市国民经济和社会发展统计公报》。

际友城工作第38个年头。自1979年广州与日本福冈缔结了首个国际友好城市关系以来，截至2018年5月，广州已与全球34个国家的37个城市建立国际友城关系，与27个国家的34个城市建立友好合作交流城市关系，形成了总量为71个城市的大国际友城交流朋友圈。2016年广州荣获“国际友好城市交流合作奖”。同时，广州市联合世界城市和地方政府组织、世界大都会协会共同创立了“广州国际城市创新奖”，促进了广州与世界城市在经贸、文化、旅游等多方面的对话交流，提高了广州的知名度。

三是打造国际交往对话新平台。党的十八大后制定的《广州建设国际会展中心城市发展规划（2013—2020年）》提出了广州建设“国际会议首选地之一”的目标定位，指出要加强与联合国相关机构和各类国际会议组织、国家有关部委，以及有国际影响力的行业协会、社团、国内外高校和科研院所等机构的联系与合作，积极引进和申办各类档次高、影响大的国际组织会议、学术交流、技术发布活动及跨国公司企业会议。[①]广州成功拿下2017年《财富》全球论坛的举办权，具有里程碑意义，本次《财富》全球论坛的主题是“开放与创新：构建经济新格局”。论坛围绕创新革命、全球化的未来、21世纪领导力和可持续发展4个方向开展。这不仅与全球经济发展的趋势相契合，也和广州未来发展主题相契合。为此，广州还在上海、巴黎、东京等国内外主要城市先后举行了十余场《财富》论坛全球推介会，持续时间长达一年，向世界讲述“广州故事”，引发了全球媒体报道广州、报道中国创新案例的热潮，对于全球企业了解中国、认识广州，以及广州企业走向世界、深化提高对外开放水平有重要作用。

①陈颖．广州申办《财富》全球论坛的成功经验：意义、实践与借鉴［J］．现代经济信息，2017（7）：479-480.

州市服务贸易额保持了两位数的增长，2017年服务贸易增幅21%，领先货物贸易增幅8.7个百分点。在规模不断扩大的态势下，产业集聚程度也显著提高，并呈现高端服务业比重加大的趋势。从近年的总体数据看，转口贸易及贸易佣金、经营性租赁服务、法律、会计、管理咨询和公共关系服务等其他商业服务的占比较大，运输及相关服务、专利权使用费和特许权以及计算机和信息服务等的占比也较为可观，旅游、建筑安装及劳务承包服务、包括现代服务贸易的其他商业服务的占比大幅上升，说明广州服务贸易结构处于不断优化之中。发展国际服务外包，是做大服务贸易的重要路径。在2016年中国服务外包示范城市综合评价中，广州在31个城市中名列第三，仅次于南京和上海。同时，广州自2016年起被列为我国首批服务贸易创新发展试点之一，已聚集了一批世界500强企业、全球外包100强企业、中国服务外包领军企业以及大型跨国公司，目前广州市对中国香港、美国、日本、澳大利亚、英国和加拿大等主要贸易伙伴的服务贸易优势突出，而对拉丁美洲、非洲和大洋洲等新兴市场的拓展也在加快。

2. 扩大外资引入规模与优化外资结构，提升国际化资源配置水平

一是因势利导，积极引进外资。随着改革开放不断深入，投资环境优化、外资政策调整、经济发展快速增长、中国加入WTO等环境因素的变化和优化，广州市利用外资的规模也在加大。根据历年的《广州统计年鉴》以及广州市商务委员会官方网站的有关统计资料，我们在图3-1中描绘了1979—2017年广州市利用外资规模的演变情况，分为实际使用外资规模和外商直接投资规模两种情形。改革开放初期，亦即20世纪70年代末至90年代初，广州市引进外资的规模处于相对平缓的增长态势，其中实际利用外资规模由1979年的984万美元上升至1990年的27 263万美元，外商直接投资规模则由1979年的165万美元上升至1990年的18 613万美元。但广州在外资利用方式的创新方面依然走在全国前列，如改革开放初期首家中外合

作的五星级酒店就在广州建成，广州地区的高校也首开接受外资捐建教学设施的先例。1992年，邓小平南方谈话之后掀起了新一轮的招商引资高潮，广州利用外资规模经历了一个迅猛飙升的过程。实际利用外资规模由1990年的27 263万美元猛增至2000年的311 541万美元，增长了近10.43倍；其中外商直接投资规模则由1990年的18 613万美元迅速增长至2000年的298 923万美元，增长近15.06倍。在2000—2005年间，广州市引进外资的规模在经历了高速增长之后，开始出现短暂的波动回落趋势，其中实际利用外资规模由311 541万美元下降至284 128万美元，而外商直接投资规模也由298 923万美元下降至26 4882万美元，降幅分别为8.8%、11.39%；但在此之后直至2017年，广州利用外资的规模又开启了新一轮快速增长，其中外商年度实际直接投资规模由2004年的24亿美元猛增至2017年的62.89亿美元。

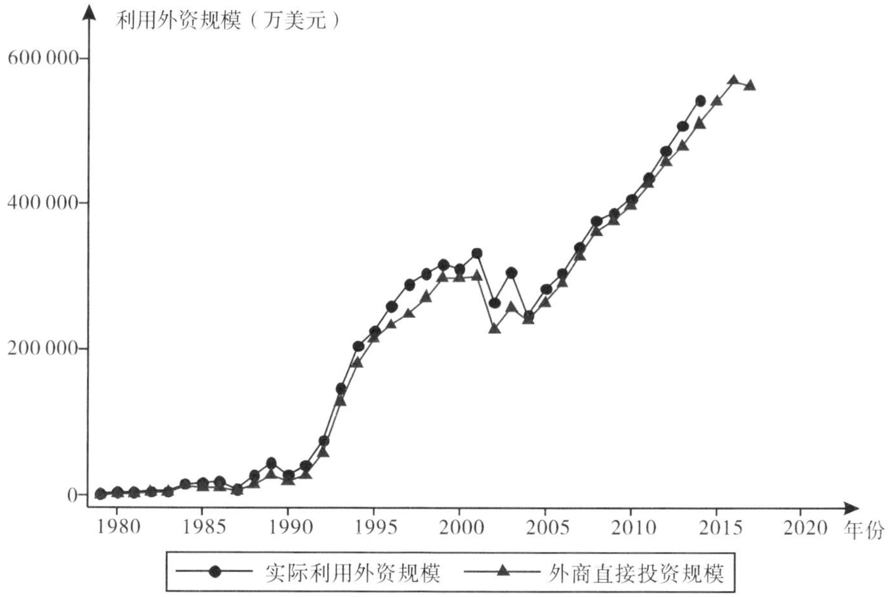

图4-1　1979—2017年广州市利用外资规模的演变情况

数据来源：据历年《广州统计年鉴》以及广州市商务委员会官方网站的有关统计资料绘制，其中2017年为1—9月的数据。由于统计制度的变化，2015年起仅统计外商直接投资，故实际利用外资规模仅统计至2014年。

月，已有109个世界500强投资项目和103家总部型企业进驻；在企业结构上，注册资本在1亿元和10亿元以上的企业分别为296家和31家；一些与门户枢纽功能相关度高的行业及其企业，如国际融资租赁、电商外贸、交通航运、通信信息、产业金融等类别的优质企业及高增长企业有较多集聚。出口拉动作用较为明显，外贸进出口额2017年前三季度增幅41.9%，超出广州全市增幅（17.9%）一倍多，占全市1/5。投资拉动作用明显，其中与交通（港口、铁路、机场）等基础设施相关度投资居全市各区之首。截至2017年上半年，南沙港区已开通81条国际班轮航线、31个无水港和3条国际邮轮航线。以南沙港为主体的广州港，货物吞吐量已居全球第六位、全国第五位。

4．主动介入经济全球化进程，促进企业“走出去”的结构优化

企业“走出去”是对外经济关系演化升级的重要阶段，对于提升中国企业的国际竞争力、影响力，降低外贸成本和规避贸易壁垒，充分介入国际资源配置，具有关键性的意义。

1981年，广州第一家境外企业——穗华企业开发有限公司在香港成立；1984年12月，香港越秀有限公司成立，广州在港澳地区的投资进入了初步发展阶段。[①]到1991年底，广州市共创办境外企业124家，境外企业投资区域开拓至大洋洲、北美洲、南美洲、欧洲等地。1990年广州境外企业投资总额达到4524.95万美元，是1985年42万美元的近108倍。

21世纪以来，广州市的对外直接投资呈现较为迅猛的增长态势。广州市结合国家“一带一路”倡议和自贸区建设，进一步推动了一批大项目“走出去”。广州市对外投资新增企业（机构）由2010年的98家增长

①全国政协文史和学习委员会．十四个沿海城市开放纪实（广州卷）［M］．北京：中国文史出版社，2015：8.

至2016年的263家，中方协议投资额由2010年的4.9亿美元增长至2016年的52.8亿美元，对外直接投资额则由2015年的14.1亿美元增长至2016年的22.3亿美元。另外，在1990—2016年间，广州市历年对外承包工程和劳务合作的合同金额、完成营业额分别由1990年的1887万美元、1072万美元增长至72 200万美元和63 053万美元，增长幅度分别达37.26倍、57.82倍。

广州企业在“走出去”的过程中，不断加强了国别结构、产业结构和投资主体结构的优化。据广州市社科院联合社会科学文献出版社发布的《广州蓝皮书：广州城市国际化发展报告（2016）》①显示，广州企业投资已遍布全球72个国家和地区，全面布局全球营销网络。目前，已有44家企业在海外从事研发业务并设立研发中心，海外布局趋向高端化发展。在“一带一路”倡议带动下，沿线国家成为广州企业投资新热点，境外直接投资项目新增28个，中方协议投资总额5.98亿美元。从投资领域来看，广州企业“走出去”的行业结构趋于多元化，企业境外投资中方协议额的三次产业比例分别为2.3%、3.5%、94.2%，主要集中在房地产业、批发业、商贸服务业、租赁业、电信、广播电视和卫星传输服务业；同时，以电商为代表的新业态加快“走出去”步伐，2015年广州企业在海外设立8个电商项目，涉及中方协议投资额4440万美元。在企业主体方面，民营企业已成为广州企业“走出去”的绝对主力。2015年，广州民营企业在境外共设立了275个直接投资项目，同比增长了108.3%，约占全市直接投资项目总数的九成；其中中方协议投资额达到了33.2亿美元，同比增长了76.6%，约占全市中方协议投资总额的八成。2016年以来，广州企业境外投资逐渐从偏向商贸业转向制造业与服务业，其产业分布更加全面合理。

---

①朱名宏，伍庆．广州蓝皮书：广州城市国际化发展报告（2016）［M］．北京：社会科学文献出版社，2016.

（二）广州构建开放型经济发展优势的主要经验

综上所述，在广州40年来的开放型经济发展进程中，其发挥新优势的经验做法可以概括为以下几点：

1. 始终重视开放型经济对广州发展定位的重要性

在改革开放初期的20世纪80年代，广州就把对外开放置于全市经济发展战略的导向地位；20世纪90年代以来，将经济技术开发区等构建为对外开放的重要平台；进入21世纪，更明确了建设国际商贸中心等目标，近年又提出打造枢纽型网络城市和构建多个国际性交通、科技创新枢纽和建设全球城市等。这均充分体现了广州对开放型经济导向作用的坚持，以及对提升开放型经济质量的执着。

2. 以营商环境建设作为重点，确立以市场化为基础的全方位和制度性开放发展战略

从改革开放初期推出的“外经贸一条街”，到当今在国际贸易谈判规则、知识产权保护、电子商务规则和环境保护方面对接国际规则的改革；从建立以南沙自贸片区领先创新的“智慧口岸”为重点的贸易便利化体系，到率先建设知识产权综改试验区和创立并发布“中国知识产权广州指数”等，广州多项营商环境改革举措领先于全国，广州在多年来国内外重要评价体系的评价中居于中国内地最佳营商环境城市的首位。

高水平、全方位的制度性开放，必须坚持以市场为取向，充分发挥市场对资源配置的基础性作用。一方面要加快培育现代高效的开放型市场体系，推进要素市场的对外开放，建立开放、自由、公平、稳定的贸易与投资体制，促进资源的高效配置。另一方面要厘清政府与市场的治理边界，加快实现政府从与民争利的发展型政府向公共利益服务型政府转变，从行政干预过多的全能政府向让市场充分发挥作用的有限政府转变。

3. 推进贸易与投资的双向开放和内外联动，培育国际经济合作竞争新优势

高水平开放型经济新体系包括开放与发展双重内涵，开放是手段，发展是目的，为此必须重视开放效益和发展的可持续性。在贸易发展战略上，彻底转变以招商引资为中心片面追求外资投入数量和外贸出口规模的粗放型增长方式，注重贸易的双向开放与优进优出；在资本国际化方面，坚持高水平“引进来”和大规模“走出去”有机结合，加强对先进制造业、战略性新兴产业和现代高端服务业的“招商选资”和“招才引技”；同时加快培育本土跨国公司和龙头企业，促进企业对外投资从市场开拓为主向整合利用全球资源转型，培育国际经济合作新优势，形成内外联动的一体化生产与服务网络。

4. 加快供给侧结构性改革，形成先进制造业与现代高端服务业的双轮驱动

高水平的开放型经济，必须以内在的结构性改革为基础。广州一是抓住新一轮科技革命机遇，逐步改变依靠粗放型资源投入的方式，转而以智能化、绿色化、服务化为主攻方向，强化工业基础能力，加快推进新一代信息技术与制造业深度融合，提高综合集成水平，推动制造业向产业链、供应链和价值链高端发展；二是着力加强应用技能人才培养，构建三位一体的职业教育体系，加强先进制造业的人才供给；三是加大政策支持力度，大力发展服务型制造业、工业总部及都市消费工业；四是推动政府部门的简政放权，激励金融机构主动对接供给侧结构性改革，以推进南沙现代金融服务区和广州国家金融城建设为引擎，构建现代金融服务体系，为广州经济发展提供低成本、高服务、高效率的金融服务。

5. 扶植培育具有创新活力和国际视野的民营企业，创出民营经济新优势

构建广州开放型经济新体系，必须依靠实施创新驱动战略，加快企业“走出去”步伐，充分利用国外市场和国外资源，培育和形成一批具有自主品牌和知识产权的本土跨国公司。一方面加快国企改革步伐，使之真正成为国际化的市场主体，引领国内企业大规模“走出去”；另一方面支持民营经济参与国企改革重组，不断发展壮大民营企业，使之成为具有创新活力的国际化的市场主体。

6. 发挥区位优势，打造国际枢纽型网络城市和“一带一路”倡议枢纽城市

广州总结40年开放型经济发展的经验，进一步明确要发挥广州国家中心城市的辐射带动作用，建设国际商贸、航运、物流中心及现代金融体系，强化广州大综合交通枢纽与区域的互联互通，增强服务大区域发展能力，在区域互利共赢的开放发展中拓展广州的发展腹地及发展空间。广州注重国际联系与对话能力的提升，加强海港、空港、铁路、信息港等枢纽和门户设施建设，打造国际航运枢纽和国际航空枢纽；实施“一带一路”沿线国家友城战略，不断加强广州与沿线国家港口城市的沟通与合作，促进产业、经贸、投资、旅游合作和人文交流；进一步深化穗港澳经贸合作，以“一带一路”倡议为抓手，充分发挥国家整体政策和南沙自贸试验区开发建设的叠加优势，以及港澳在商贸、金融、物流等经济领域的双向联系优势，推动三地企业合作开拓新兴市场。

7. 充分发挥开放载体功能，加强先行先试开放经验的推广

广州重视先行先试开放区的经验。继广州开发区之后，随着全国分批布局多个自贸试验区，广州以南沙自由贸易试验片区的制度创新与开放建设为重点，建立对接国际投资贸易规则的制度框架，并充分利用南沙自贸试验片区的示范效应和辐射效应，主动将南沙自贸片区好的经验和做法在广州区域的其他开放平台进行复制推广，以提升整体的开放水平，助力广州开放型经济发展的转型升级。目前，南沙自贸片区既有国家提出的自贸区统一的负面清单，又有与港澳地区以“准入前国民待遇+负面清单”方式签署的自由贸易协议，形成了粤港澳负面清单与自贸区负面清单的“双负面清单叠加”优势。根据这一优势，负面清单以外的领域，按照内外资一致的原则，由审批制改为备案制，并编制了外商投资备案办事指南，服务前来投资落户的外资项目投资者。先行先试的做法，不仅带动了广州开放型经济发展，而且在未来参与粤港澳大湾区的建设中，也将发挥重要的作用。

三、广州开放型经济发展的新使命新机遇新挑战

党的十八大以来，在习近平新时代中国特色社会主义思想指引下，广州各项工作在创新发展中不断开拓。数年来，习近平总书记对广东工作多次作出重要指示。2018年3月7日，习近平在参加十三届全国人大一次会议广东代表团的审议时，要求我们在构建推动经济高质量发展的体制机制、建设现代化经济体系、形成全面开放新格局、营造共建共治共享社会治理格局上走在全国前列。习近平总书记强调，要以更宽广的视野、更高的目标要求、更有力的举措推动全面开放，加快发展更高层次的开放型经济，加快培育贸易新业态、新模式，积极参与“一带一路”建设，加强创新能力开放合作。要抓住建设粤港澳大湾区重大机遇，携手港澳加快推进相关工作，打造国际一流湾区和世界级城市群。

作为国家中心城市和广东省省会的广州，必须率先落实习近平总书记的要求和中央的决策，责无旁贷地发挥枢纽与引领作用，抓住新机

遇、迎接新挑战、承担新使命。

（一）广州在形成全面开放新格局上率先引领的意义与条件

1. 广州在形成全面开放新格局上率先发挥支撑引领作用的意义

广州市作为国家中心城市，其全面开放新格局的规模与质量，对国家开放型经济总格局以及新时代国家经济发展水平的提升具有举足轻重的影响力和支撑、引领作用。在中国引领经济全球化的角色不断凸显的大背景下，具有悠久开放型经济发展历史和良好条件的广州，无可争辩地成为被选择并被寄予重大期待的中心城市。同时，广州市全面开放新格局的打造与提升，是自身经济社会发展的需要，也是充分挖掘和提升自身发展优势的需要。广州市要当好引领开放的排头兵，就需要在新时代全面开放新格局的构建中，抓住从量到质的转换机遇。

粤港澳大湾区，是我国首个以“湾区”概念确定的世界级城市群组团，是一个与国际市场联系特别密切的、对全球开放型经济运行有重大影响力的世界级城市群。广州全面开放新格局的率先形成，与粤港澳大湾区的发展特色高度契合。广州与香港、澳门、深圳等重要城市将可以在该湾区的建设中发挥具有各自特色、优势互补的效应。

2. 广州在形成全面开放新格局上发挥支撑引领作用的条件

（1）广州是国内开放历史最悠久的主要城市。秦汉时期的造船业遗址等考古发现，证明广州航海业的硬件建设在当时已居国内领先地位；《汉书·地理志》等古籍记载，广州在公元初即是发展对外贸易的重镇；又从中央政权先后在广州首设市舶使（唐代）、市舶司（宋代）等专司对外贸易管理的官职及机构等事实，可见广州自隋唐以来的海外贸易的首要口岸地位获中央政府特别重视；而在明清时期，广州成为中国唯一不曾间断开放的贸易口岸；中华人民共和国成立初期，在与大多数发达国家尚未建交的情况下，国家为打开对外贸易窗口而在广州设立的“广交会”，成为当时中国外贸的主渠道。综观两千年间所拓展的海上丝绸之路，以广州为始发港与目的港的航路，符合习近平总书记所说的“‘一带一路’贯穿欧亚大陆，东边连接亚太经济圈，西边进入欧洲经济圈”的形态，使广州逐渐形成全球化的大型贸易枢纽。欧洲各国与中国的贸易商船于1720年起基本集中到了广州，1784年美国对华贸易的商船首航亚洲就以广州为目的港，美国商人在1799年还因此命名了来华商船为“广州号”，广州的名称“Canton①”也被移植于美国20多处地名中，这些都证明以广州为枢纽的海上丝绸之路到清代中期已经覆盖了大半个地球。

（2）广州拥有率先形成全面开放新格局的良好现实条件。首先看广州地理区位的空间优势：一是居于珠江三角洲地理中心，是这个极具活力的改革开放先行区域重要的国家中心城市；二是位居粤港澳大湾区地理中心和交通中心，广州是该湾区主要发展极之一；三是居于当今全球经济增长势头最好的亚太区之中部，拥有进入国际市场较便捷的条件。其次看广州的增量要素的形成条件。人才是提升广州全球竞争力、影响力的核心要素，广州拥有广东省60%的本科大学及一半以上的高职高专学校，其中国家“双一流”名单中的5个一流高校及18个一流学科集聚在广州；省重点建设高校（或其主校区）均位于广州，省重点建设学科的2/3也在广州；与此同时，广州还是高校毕业生净流入的主要城市，在科技创新与国际化人才产出方面的条件居华南地区首位。相应地，一批国家、省的驻穗科研机构以及市属科研院所与高校，是广州科研成果培育及提供技术要素产出的重要基地。再次看发展开放型经济的国际化交通

①广州的历史译名。

网络基础条件。广州国际化互联互通条件较为充分。目前广州港已与100多个国家和地区的400多个港口发生海运贸易，近年货物吞吐量和集装箱吞吐量分别位居全球第六位和第七位，货物吞吐量居国内第五位；在旅游客运方面，南沙国际邮轮母港2016年运营，首年及翌年的客流量均居全国第三位，2018年第一季度跃居全国第二位。广州白云机场作为中国三大国际航空枢纽之一，在国际民航组织ACI测评中持续位居“世界十佳服务机场”行列，截至2017年底已开通航点超过210个（其中国际及地区航点近90个），已有超过75家中外航空公司在此运营；2017年实现旅客吞吐量6583.69万人次，在全球机场中排名第13位；2018年T2航站楼启用，白云机场可望在2020年进入全球十大机场行列。广州有华南地区最大的高铁枢纽；广州始发的中欧班列在2016年8月28日也已始发；广州轨道交通体系覆盖能力近年迅速扩大，市内地铁运营总里程截至2017年底已达到390千米，居全国第三位、世界前十，日均客流量700多万人次，客流强度全国第一。在信息渠道上，广州地区拥有全国最大的地方传媒集团，又是中国内地最大的互联网出口。

（3）广州城市治理水平和质量持续提升。城市治理水平对开放型经济的规模和质量有重要影响。根据中国政法大学法治政府研究院2017年9月发布的《法治政府蓝皮书：中国法治政府评估报告（2017）》，广州市总体排名位列前三名。其中，在“依法全面履行政府职能”一级指标下，广州市排名全国第一；鉴于广州在2013—2017年中国法治政府评估中持续名列前茅，广州市同时获得了“法治政府建设典范城市”荣誉称号。广州市多年获得包括世界银行和《福布斯》营商环境评价等评估在内的中国内地营商环境第一名；在中国发展研究基金会与普华永道联合发布的《机遇之城2017》报告中，广州居全国“机遇之城”第一位次。目前，广州的经济与人文发展指标国内领先。2017年广州人均生产总值突破15万元，低于深圳，但比北京、上海分别高出20%以上。除经济指标外，广州的若干人文与环境指标也较好。广州市地域范围有高校80多所，数量仅次于北京，与法国巴黎相当；在校大学生超过百万人，2016年广州每万人口中的大学生数量等于北京2.5倍以上、上海的3.5倍和深圳的9.5倍，这使得广州市的人力资本积累得以维持在一个领先的水平。广州医疗水平居全国前列，有“全国百强医院”9间。环境保护方面，2016年广州市PM2.5（细颗粒物）浓度为36.1微克/立方米，在环境竞争力方面有显著优势。[①]在联合国计划开发署发布的《2016年中国城市可持续发展报告：衡量生态投入与人类发展》中，广州的人类发展指数排名全国第一。

（二）新时代广州创建开放型经济新优势的新机遇

1. 国际经济格局演变中的机遇

2016年11月19日，习近平在亚太经合组织工商领导人峰会上的主旨演讲指出：“经济全球化符合经济规律，符合各方利益。同时，经济全球化是一把双刃剑，既为全球发展提供强劲动能，也带来一些新情况新挑战，需要认真面对。新一轮科技和产业革命正孕育兴起，国际分工体系加速演变，全球价值链深度重塑，这些都给经济全球化赋予新的内涵。”国际经济格局中这些新的内涵，同时也构成我们的机遇。广州按照国家关于供给侧结构性改革的方向，积极培育科技创新力，培育战略性新兴产业，进一步介入国际一线城市网络体系，参与高端城市分工，扩大产业链向高端延伸的能力，这些行动与当今国际经济格局演进趋势明显契

①根据国际环保组织绿色和平2017年1月17日发布的《2016年度中国366座城市PM2.5浓度排名》。

合，我们必须乘势而上，深化城市的创新力和国际交流对话能力，做强开放型经济竞争力，方能抓牢国际新格局演进所带来的新发展机遇。

2. 中国在经济全球化博弈中发挥引领作用的机遇

2014年3月，在德国科尔伯基金会的演讲中，习近平指出："我们将从世界和平与发展的大义出发，贡献处理当代国际关系的中国智慧，贡献完善全球治理的中国方案，为人类社会应对21世纪的各种挑战作出自己的贡献。"2015年10月12日，习近平在中共中央政治局第27次集体学习时指出："要推动全球治理理念创新发展，积极发掘中华文化中积极的处世之道和治理理念同当今时代的共鸣点，继续丰富打造人类命运共同体等主张，弘扬共商共建共享的全球治理理念。"习近平总书记的阐述，基于经济全球化在当今面临新挑战的客观现实，基于中国国际经济地位和相对实力提升的客观现实。而中国的全球战略考量和对全球经济的贡献，需要各层级的实施者，除企业这个最重要的市场主体外，还特别需要国家中心城市的率先参与。

国际中心城市与跨国公司在全球资源配置中存在着联手博弈关系。跨国公司是全球资源配置的市场主体，而中心城市是相关市场主体行使配置资源行为的支持与保障的依托。跨国公司总部选择国际化程度高的中心城市，可以获得该类城市能够提供的优良的要素与环境支撑；而区域或国际中心城市积极创造条件吸引跨国公司总部进驻，可以在全球资源配置中有更高质量的市场主体，从而提升城市开放型经济质量并掌握全球经济乃至全球治理的影响力。在国家发展大背景下，广州目前正迎来发挥全球城市资源配置功能的重大战略机遇，完全可以联手国际企业，做大做强高水平的开放型经济。

3. 南沙自贸试验片区探索建设自由贸易港的发展机遇

“自由贸易港是当今世界最高水平的开放形态。”[①]广州提升开放型经济发展水平，还有来自南沙自贸片区探索建设自由贸易港的机遇。南沙是广东自贸试验区的最大片区。把成熟的自贸试验区建设成为自由贸易港（区）是我国构建开放型经济新格局，并以开放促改革促发展的一项国家战略，是党的十八届三中全会和十九大加以确认的构建开放型经济新体制、新格局的重大部署。

2017年1月，在世界经济论坛年会开幕式上，习近平主席的主旨演讲指出：“中国将积极营造宽松有序的投资环境，放宽外商投资准入，建设高标准自由贸易试验区。”这就清晰地告诉世界：高标准的自由贸易试验区，是中国着力推进经济全球化发展的重要平台、重要标志和重要支撑点。因此，南沙要把自贸试验区片区的建设提升到全球高度。

南沙抓住机遇，加快建设，并成为提升广州开放型经济水平的新引擎，其现实性依据：首先，南沙位居我国最具经济活力的珠三角地区几何中心，同时南沙自贸试验片区面积超越广东自贸试验区三个片区中另两个片区的总和，位于三片区中间地带，南沙居粤港澳大湾区资源整合的中心，在该区域高度密集的城市群中最具后发优势，有利于在此构建湾区合作平台；南沙使广州港口枢纽更进一步前移成为一线海港，居我国西联西亚欧非、南联南亚东南亚、东联太平洋地带特别是南太平洋等各区域的相对中心的位置，其在海路交通的距离与运输成本控制方面均有优势，其一线门户功能的提升有极大空间。其次，南沙的创新条件较有优势。广东自贸区南沙片区自2015年4月挂牌以来，始终以营造国际

---

①党中央支持海南全面深化改革开放　争创新时代中国特色社会主义生动范例［N］.人民日报，2018-04-14.

化、法治化、市场化营商环境为抓手，突出以负面清单管理为主要环节的投资环境建设，已经取得了突出的体制机制创新的大批成果，部分商事登记制度简化程度达到国际最先进水平。再次，南沙当前优质资源配置质量高、增长态势好，一些与门户枢纽功能相关度高的行业及其企业，如在国际融资租赁、电商外贸、交通航运、通信信息、产业金融等类别中，优质企业及高增长企业有较多集聚。此外，南沙在配合广州市提升全球资源配置力、建设枢纽型网络城市中，其港口枢纽功能发挥了重要作用。

（三）广州创新开放型经济新格局面临的挑战

1. 国际创新资源集聚还需增强

创新是国际一线城市的基本属性，是保持城市经济增长的最主要动力。据国家知识产权局数据，从1985年至2016年12月，广州累计获得发明专利受理数126 903件，其中2016年当年就有31 892件，占20余年累计总数的1/4，当年增幅高达58.8%，增幅领先国内所有副省级以上城市；而截至2016年12月，累计获得发明专利授权数为38 322件，其中2016年当年获发明专利授权数7669件，占累计总数的1/5，当年增幅为15.7%，增幅位列国内第三。广州高度重视孵化器建设。截至2016年底，广州市科技企业孵化器数量达192家，孵化面积840万平方米，孵化企业（项目）10 407家（个），新增毕业企业1153家。与此同时，广州作为重要的国际商贸中心，业态创新居全国前列。其中跨境电商进出口总值在2015年增长3.7倍的基础上，2016年又增长1.2倍，遥遥领先于全国的增幅（38.7%），达到146.8亿元，占全国跨境电商进出口总值（499.6亿元）的29.4%，占全省的64%。

但是，与国内外先进城市比较，广州的创新力亟须提升的空间。如广州市“十三五”规划拟定2020年研究与发展经费投入强度目标值仅为3%（上海提出3.5%以上，深圳提出4.25%），广州企业创新力主体地位有待做强。在发明专利获得授权方面，广州截至2017年底的累计数居国内副省级以上城市第六位，[①]其中2017年当年获发明专利的授权数尽管创本市历史新高，但横向比较，则仅相当于上海或深圳的49.4%左右、北京的20.3%。（详细见表4-1）

表4-1 国内6大城市截至2017年12月获得国内发明专利授权数

（单位：件）

项目	北京	上海	深圳	杭州	南京	广州
历年累计数额	211 975	130 876	130 388	58 399	54 711	47 667
其中：2016年	40 602	20 086	17 665	8 666	8705	7695
2017年	46 000	20 681	18 928	9 872	10 723	9345

数据来源：国家知识产权局。

广州从东部黄埔、增城，中部越秀、天河、琶洲、生物岛，到南部大学城、番禺、南沙的创新带已初具规模。但创新带的运作需要多引擎带动。一是基于企业的创新带动，目前在创新带南部尚存不足；二是基于高校的创新带动，广州地区高校的研发创新（发明专利特别是战略性新兴产业的发明专利）与北京、上海的差距较大（在全国高校截至2016年底的有效发明专利累计数前50强榜单中，广州行政区划范围内仅2所高校上榜，而北京9所、上海4所、南京4所）。

研发经费占地区生产总值的比重是衡量城市科技创新力的一个重要指标。2016年，深圳这一比重为4.04%、北京为5.95%、上海约为3.6%、武汉与杭州都是3%、天津为2.96%、广州为2.5%。随着2016年7月国家统计

①除此处所列副省级以上城市外，苏州作为地级市，2015—2017年连续三年获得国家发明专利授权国内城市第四位，每年均超过1万件。

局宣布中国正式根据新的国际标准实施研发支出核算方法改革，研发支出计入国内生产总值，广州经济总量连续29年居全国第三的历史在2017年被改写为居上海、北京、深圳之后的第四位。

2. 国际交流能力还需增强

国际交往主要包括人、资本、文化的国际交流。目前广州常住人口中，外籍人口占比略超2%，而在中国城市中最接近顶尖全球城市的香港，这一比值目前在7%左右。从境外游客进入广州的情况看，2016年为861.87万人次，其中外国游客329.68万人次。按入境游客人次统计平均外汇收入，广州是727.7美元，全国是866.8美元；若仅按外国游客人次统计平均外汇收入，广州是1902.5美元，全国是4265.9美元，可见广州通过境外游客特别是外籍游客获得的外汇收入水平低于全国平均水平，这表明境外及外籍游客在广州的消费偏低，反映广州国际旅游业对境外的吸引力存在“旅”与“游”的某种脱节问题。

外资集聚度能够从资本及资源配置上体现城市的国际经济交往程度。广州近年实际利用外资的规模在国内副省级以上城市中居中等稍偏下水平（详细见表4–2）。

表4–2　国内部分城市近4年实际利用外资数额比较

（单位：亿美元）

年份/年	上海	天津	北京	成都	武汉	青岛	杭州	深圳	苏州	广州
2014	181.7	188.7	90.4	87.6	62.0	60.8	63.4	58.0	81.2	51.1
2015	184.6	211.3	130.0	75.2	73.4	66.9	71.1	65.0	70.2	54.2
2016	185.1	101.0	130.3	86.2	85.2	70.0	72.1	67.3	60.0	57.0
2017	170.1	106.1	243.3	100.4	96.5	77.4	66.1	74.0	45.0	62.9
四年合计	721.5	607.1	594.0	349.4	317.1	275.1	272.7	264.3	256.4	225.2

数据来源：据各市政府工作报告或统计局数据整理。

文化交流在国际对话交流中具有广泛作用。广州是岭南文化的主要代表性城市。岭南文化是中华民族历史文化的重要组成部分，我们把岭南文化的基本特征归结为“务实、包容、灵动”。这是改革开放前中期，除区位优势外，使我们能够先走一步的重要因素：务实——先干后说，只干不说，避免争论；包容——海纳百川，不斤斤计较，促进要素吸纳；灵动——得开放风气之先，善于抓机遇，引领市场潮流。但由于多干少说和不予计较的文化特点，我们对外宣传的力度长期不足。比如在20世纪八九十年代，广州在国外的知名度有所弱化，这与宣传力度不足有关。其中因素之一是“Guangzhou”取代“Canton”为城市英文名字，但没有意识到在国际社会等同于发生了城市更名，而未做更名的反复宣传①。

目前广州市政府官方网站与北京市政府官方网站一样，除汉语简体字版，还有汉语繁体字版和英文版，但区级政府的官网，目前仅有黄埔区与广州市政府官网一样开设了英语版与汉语繁体字版网站、番禺区开设了英语版官网，其余各区仅有汉语简体字版的网站，这种国际交流的信息传播力不足的情况，需要及时弥补。此外，广州还可考虑利用葡萄牙语国家及南美洲国家经贸关系在我国的国际战略中的特殊地位，可在旅游官网加设葡萄牙语版网站。②

3. 全球产业竞争力还待提升

政府作为城市资源的宏观调控方，需要更好联手企业实现产业发展的全球博弈。其中关注与介入产业结构的转型升级，是城市管理者的一种责

①对于地名的历史译法，如果已经在国外广泛运用，是不宜变更的；Canton已经是广州千年商都的国际名称，比Hongkong（香港）这种外文翻译的名字要悠久得多。广州其实是不应该更改英文名称的。

②广州旅游网有英语、日语、阿拉伯语、西班牙语、法语、韩语、俄语7种外文版网站，比上海丰富；但与北京比，少了德语版网站。

任。面对当代全球城市现代服务业占比高，并通过高端服务业发挥全球辐射力的情况，广州需要重点发展全球服务业，在金融、国际贸易等领域需要着力补短板。

广州金融业占比在国内一线城市中相对偏低。广州“十三五”规划拟定金融业增加值占地区生产总值的比重到2020年的目标值是12%，仍未达到2015年北京、上海、深圳的水平，与英国伦敦20%左右和美国纽约30%的占比距离更大；而上海目前拟定的2040年金融业发展占地区生产总值比重的目标值是≥20%，已经直接挑战一线全球金融城市的地位。

全球城市是国际贸易枢纽城市。国际贸易是广州有传统优势的产业，但2017年广州进出口贸易额相当于上海的42%或深圳的35%；特别在服务贸易方面，按2016年的国际服务贸易额统计，上海是广州的16.5倍，北京是广州的3.1倍。广州港虽然是国内第五大货物吞吐量的港口，但其外贸货物吞吐量在总吞吐量中的占比偏低，需要加大外贸吞吐量的比重，尽快提升国际贸易大港地位。2018年1—2月广州港的外贸货物吞吐量是2139万吨，占总吞吐量8871万吨的24%，该比重与宁波—舟山港的49%和深圳港的79%相比，差距较大。

四、以全球城市为目标构建全面开放新格局的战略举措

2017年10月，习近平总书记在党的十九大报告中，提出要“推动形成全面开放新格局”。广州将积极借鉴国际先进城市的开放经验，以全球城市的崭新定位，采取积极有效的举措，率先形成城市的全球竞争力、影响力，建设全球资源配置中心。

（一）必须确立开放优势领先的全球城市目标

在构建全面开放新格局上走在全国前列的要求，与全球城市的定位高度吻合。广州当前有条件对全球城市的发展目标加以明晰。

1. 广州建设全球资源配置中心即全球城市的总目标

2016年8月4日，中共广州市委十届九次全会提出，广州要“坚持开放发展，加强国际交流和区域合作，构建全球城市网络重要节点”。此后，在筹备中共广州市第十一次党代会进程中，广州市社科联根据市委要求，组织了“广州建设有全球影响力的资源配置中心研究”课题，同年10月20日，市委书记任学锋对所完成的课题报告作出批示。

2016年12月，中共广州市第十一次党代会正式提出广州要“增强全球资源配置能力，在全球城市体系中扮演更加重要的角色”。2017年11月，经评审的广州市新一轮城市总体规划之《广州总体城市设计》阐述了建设活力全球城市的理念，而全球城市就是全球资源配置的中心枢纽型城市。2018年2月，广州市政府常务会议讨论并通过了《广州市城市总体规划（2017—2035年）》，明确了2035年基本建成全球城市的发展目标。

广州建设全球资源配置中心即全球城市的总目标的内涵是：以强化国家重要的中心城市建设为基础，以粤港澳大湾区世界级城市群建设为依托，围绕全球资源配置中心的核心功能，做强全球商贸中心和国际商务枢纽、国际航运和航空枢纽、国际经济与科技创新枢纽、国际文化信息交流枢纽，完善中心城市治理体系，成为重要的国际枢纽型网络城市，建成总体素质优越、开放优势领先、具有充分活力的全球城市。

2. 广州全球城市目标战略的实施步骤

（1）起步阶段（2016—2020年）：根据党的十九大对21世纪上半叶中国发展阶段的新划分，拟订实现2035年与国家发展战略目标对接的思路与规划，并奠定2050年远景目标的基本架构。在粤港澳大湾区战略实施中，初步发挥国家中心城市协调引领作用和重要发展极功能；立足亚太、面向全球的国际商贸中心和商务服务枢纽地位进一步提升，国际航空航运枢纽及轨道交通枢纽的覆盖面和运营力显著增强，城市创新力有新的增长，国际交流对话能力有效拓展；城市营商环境进一步优化，环境生态质量持续改善，宜居宜业环境居国内前列的地位更加巩固。

（2）基本建成（2035年）：成为对全球资源配置有较大影响力的准全球城市，率先达到国家2035年基本实现现代化对国家中心城市的要求。国际性航空航运枢纽地位稳固，经济实力增长显著，人均生产总值达到6万美元以上[①]，现代大都市产业体系基本建立，成为21世纪海上丝绸之路最具全球影响力的国际商务中心之一，拥有亚太乃至全球重要的商贸、金融、物流、信息平台；城市文化软实力、创造力、传播力显著增强，对外科技文化交流合作频繁活跃，成为国际会议、展览、论坛、体育赛事和大型文化活动等国际交流活动的重要主办地或承办地；在粤港澳大湾区中的引领地位凸显，国际化人才、资本、技术和国际企业总部集聚度持续增强，在全球城市网络体系中发挥亚太区重要枢纽型节点城市功能。

（3）全面建成（2050年前）：全面建成高水平全球城市，重要指标与全球一线城市基本对接，提前达到2050年国家全面实现现代化对广州率先引领的要求。国家中心城市功能全面发挥，经济实力居国际前列，人民生活水平与生活质量达到发达国家先进城市水平，人均生产总值达10万美元以上；产业结构层次与国际一线城市基本看齐，制造业智

①在本章内，涉及经济总量或人均生产总值以美元测量的，均以当前美元价格为依据。

能化、服务化水平领先；国际商务活动层次高，营商环境居国际先进水平，成为跨国公司总部的主要聚集地之一，国际商流、物流、金融流、信息流、人流高度活跃，卓著的全球商务枢纽、国际航运和航空枢纽、国际经济与科技创新枢纽、国际文化信息交流枢纽功能全面实现；城市治理体系与治理能力现代化水平领先，环境质量达到世界先进水平，在全球城市体系中发挥重要枢纽型节点城市效能，在主要的全球城市评价体系中进入全球前20名。

（二）开创广州建设全球城市全面开放新格局的战略举措

广州建设高水平开放的全球城市，一定既要有立足广州做强内在素质的务实风格，又要有跳出广州、以全球城市视野对广州实施高水平国际化治理的充分考量；后者同时也体现了广州作为中国第一梯队城市，所应该具备的代表国家参与全球对话、全球治理的能力。

1. 着力创造条件提升全球经济要素的配置能力

（1）开辟国际商务服务新路径。提升广州国际商贸中心国际化程度，广州除了要更多沟通海内外市场、做大内地与境外贸易规模之外，还应该进一步提升视野，向国际商务枢纽转型。一是构建第三方服务的平台与机制。要从主要从事“中—外”贸易，向同时拓展“外—中—外”和服务“外—外”贸易转变，使广州不仅发挥中国对外贸易的重要口岸作用，也发挥服务全球各方贸易的第三方平台作用，这对于广州全球资源配置和全球市场深度介入，有着重大意义。其构建的首先切入点可以考虑为海上丝绸之路沿线国家的贸易牵线搭桥，以后逐步扩大服务面。二是形成一批运营国际商务服务的企业。发挥广州电商外贸优势，引导一批企业分离商品（货物）贸易与服务贸易业务，形成开展专业化国际商务服务业务的企业群体，发展线上线下结合的多语种、全方位的国际商务服务体系，在鼓励外资进入该领域发展的同时，培育植根本土的大型国际商务服务集团。三是打造高水平对外开放门户枢纽。目前，广州南沙被定位为高水平对外开放门户枢纽，建设南沙新区、自贸试验片区，是机遇，更是挑战。南沙要以新发展理念为导向，以国际航运、贸易、金融和创新型门户枢纽为抓手，建设与自贸试验区功能定位相匹配的现代产业体系，构建与国际接轨的体制机制，成为粤港澳大湾区国际化高端资源集聚与辐射的中心枢纽，建成高水平对外开放支撑作用突出的广州城市新核。争取在2020年前后，按照党的十八届三中全会提出的“在推进现有试点基础上，选择若干具备条件地方发展自由贸易园（港）区”和党的十九大再次明确的“赋予自由贸易试验区更大改革自主权，探索建设自由贸易港”的意见，加快建成自由贸易港（区）。

（2）在国内领先基础上优化国际化、法治化、市场化营商环境。广州的营商环境在我国内地领先，但由于中国整体营商环境在全球排位相对靠后（根据世界银行2017年10月31日发布的《2018年营商环境报告》，中国大陆排位七十八，而中国香港排位第五），所以广州的领先地位与国际一流城市相比，差距仍然存在。广州应该通过粤港澳大湾区建设，更多借鉴香港营造先进营商环境的经验。广州下一步营商环境优化的重点：一是在市场进入方面，继续提供更便利化的营商服务；二是加强市场运行的监管，要进一步按照法治化要求，根据不同类型的企业和所属行业，完善其市场行为过程及行为结果的监管制度与监管方法，争取在这方面的制度上领先全国；三是可以牵头举办营商环境建设方面的国际性论坛，既可做到与国际经验的交流，又可争取到广州在这个领域的更高层次的话语权。

（3）国际资源配置要重视外资在广州的集聚度。广州的外资利用规模、利用范围，均与广州目前的经济规模和丰富的行业门类不对称。

要着力开拓利用外资的渠道和领域，提升国（境）外优质企业、优质资本在广州的集聚度。一是紧扣广州建设国际航运航空枢纽的战略，不仅引入国外航运航空企业设置各类总部或基地，而且应当开放航运航空港的建设项目，形成基础建设中的多元投资格局，既可加快建设进程，也为后续运营主体的多元化的顺利过渡创造条件。二是在外资引入时不仅关注世界500强企业，还应关注新兴产业和国际商务服务类等我方相对需要加快发展的领域，或者我方需要补足的短板。例如在此前广州市“十三五”规划未提及的引进海外企业研发总部的问题，现在必须加强。三是引入国外优质的高等教育机构，目前在深圳、汕头、珠海等省内城市已有国外或境外高等学校进驻（合作）办学，广州更需要选择国外高水平大学开展高端人才培养，选择时应该考虑学科结构是否符合广州发展先进制造业和现代服务业，避免过多长线专业设置。

2. 增强本土企业实力，夯实开放发展的内生基础

企业是最重要的资源配置的市场主体，是实施市场资源配置的主动因素。因此，城市的资源配置实力需要通过企业实施，并取决于企业整体实力。企业实力的增强对广州尤其重要。企业实力增强包含两个方面：企业的做大和企业集群的做大。因此，我们不仅要鼓励和引进包括外资与内资的大企业，更要鼓励和支持本土中小企业的成长。我们注意到日本东京在2014年的规划中并没有涉及大企业的指标，却特别提出帮助更多中小企业进入增长中的行业以及帮助它们扩大进入国际市场的数量目标。

广州增强本土企业实力的工作重点：一是要鼓励单个企业在生产经营方面上规模，在治理水平方面上档次。目前除了广州市占比特别高的个体户不愿意转型为法人企业，以致法人企业数量明显低于北京、上海、深圳外，还存在着广州的法人企业研发机构设置比例不高的问题，

所以未能像深圳那样使企业真正成为研发的主体力量。按照一般规律，企业的公司化水平越高、企业的规模越大，越有必要和可能设置研发部门，所以需要政策激励企业转型升级。二是针对中小企业比例肯定远高于大企业的情况，组建成熟的产业网络。帮助中小微企业，借助产业网络的协同关系，分解自身的非核心业务和非主要功能，以利突出凝练自身核心业务、核心功能的市场竞争力。这种产业网络结构，不仅实现了中小微企业提供相互服务，而且发展了大批专业服务机构；相比企业自我服务，这种专业的、深化的服务机构可以大大提升企业获得的服务产品的质量，政府也可以加强产业网络体系的组织和政策指导，帮助企业开拓市场和增进效益。

3. 全面扩展国际性枢纽型网络城市功能

目前，广州的空港、海（河）港建设步伐很快，从硬件设施到航线和通航港口的数量都在明显增长，这是符合国际交通枢纽功能要求的正确举措，需要继续着力推进。

（1）注重航空航运枢纽的国际性市场主体建设。其重点是要特别加强总部经济的布局，大力引入国际性航空、航运企业的总部（区域、职能等总部），以及围绕航空、航运业务提供专业服务的企业总部（如维修保养、航运航空金融、物流等商务服务业总部）。目前在开发建设阶段，如南沙港口，主要依靠国企，今后则需要更多引入国际企业的总部驻点并参与经营，以提升这些交通枢纽的“全球”属性。

（2）围绕航空航运枢纽功能，打造国际协作平台。基于中国致力引领经济全球化健康发展、实现世界经济再平衡、促进正和博弈关系和包容性发展，同时也提升广州的全球地位，广州这个国际航空航运枢纽需要及时谋划建立一定口径的国际航空公司、机场的合作机制，国际航运公司、港口的合作机制，国际航空航运大数据处理的共享、合作机制，国际航空航运商务服务体系的共享、合作机制，国际城市快捷公交体系的交流、合作机制，等等，并着力发挥组织引领作用。

（3）加强作为全球城市的内外疏通效能。全球城市的高效、便捷的互联互通体系，不仅对其外部世界的联结是必要的，而且对其内部的城市运作也是必要的。许多全球城市的市内交通线路、站点设计都考虑了国际性来客的感受。对于长期定居的市民，美国纽约等一些全球城市在规划中就把缩短平均通勤时间的目标数值加以确定。所以，要既优化规划布局，又优化管理水平，最大限度发挥综合交通网络输送能力，完善区域主要交通枢纽的承接转送能力，降低运输、物流和人们出行、中转的时间成本与经济成本。广州在物流主要集散地的布局和广州公共客运交通内部衔接的快捷性等方面，都还有优化的迫切需要。由于历史原因，广州市以往在机场与主要铁路交通枢纽（含高铁）的布局上没有完善的、前瞻性的整合规划；市内地铁规划思路基本是走一步看一步，如琶洲作为国际会展中心的定位较早已经确定，但当时却没有同时把它规划为主要的城市轨道交通枢纽之一。因此，城市交通体系的优化，要避免少数人决策、避免片面的土地开发与房地产导向，同时要改造轨道交通节点的安排，提升若干主要节点的多线路集散功能。

4. 建设国际经济贸易能量更强的全球城市

广州在国内对外贸易方面的地位还需进一步巩固，才能更充分体现全球城市对国际市场的商流物流的深度介入并发挥影响力。

首先，在广州电商外贸领先国内的情况下，继续做大国内外电商贸易企业实力。要发展相关企业集群，发展配套的、先进的智能化、规模化的第三方物流基地，鼓励、支持本土电商外贸企业“走出去”建立海外仓，发展海外配送体系；同时在本土进一步鼓励服务于电商外贸的生产性服务业相应发展；率先参与拟定和完善电商外贸的有关规管体系

（标准），争取奠定在该领域的话语权。

其次，要加快服务贸易领域的深化发展。做好服务贸易产业园区规划建设。在做大国际服务外包（性质属于服务产品的加工贸易）的同时，要着力培育自身知识产权的服务产品的对外输出（即一般贸易意义上的服务出口）。前者的重点可面向港澳地区、欧美国家，后者的重点可针对东南亚、西亚、中东等地，特别是对沿海上丝绸之路的商贸环节及基础设施建设环节进行拓展。

再次，要构建更完善的国际贸易合作机制。围绕海上丝绸之路的概念，着力扩大与海外空港、海港城市的合作关系，建立互惠互利的商贸运输物流的合作组织，形成企业间、行业间、口岸间的合作纽带，发展外贸合作机制，减少贸易摩擦。

5. 持续增强城市国际文化开放交流的能力

文化是城市可持续发展的灵魂，是全球城市普遍重视打造的核心竞争力。广州是国家历史文化名城，并且已经明确“十三五”期间要“建设成为有文化底蕴、有岭南特色、有开放魅力、文化综合实力居全国前列的文化强市，构建枢纽型文化网络体系，建设岭南文化中心，培育世界文化名城”。

（1）重视广州独特文化基因，加强城市对外宣传工作。广州在国内一线城市中具有独特的文化基因：从两千年的海上丝绸之路枢纽城市所孕育的商贸文化，到近40年的改革开放先行先试的文化观念；从近代以来的民族复兴和民主共和文化，到近百年间的现代红色革命文化；从古代南越历史悠久的岭南文化传承，到当今全球视野的多元、包容性文化，在中国甚至世界范围，广州具有这样丰富的综合文化素质，在世界城市中也是首屈一指的。

（2）改造提升城市的文化国际显示度。首先，建议广州市所有区局级的官网，全面实施中、英双语网站建设；各区文化旅游网站的设置应该按照至少“双语（中文简体+英语）+繁体汉字”开设，并鼓励各区（特别是南沙、黄埔、天河、越秀、荔湾等区）增加其他外语语种。其次，要从“大文化”概念出发，推行“文化+”模式。要全面引导各行业对文化的关注和运用，从城市建筑风格、地标地名、公共服务窗口对国际语言文化的运用到文化创意产业及其对其他产业的改造与渗透等，如目前在某些地铁车厢、有轨电车上使用的文化推广方式反响就不错。再次是在打造世界文化名城的对外宣传中，需注意处理好“越有民族性就越有世界性”和多元和谐包容性文化的并举关系。加强文化产品与服务的市场拓展，组织粤文化产品（含非物质文化遗产的承继产品）的国内外巡展，开发推广粤文化的旅游纪念品，等等。要以文化的整合推广增强广州城市文化凝练与聚集，增强其对国际旅游者的吸引力。基于文化与旅游具有很强亲和力，旅游者最关注的一是人文景观，二是自然景观，其中的关键在于吸引力，而特色与服务就是打造吸引力的两大抓手，必须下足功夫。为此，建议组建文化旅游委员会，整合文化与旅游的资源和管理力量，做强配套服务，实现文化推广和国际旅游收入的双赢。

（3）做大国际会议会展的影响力。国际会议会展是开展国际对话交流的重要渠道和平台。广州与国际一流会议会展城市如德国的法兰克福、汉诺威及美国的芝加哥等，在举办国际会议会展的数量和档次上，存在很大差距。总体上，广州要做强国际会议会展，还需要多方面努力。一是国际会议会展运营企业的水平需要加快提升。为增加优质的品牌会展，需要引入国际一流会展企业进驻广州，以利加快广州的国际会展的数量和组织会展的质量，尽快使广州跻身国际一流会展城市的群体。二是需要完善广州会议会展核心区的交通枢纽建设。吸取国际著名会议会展城市在打造会议会展中心的交通、信息便利度方面的经验，反思广州前期对琶洲国际会展中心的交通枢纽构建不到位的问题，加快构建良好的服务会议会展区的交通枢纽。三是继续积极争取国际重要会议会展的举办机会。2017年广州获得《财富》全球论坛的举办机会，这为以后在广州举办有全球影响力的国际会议会展，具有重要的里程碑意义。四是开创新的常设性国际品牌会议会展。鉴于广交会的影响力相对有所下降，同时参照国际性品牌会展的专业化趋势，广州要立足构建当今世界新产业、新业态、新领域的新型品牌会展，以及符合广州定位的品牌会议会展，争取在全球会议会展的舞台上扮演新的重要角色。建议创办世界智能制造、知识服务、非物质文化遗产等领域的会议会展品牌。

6. 进一步提升国际城际合作层次

在全球城市体系进入网络化时代，城市间的关系进入重组期，在传统的以地域范围划分的城市群之外，新成长起基于网络联结而形成的不同层次的国际城市组团，即跨越地理区域局限的新城市群，“物以类聚、城以群分”的新状态愈益明显，广州构建开放型经济新格局的重要任务在于加强与全球城市主要的枢纽型网络节点城市，特别是中枢型全球网络节点城市的紧密联系，并以进入全球高端城市群组的实际绩效，占领世界开放经济格局的制高点。

（1）要与居于世界城市体系前列的全球城市之间建立更多的有显示度的交流与合作项目。比如创办全球城市国际对话会之类的活动，除综合性项目外，可借力《财富》全球论坛之类具有全球商界、政界影响力的高端论坛，还可以多设专门性项目，比如“全球城市金融对话”“全球城市商会年会”“全球城市文化交流”等项目。

（2）持续优化广州的友城结构，并建议开展与全球主要城市或友城之间对等的人员交流项目。人员交流可以是双向对口交叉挂职，也可以是人员数量对等但岗位不对称交流，还可以是总量大致对等但国别不对等交流。例如日本东京的规划拟到2024年实现每年250个与国外城市间人员对等互换的交流项目。

（3）把构建国际科技文化交流与引领创新的门户枢纽作为南沙对外开放门户枢纽的功能之一。建议在南沙搭建以粤港澳大湾区高端城际资源集聚为底蕴的国际交流平台，创办一批交流项目，以国内外政府、行业组织、企业、科研机构、商界与学界的交流活动为媒介，构建长效的交流品牌，以创新促交流，以交流促创新。在这个过程中，发展起粤港澳大湾区协调发展的门户枢纽功能。

（董小麟、陈龙江、刘洪铎）

第五章

改革开放以来广州城市建设与发展研究

城市是现代经济社会发展的空间载体，一个城市的建设水平也反映了经济社会发展的水平。改革开放40年来，广州城市建设取得巨大成就，城市面貌日新月异，由省会城市和区域中心城市发展成为国家中心城市。尤其是党的十八大以来，广州贯彻落实新发展理念，“撸起袖子加油干”，城市建设水平、综合竞争力和国际影响力明显提升，国家中心城市功能显著增强，成功刷榜多个国际城市排名榜和跻身全球一线城市，市民对环境的满意度再创新高。迈向新时代，广州将以习近平新时代中国特色社会主义思想为统领，以人民为中心，以新发展理念为指导，抓住粤港澳大湾区建设机遇，发挥核心城市引领作用，高标准建设、高质量发展、高水平治理，加快现代化建设步伐，建设成国际一流的引领型全球城市。

一、改革开放以来广州城市建设的发展历程

党的十一届三中全会召开标志中国进入了改革开放的新时期，随后广州被列入全国14个沿海开放城市之一。广州城市发展定位日益完善，城市建设速度不断加快。按照不同时期城市功能定位，可将改革开放40年来广州城市建设的历程分为四个阶段：

（一）沿海开放城市建设（1978—1991年）

改革开放初期，为了探索改革开放的新路，党中央、国务院确定广东作为全国改革开放综合试验区，广州作为改革开放综合试验区的中心城市、沿海开放城市，担负起了改革开放先行一步的重任。1979年6月，广州市委三届二次常委扩大会议提出“把广州建设成为一个以轻工业为主，原材料工业、支农工业协调发展，科学文化、对外贸易和旅游事业发达的现代化城市”①。1984年，广州被国务院列为全国沿海港口城市、计划单列市和经济体制综合改革试点城市之一，体现了广州在全国改革开放战略布局中的重要地位。为了更好地发挥广州作为华南地区中心城市的作用，1986年3月，广州制定的“七五”计划中明确指出“把广州建设成为具有强大的内外辐射能力、高度文明、多功能的社会主义现代化中心城市”，拉开了建设现代化中心城市的帷幕。

围绕建设现代化中心城市的目标，按照改革开放要求，广州推出一系列城市建设创新举措。一是加快城市产业功能区建设。为了大力发展外向型经济，加快利用外资及引进先进技术和先进设备的步伐，于1984年4月成立了广州经济技术开发区。1991—1992年又先后成立了广州天河高新技术产业开发区、广州保税区、广州南沙经济技术开发区等不同产业功能区，加快了从化、增城和花县（今花都）的开发区、加工区建设。不同类型的开发区成了吸引外资、引进技术的重要空间载体。二是加快新城区的开发和扩建。1980年，明确把天河、芳村作为新城区发展的重点，将天河作为未来广州的新城市中心来发展。1987年天河体育中心建成，并成功举办第六届全运会。随后，广州经济技术开发区、黄埔大沙地、芳村区和白云区部分镇也列为发展重点，加快新城区开发建

①柳宏秋，赵卫权，许永舜．广州现代化大都市建设的探索和实践［M］//舒扬，陈如桂．2007年：中国广州城市建设发展报告．北京：社会科学文献出版社，2007：96-113.

设。三是加快城市基础设施建设。对广州总体城市道路规划进行调整和深化，扩建和新建城市主干道，修建跨江大桥，增加立体化交通设施，加快城市公共服务基础设施建设步伐。四是建立和推行城市管理目标责任制，进一步加强城市管理机构和执法队伍建设，基本形成了市、区、街（镇）三级城市管理网络。

随着改革的不断深入，广州经济实现跨越式发展，城市建设步伐加快，中心城市功能不断增强。1978—1991年，广州地区生产总值从43.1亿元增加到386.7亿元，增长了7.97倍，城市综合实力跃居全国城市第三位。国内外海陆空联运网络逐步扩大，广州港年吞吐量达4668.39万吨，白云机场年旅客吞吐量达744.58万人次。城市生态环境不断优化，1992年广州荣获“全国城市环境综合治理十佳城市”称号。1990年和1992年广州先后被评为全国“十佳卫生城市”。这一阶段的广州经济发展和城市建设为区域中心城市建设奠定了良好基础。

表5-1　1978—1991年广州城市建设主要指标情况

主要指标	1978年	1991年	增长
常住人口规模	524.44万人	602.22万人	14.8%
常住人口密度	446人/平方千米	810人/平方千米	81.6%
地区生产总值	43.09亿元	386.67亿元	797.4%
人均地区生产总值	100元	367.78元	267.8%
地均国内生产总值	36.66万元/平方千米	520.11万元/平方千米	1318.7%
机场旅客吞吐量	662万人次	745万人次	12.5%
港口货物吞吐量	1950.20万吨	5656.90万吨	190.1%
城市（市区）道路面积	342万平方米	1093万平方米	219.6%
自来水管道长度	1801千米	3028千米	68.1%
公园个数	20个	26个	30.0%
公园面积	625平方米	1036平方米	65.8%

数据来源：《广州50年》。

（二）区域中心城市建设（1992—2000年）

1992年春天，邓小平视察南方，发表重要讲话，希望广东争取用20年时间赶上“亚洲四小龙”。1992年10月，党的十四大提出“力争经过二十年的努力，使广东及其他有条件的地方成为我国基本实现代化的地区”的战略目标。1993年，广州市委、市政府制定了《广州市十五年基本实现代化总体发展方案》，提出要“初步建成具有强大内外辐射能力的现代化国际大都市”。20世纪90年代中期，亚洲金融风暴使东南亚国家经济受到重创，给广州引进外资和外贸出口带来不利影响。加之中国短缺经济时代的结束和轻型加工工业能力的过剩，导致经济结构性矛盾日益突出，政策优惠发生倾斜；国家发展战略重点向上海浦东和中西部地区转移。在新形势下广州提出要在“金融、科技、教育、信息、商贸、交通、文化、旅游等方面成为区域中心”。1999年，广州市委、市政府首次提出建设适宜创业发展和适宜生活居住城市的发展目标，并将这一目标列入广州“十五”规划。

围绕城市总体定位目标，广州采取了相应战略调整及措施，主要有：一是实施可持续发展战略，建设“两个适宜”城市。1998年5月，广州市政府发出《关于实施广州21世纪议程的通知》，要求必须实施可持续发展战略，坚持经济建设、城乡建设和环境建设协调发展的方针。广州“十五”规划进一步提出：把广州建设成为可持续发展的、最适宜创业发展和生活居住的山水生态城市，从大区域出发营造“山、城、田、海”生态格局。二是根据产业发展战略，优化产业空间布局。按照“三二一”方针整体引导产业转型升级，对工业结构实施战略性调整，培养布局电子信息、汽车、石油化工三大制造业基地。三是完善城市基础设施体系，建设大型文体设施。加快推进环城高速路、内环路、北二环路、机场高速路、广园东路、内外环联接线、地铁1号线和2号线、广州白云国际机场等15项跨世纪重大工程建设，形成以机场、港口、铁路枢纽、高速快速路网和轨道交通为主骨架的现代化枢纽型基础设施体系。广州新体育馆、广州艺术博物院、广州大剧院等一批大型文体设施相继建成。四是加强城市环境建设，提升城市形象。1998年开始启动“一年一小变，三年一中变，2010年一大变”的城市环境建设工程，创建国家环境保护模范城市。五是深化城市管理体制改革，增创城市管理新优势。全面推进“两级政府—三级管理—四级网络”新型城市管理体制，推进社区建设，提高城市现代化管理水平。

“九五”时期，在受到亚洲金融风暴的影响和面临国内外严峻经济形势情况下，广州经济仍然保持两位数的增长率。到2000年，广州地区生产总值和人均地区生产总值达到2383.07亿元和3.45万元，分别位居全国（不含港、澳、台）主要城市第三位和第二位。城市空间布局进一步拓展，新旧城区改造和东南部新城区开发进程加快。国家级经济技术开发区和保税区有效地发挥了对外开放的窗口和基地作用，推动了全市整体对外开放。广州白云国际机场、地铁、环城高速公路等一批重大基础设施工程相继铺开，初步构建起现代化中心城市交通主骨架。城市面貌焕然一新，2000年广州荣膺“国际花园城市”称号，2002年广州被授予“联合国改善人居环境最佳范例（迪拜）奖”。

表5-2　1992—2000年广州城市建设主要指标情况

指标	1992年	2000年	增长
常住人口规模	612.20万人	700.69万人	14.5%
常住人口密度	823人/平方千米	942人/平方千米	14.5%
地区生产总值	510.70亿元	2492.74亿元	388.1%
人均地区生产总值	446.63元	25626元	5637.6%

（续表）

指标	1992年	2000年	增长
地均国内生产总值	686.95万元/平方千米	3352.99万元/平方千米	388.1%
机场旅客吞吐量	605万人次	1279万人次	111.4%
机场货邮吞吐量	17.14万吨	49.19万吨	187.0%
港口货物吞吐量	6476.93万吨	12455.00万吨	92.3%
港口集装箱吞吐量	18.04万标准箱	142.98万标准箱	692.6%
城市（市区）道路面积	1118万平方米	2805万平方米	150.9%
地铁营运线路长度	0千米	18千米	—
自来水管道长度	3425千米	5169千米	50.9%
公园个数	29个	72个	148.3%
建成区绿化覆盖率	33.97%	31.6%	-7.0%

数据来源：《广州统计年鉴（2001）》《广州50年》。

（三）现代化大都市建设（2001—2011年）

迈进21世纪后，全球范围内区域经济一体化迅速发展，中国成功加入WTO，中国—东盟自由贸易区正式启动，中央政府与香港特别行政区政府共同签署了CEPA，广州迎来对外开放新格局，城市建设也迈入新阶段。2000年，广州首开国内大城市先河，制定了《广州城市建设总体战略概念规划纲要》[①]，提出“南拓、北优、东进、西联”的城市发展方针（简称“‘八字’方针”），构筑多中心、组团式、网络型的城市空间格局，拉开了新世纪“大广州”战略的序幕。2003年，广东省委、省政府提出“围绕全面建设小康社会，加快率先实现社会主义现代化目标，

①李萍萍，吕传廷，袁奇峰，等．广州城市总体发展概念规划研究［M］．北京：中国建筑工业出版社，2002.

以提高城市综合竞争力为核心，全力推进工业化、信息化、国际化，精心打造经济中心、文化名城、山水之都，进一步把广州建成带动全省、辐射华南、影响东南亚的现代大都市”的目标要求。2006年颁布的广州“十一五”规划，强化了建设现代化大都市的发展目标。在改革开放30年之际，国务院颁布的《珠江三角洲地区改革发展规划纲要（2008—2020年）》，明确要求广州要强化国家中心城市、综合性门户城市和区域文化教育中心的地位，把广州建设成为广东宜居城市的“首善之区”和面向世界、服务全国的国际大都市。

从“区域中心城市”到“现代化大都市”，是战略目标的升级。为此，广州采取了一系列发展战略及相应措施以推动目标的实现：一是拓展和优化城市发展空间，构建大都市空间格局。2000年提出城市发展“八字”方针，珠江新城、大学城等功能区启动建设，大量产业板块或功能新区在中心城区外围迅速形成，多中心、组团式、网络型的大都市区空间架构初步形成。2007年，在原城市发展的“八字”方针基础上增加“中调”战略，通过深化旧城区综合改造，抓好城市中心区、副中心和各组团功能定位配套设施建设，促进城市整体功能优化。二是撤市设区，消除“大市管小市”的弊端。2000年，撤销番禺市和花都市，设立番禺区和花都区；2005年，撤销东山区和芳村区，设立南沙区和萝岗区。三是引领产业布局的调整优化。借行政区划调整之机，调整城市产业布局结构和土地资源配置方式，为产业结构调整提供了充足的空间。2000年以后，汽车、石化、电子信息制造业发展迅猛，成为广州的支柱产业；商贸物流、会展等服务业也逐渐成为广州经济发展的主导产业，广州服务业中心地位不断强化。四是推进重点基础设施项目建设。推动落实广州白云国际机场、广州南站等城市外围的多项重点项目，加快建设以机场、港口、铁路枢纽、高速快速路网和轨道交通为主骨架的现代化枢纽型基础设施体系。五是建设花园城市。实现“2010年一大变”的城市环境建设工程，开展了大规模的城市环境综合整治，建设具有国际水平的宜居花园城市。六是实施区域合作发展战略，提升广州的辐射带动能力。2009年广佛两市签订《广州市佛山市同城化建设合作框架协议》，提出广佛同城化发展引领珠三角地区发展。抓住CEPA实施机遇，积极推进泛珠三角（9+2）区域开展经济合作，拓宽广州经济发展的腹地，增强了广州在区域合作中的综合服务功能。

从“十五”时期到“十一五”时期，广州综合实力跃上新台阶，区域性中心城市的发展目标已基本实现，在国内外的影响力也日益增强。一是经济发展实现历史性跨越，综合实力显著提升。2010年广州地区生产总值突破1万亿元，达10 604.48亿元，人均地区生产总值超10万元。二是城市功能空间结构进一步完善，多中心空间体系逐步确立。城市发展“八字”方针实施后，市区面积由原来的1443.6平方千米扩大到3718.5平方千米，广州也由沿江城市变为沿海城市，现代化大都市面貌初步显现。三是城市功能日臻完善，金融、商贸、会展、物流等综合服务功能不断增强。国际交通枢纽地位提升，2010年，机场旅客吞吐量突破4000万人次，跻身世界前15名；港口货物吞吐量、集装箱吞吐量分别突破4亿吨和1200万标准箱，均居世界前6名。四是城市环境面貌发生巨大变化，国际大都市形象显著提升。2010年，广州完成“十年一大变”目标，荣获“国家环境保护模范城市”“国家卫生城市”“国家园林城市”“国家森林城市”称号，获得世界水资源论坛水环境治理奖第一名和“世界可持续交通奖”。

表5-3　2001—2011年广州城市建设主要指标情况

指标	2001年	2011年	增长
常住人口规模	712.6万人	1275.14万人	78.9%
常住人口密度	958人/平方千米	1715人/平方千米	79.0%
地区生产总值	2685.76亿元	12 423.44亿元	362.6%
人均地区生产总值	40213元	97 588元	142.7%
地均国内生产总值	3612.61万元/平方千米	16 708.50万元/平方千米	362.5%
建成区面积	259.10平方千米	1249.11平方千米	382.1%
机场旅客吞吐量	1383万人次	4504万人次	225.7%
机场货邮吞吐量	53.16万吨	152.92万吨	187.7%
港口货物吞吐量	13539万吨	44 769.53万吨	230.7%
港口集装箱吞吐量	227.62万标准箱	1442.11万标准箱	533.6%
铁路客运量	2708万人次	10 500万人次	287.7%
城市（市区）道路面积	5270万平方米	10 032万平方米	90.4%
地铁营运线路长度	18千米	236千米	1211.1%
自来水管道长度	10 825千米	16 715千米	54.4%
公园个数	125个	236个	88.8%
建成区绿化覆盖率	31.44%	40.30%	28.2%

数据来源：广州2002—2012年各年度的统计年鉴。

（四）国家中心城市建设（2012年至今）

党的十八大以来，广州围绕建设国家中心城市的目标，科学把握“五位一体”总体布局和“四个全面”战略布局，全面推进城市发展。2014年8月，中共广州市委十届九次全会提出了“尊重城市发展规律，围绕国家重要的中心城市总目标，着力建设枢纽型网络城市，提升适宜居住、适宜创新创业创造的城市品质”等目标。2015年《广州市国民经济和社会发展第十三个五年规划纲要》强调“三中心一体系”[①]建设，重点建设“三大战略枢纽”[②]，优化提升“一江两岸三带”[③]，形成“多点支撑”格局，拓展城市发展新空间。2016年2月，《国务院关于广州市城市总体规划的批复》将广州定位为“广东省省会、国家历史文化名城，我国重要的中心城市、国际商贸中心和综合交通枢纽”。

围绕强化国家中心城市功能，广州坚持五大发展理念，在城市建设领域推行了一系列举措：一是推进枢纽型网络城市建设。围绕形成枢纽型网络城市格局，科学布局建设城市空间枢纽与节点、网络与连接，优化城市形态，凸显城市特征，强化城市功能。打造精品珠江，优化提升“一江两岸三带”。创建一批国家级、省级名镇名村，建设一批美丽乡村。二是加快三大国际战略枢纽建设。实施“枢纽+”战略，建设国际航运、航空、科技创新枢纽。南沙港三期建成投产，建设无水港及办事处，新增国际友好港和国际班轮航线。建设国际航空枢纽重点工程项目，国家级临空经济示范区获批。加快国际科技创新枢纽重点工程项目建设，推进琶洲互联网创新集聚区10个项目开工建设。三是加快国际性综合交通枢纽建设。广州国际性综合交通枢纽建设纳入国家“十三五”规划，加快广州白云国际机场扩建、南沙港三期、国家铁路、城轨、地铁、高快速路等一批重大项目建设。实施“互联网+”行动和大数据战略，建设国家新型智慧城市先行区。四是统筹城乡区域发展。持续系统推进差异化城市更新，补齐城乡基础设施和基本公共服务短板。实施农村振兴计划，促进“三化融合”，全面加强“三农”工作。促进广佛肇清云韶融合发展，加强粤港澳和泛珠三角合作，做好对口支援帮扶，促

①指国际航运中心、物流中心、贸易中心和现代金融服务体系。

②指国际航运枢纽、国际航空枢纽和国际科技创新枢纽。

③指珠江两岸经济带、创新带、景观带。

进区域联动发展。五是持续改善城市环境。坚持把生态文明建设放在突出位置，建设干净整洁、平安有序城市环境。深入实施“河长制”，实施广佛跨界河涌整治工程。推进新一轮“绿化广东”大行动和花城绿城建设，成功创建全国绿化模范城市。六是加大社会治理创新力度。推广“民主协商、一事一议”基层治理经验，一村（社区）一法律顾问全面落实，采取社区、社会组织、专业社工“三社联动”服务社区居民。“政府主导、社会协同、项目运作、专业服务”的社工发展模式在全国推广。

2012年以来，城市建设发展取得显著成就，广州国家中心城市地位进一步增强。一是城市综合实力迈上新台阶。广州经济总量从1978年的43亿元增长到2017年的超过2万亿元，年均增长速度超过13%，人均地区生产总值从970元增加到15万元。二是城市产业功能格局不断完善，广州开发区持续位居全国国家级开发区前列，南沙新区、南沙自贸试验区建设上升为国家战略，琶洲互联网创新集聚区、国际金融城等一批新的产业发展载体建设全面铺开。三是国际交通枢纽地位不断增强。空港、海港、铁路港、信息港等一批基础设施建设全面提速，2016年港口货物吞吐量5.4亿吨，集装箱吞吐量1875万标准箱，分别位居全球第六位、第七位；机场旅客吞吐量5968万人次，货邮吞吐量163.8万吨，均位居国内主要机场前列。四是城市环境不断改善。绿化美化水平持续提升，荣获全国国土绿化突出贡献奖。2016年联合国开发计划署发布人类发展指数，广州蝉联全国第一。垃圾分类处理荣获联合国“中国城市可持续发展范例奖”，成功创建全国首批生活垃圾分类示范城市。

表5-4 2012—2016年广州城市建设主要指标情况

指标	2012年	2016年	增长
常住人口规模	1283.89万人	1404.35万人	9.4%
常住人口密度	1727人/平方千米	1889人/平方千米	9.4%
地区生产总值	13 551.21亿元	19 547.44亿元	44.2%
人均地区生产总值	105 909元	141 933元	34.0%
地均国内生产总值	18 222.81万元/平方千米	26 272.03万元/平方千米	44.2%
建成区面积	1009.71平方千米	1249.11平方千米	23.7%
机场旅客吞吐量	4831万人次	5974 万人次	23.7%
机场货邮吞吐量	163.44万吨	215.92 万吨	32.1%
港口货物吞吐量	45 125.15万吨	54 437.45万吨	20.6%
港口集装箱吞吐量	1474.36万标准箱	1885.77万标准箱	27.9%
铁路客运量	10 703万人次	14 348万人次	34.1%
城市（市区）道路面积	10 140万平方米	11 525.4万平方米	13.7%
地铁营运线路长度	236千米	316千米	33.9%
自来水管道长度	16 739千米	22 266.2千米	33.0%
公园个数	238个	247个	3.8%
人均公园绿地面积	15.5平方米	16.8平方米	8.4%
建成区绿化覆盖率	40.5%	41.8%	3.2%

数据来源：广州2013—2017年各年度的统计年鉴。

二、改革开放以来广州城市建设取得的成就

经过40年的改革开放，广州城市建设取得了举世瞩目的成就。“大广州”城市空间格局形成，国家综合交通枢纽功能增强，生态城市建

设卓有成效，城市精细化管理成绩显著，区域一体化进程加快推进，城乡环境显著改善，人民生活水平不断提升，国家中心城市影响力不断提高，并已跻身全球一线城市之列。

（一）推动城市由外延拓展向内涵提升式发展转变，国家中心城市功能显著提升

广州持续推进城市空间布局调整，实现从单中心城市空间结构向多中心转变，城市综合服务功能和国际影响力不断增强。GaWC（全球化与世界级城市研究小组及网络组织）发布的2016年世界级城市名册显示，广州已进入全球一线城市并排名第40位，2016、2017年连续两年被列为普华永道《机遇之城》中国版第一名，荣获“中国可持续发展范例奖”等奖项，市民对城市环境的满意度更创新高。

1. 大都市空间格局不断优化

广州行政区划经过几次大的变动与调整，实现了小区合并、大区分解，大胆探索开发区行政区划体制建设，降低了行政管理成本，提高了行政管理效率，促进行政区划空间与城市发展战略规划的有效衔接，优化城市空间结构，释放城市经济社会发展空间，为大都市空间格局的形成奠定了基础。2000年6月，番禺、花都撤市设区，由此，广州市辖10个区和2个县级市，市辖区面积从1443.6平方千米扩大到3843.43平方千米。2005年4月，撤销东山区，并入越秀区；撤销芳村区，并入荔湾区；设立南沙区、萝岗区。2014年2月，萝岗区和黄埔区合并为新黄埔区，从化市、增城市撤市改区，广州从“10区2县级市”变为“11个城区”的格局。市辖区面积从3843.43平方千米跃升至7434.4平方千米，“大广州”

格局最终形成。[1]改革开放以来，广州大都市空间格局不断优化，逐步由单一中心、圈层式城市空间格局向多中心、组团式、网络型城市空间格局转变。2000年，广州确定了“南拓、北优、东进、西联”的城市发展战略，为城市空间发展提供了长远、稳定的战略指引。2007年增加“中调”战略，城市空间发展从“外延拓展”向“优化提升”。2014年以来，广州提出推进枢纽型网络城市建设，建设三大战略枢纽，优化提升“一江两岸三带”，形成多点支撑的城市空间格局。随着广州城市空间格局的拓展，建成区面积不断扩大，城市空间产出效率显著提升。建成区面积由1980年的170平方千米扩大到2016年的1249.11平方千米（含增城区、从化区），扩大了6.35倍。单位面积地区生产总值也由1988年的322.67万元/平方千米提高到2016年的2.63亿元/平方千米，增长了80.51倍。

2. 城市重点功能区建设成效显著

广州在不同时期有所侧重地推进城市重点功能区建设，重点功能区建设取得了显著成效。20世纪90年代，在广州推进现代化国际大都市建设的背景下，以天河体育中心为核心，在天河区逐步形成了多功能、复合化的商业和商务中心。进入21世纪，广州提出围绕珠江新城和天河体育中心周边商务办公区建设城市中央商务区，并强化作为新城市中轴线的发展。至此，珠江新城CBD（中央商务区）已全面建成，国际大都市的城市面貌已呈现。陆续建设琶洲地区、白云新城、白鹅潭地区、广州南站、广州（黄埔）临港商务区等重点功能区，建设中新广州知识城，拉开南沙新区新一轮开发建设序幕。尤其是党的十八大以来，广州重点推进南沙自贸

①吴智文. 广州现代城市建设与环境治理［M］. 北京：光明日报出版社，2017.

试验区、“一江两岸三带”、空港经济区、金融城、国际创新城、琶洲互联网创新集聚区、琶洲会展功能区等重点地区规划建设，推动形成多点支撑、联动发展的空间格局。琶洲互联网创新集聚区先后引入了阿里巴巴、腾讯、华多网络、环球公司、唯品会等十几家互联网龙头企业进驻。南沙自贸区的明珠湾起步区、蕉门河中心区和金洲总部经济集聚区基本成形，南沙自贸区“城市客厅”形态基本形成。另外，白云新城、黄埔临港经济区、白鹅潭经济圈、广州南站商务区等功能区也逐步成形。

3. 城市更新改造稳步推进

随着城市扩张发展和城市周边大量村镇纳入市区范围，广州按照城市化和现代化的要求，积极稳妥推进城市更新改造，推进城市向精明增长、内涵式发展转变。广州城市更新改造可以划分为三个阶段[①]：一是2008年以前危房改造导向的城市更新阶段。2000年在城市规划发展区范围内划定了138条城中村纳入改造名录，开展城中村整治改造试点。2003年开始，广州以亚运会为契机加快推动危旧破房的改造。二是2008—2014年期间产业置换导向的城市更新阶段。2008年3月出台《关于推进市区产业“退二进三”工作的意见》，积极落实广东省政府“腾笼换鸟”政策，以集体建设用地上的集体旧厂、村级工业园为改造重点，为现代服务业发展提供土地承载空间。三是2009年以来集约用地导向的城市更新阶段。实施“三旧”改造政策，加快改造步伐，2009—2012年，改造面积达到19.48平方千米。2013—2015年，停止审批“三旧”改造项目。2015年，广州市成立了城市更新局，2016年广州市政府颁布《广州市城市更新办法》及旧村庄、旧厂房、旧城镇更新3个配套文件，建立了全流程政策框架。2017年广州

①姚之浩，田莉．21世纪以来广州城市更新模式的变迁及管治转型研究［J］．上海城市规划，2017（5）：29-34.

市政府出台《关于提升城市更新水平促进节约集约用地的实施意见》，城市更新目标转向推进差异化、网络化、系统化的城市修补和有机更新，将拆除重建为主的全面改造项目和功能活化为主的微改造项目予以分类，兼顾了城市更新的长期效益和实施效率。

（二）推进枢纽型、功能性、网络化重大基础设施布局，国家综合交通枢纽功能逐步增强

持续推进城市基础设施建设，为城市发展提供强有力支撑，是改革开放发展历程中广州长抓不懈的一项重要任务。改革开放以来，特别是“九五”以后，广州保持高强度投入，建设了一批枢纽型、功能性、网络化的重大基础设施，国家综合交通枢纽功能进一步增强，广州信息基础设施建设加快推进，已成为全国三大信息枢纽城市之一。

1. 国际航空航运枢纽地位不断提升

改革开放之初，白云机场的年旅客吞吐量仅为662万人次，受基础设施条件及空间发展等因素局限，机场难以适应经济社会快速发展需求。自2004年新白云机场投入营运，飞机起降架次、旅客吞吐量、货邮行吞吐量三大业务指标逐年提升，已成为我国三大国际枢纽机场之一。新白云机场开通运行第三跑道，开工建设第二航站楼等设施，机场的整体设施供给能力大幅提升。2016年实现旅客吞吐量5974万人次，位居国内第三位、世界第十五位；货运吞吐量215.92万吨，位居全国第三位，进入世界超大型航空枢纽行列。广州港已发展成为国家沿海主枢纽港。2016年广州港口货物吞吐量5.44亿吨，集装箱吞吐量1884.97万标准箱，分别位居世界第六位和第七位。

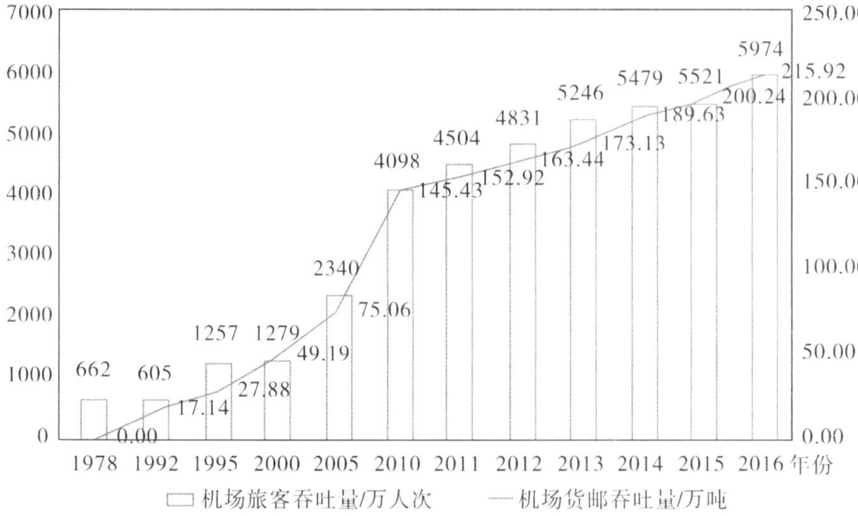

图5-1　1978—2016年广州白云国际机场旅客吞吐量、货邮吞吐量情况

数据来源：广州2000—2017年各年度的统计年鉴、《广州50年》。

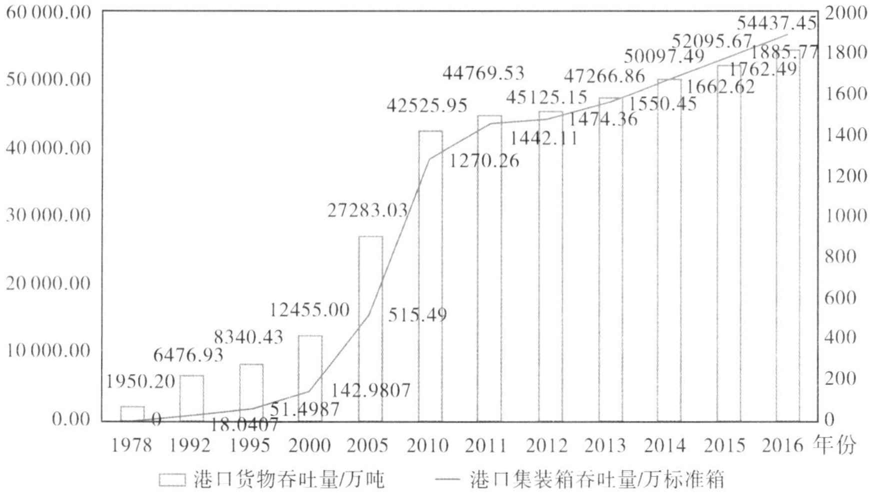

图5-2　1978—2016年广州港货物吞吐量、集装箱吞吐量情况

数据来源：广州2000—2017年各年度的统计年鉴、《广州50年》。

2. 全国高铁网络枢纽功能不断增强

经过改革开放40年发展，广州已成为全国四大铁路客运枢纽之一和华南地区最大铁路枢纽。目前广州已接入京广、广深、广茂、南广、贵广等13条干线铁路（运营里程1674千米），形成了客、货列车基本分线运行的双“人”字形格局，以及广州火车站、广州南站、广州东站、广州北站“三主一辅”枢纽格局。2012年以来广州先后建设开通广珠城际、广深港客专、广珠货线等5条线路，特别是贵广、南广高铁的开通，密切了广州与我国中部、西南部城市之间的联系。同时改建广深Ⅲ、Ⅳ线广州东至新塘段，续建广清城际（广州北站至清远广州段），广佛环线（佛山西站至广州南站广州段）、广汕客专等一批国铁城际轨道项目动工建设。铁路客运量从2012年1.07亿人次增长至2016年1.43亿万人次，增长了34.1%，总体保持稳步上升的趋势。

3. 城市地铁网络建设加速推进

经过长期的筹备和建设，广州地铁1号线于1999年6月正式全线开通运营，开启了地铁时代。到2016年底，广州市内城市轨道交通共有10条运营路线［广州地铁1到8号线、广佛线及广州地铁APM线（广州市珠江新城旅客自动运输系统）］，地铁现有线路总里程为308.7千米，共190座车站，开通里程居全国第三，世界前十。广州地铁进入了大线网运营时代，客流快速增加，日均客流超过750万人次，最高日客运量达到1002万人次，承担了全市超过45%的公共交通客流运送任务，客流强度全国第一。地铁已经成为广州市民出行最主要的交通工具之一，为市民生活带来便利，也对广州经济社会和空间格局产生了深刻影响，为把广州建设成为枢纽型网络城市打下坚实基础。

4. 国家信息枢纽功能不断增强

经过改革开放40年发展，广州已成为我国三大通信枢纽、三大互联网核心节点、三大互联网交换中心、三大互联网国际出口之一，国家信息枢纽功能不断增强。网络基础设施建设水平位居全国前列：全市互联网国际出口带宽超2000G（占全国58%），是中国大陆最大的互联网出口；固定宽带普及率超过70%，4G用户900多万户，位居全国第一。广州超算中心的“天河二号”超级计算机计算能力全球领先，六次蝉联世界超级计算机第一名。“互联网+”应用成效显著，腾讯研究院发布《中国“互联网+”指数（2016）》报告，广州位列全国“互联网+”总指数100强第三名，仅次于北京、深圳。广州还荣获中国智慧城市发展应用评估创新奖，被国家发展和改革委员会评为信息惠民国家试点城市，番禺区、黄埔区入选住建部首批90个国家智慧城市试点，南沙区入选工信部的中欧绿色智慧城市合作试点。

（三）推进生态宜居城市建设，“美丽广州”建设取得成效

改革开放之初，广州城市建成区面积狭小，脏乱差现象普遍存在。1998年广州提出实施“一年一小变，三年一中变，2010年一大变”城市环境建设工程，大力推进城市环境综合整治。党的十八大以来，围绕“更干净更整洁更平安更有序”的目标，积极实施“节能、蓝天、绿地、碧水、清洁、低碳”行动计划，城市环境面貌日益改观。广州先后获得“全国文明城市”“国家低碳试点城市”“国家水生态文明示范城市”“联合国改善人居环境最佳范例（迪拜）奖”等诸多荣誉。

1. 生态宜居城市建设取得成效

经过多年的生态环境治理，广州城市生态环境不断优化，取得了令人瞩目的成绩。近年来广州把生态文明建设融入城市建设发展全过程，加强城市环境治理和“山、水、城、田、海”的生态城市建设，高水平打造“一江两岸三带”和一批湿地、花园、公园、生态廊道等绿色生态

空间。2016年广州积极申报“海绵城市”试点城市，建设以水为骨架、水绿相融的岭南山水城市。城市空气质量明显改善，2016年空气质量优良天数为307天，全年优良比例为84.1%。实施“森林进城、森林围城”战略，森林覆盖率达42.14%，森林蓄积量1668万立方米，建成森林公园83个。城市公园从72个增加到247个，建成海珠国家湿地公园、南沙湿地公园、天河大观湿地公园等18个湿地公园，其中海珠国家湿地公园规划面积达到869公顷，是全国特大城市中心区最大的国家湿地公园，建成绿道3200千米，生态景观林带507千米，全市生态网络体系基本形成。建成区绿化覆盖率由2000年的29.6%提高到2016年的36.7%，人均公园绿地面积从7.87平方米增加到16.80平方米，建成区绿化覆盖率和人均公园绿地面积均居全国前列。近年来“广州蓝”“花园城市”“美丽广州”等刷爆朋友圈，充分体现了广州国家中心城市和生态宜居城市的优势。

2. 城市污染治理取得重要进展

1998年广州首次提出实施可持续发展战略，建设“两个适宜”城市。近年来围绕建设生态文明和改善环境质量，加大政府投入，推进环境管理信息建设，改善环境保护设施，污染治理能力不断提升。2016年广州空气质量达标天数比例为84.7%，PM2.5全年平均浓度为36微克/立方米，达到了国家二级标准。实施“南粤水更清”项目，推行河长制，实施51条河流河涌治理工程，推进35条黑臭河涌控源截污，达到国家考核要求。在全国率先发布水质指数（WQI）。污水处理能力不断提升，污水处理厂从2006年的11座增加到2016年的49座，城镇污水处理率和污水集中处理率分别从71.67%、59.96%增加到94.2%、94.2%。广州城市环境污染治理取得明显成效，先后获得了“中国人居环境奖”（水环境治理优秀模范城市）、“第五届世界水论坛水治理奖”（第一名）等荣誉。

3. 垃圾分类治理走在全国前列

广州是全国第一批生活垃圾分类试点城市和第一批生活垃圾分类示范城市。2011年出台全国第一部规范垃圾分类管理的地方政府规章《广州市城市生活垃圾分类管理暂行规定》，并陆续出台了《广州市循环经济产业园建设管理办法》《广州市生活垃圾运输车辆技术规范》等规范性文件和技术规范，建立健全了垃圾分类的相关政策法规体系。创新垃圾分类全流程设计，实现“源头减量、分类投放、分类收集、分类运输、分类处置及全过程监管”垃圾分类处理流程再造。在社区、学校、机团单位开展生活垃圾分类示范点创建活动，积极推进生活垃圾强制分类。加快推进垃圾终端处理设施建设。2015年，全市在运行的大型生活垃圾终端处理设施9座，城镇生活垃圾无害化处理率达95.24%。广州现已逐步形成生活垃圾“三化四分类”的广州模式，为全国其他城市解决垃圾治理这个大难题提供了生动的“广州样本”，获得了联合国开发计划署颁发的“2015中国城市可持续发展范例奖”。

（四）推进城市标准化、精细化管理，城市现代化治理水平不断提升

借举办六运会、九运会、亚运会、《财富》全球论坛等契机，广州深入开展重点片区整治、社区网络化服务、城管综合执法和“平安广州”建设。党的十八大以来，以建设干净整洁平安有序城市环境为抓手，坚持标准化、精细化、品质化管理，城市治理能力和治理水平不断提高，为营造和谐有序的社会环境和“幸福广州”建设提供了坚强保障。

1. “智慧广州”助推城市管理上水平

近年来，广州围绕城市管理精细化、民生服务精准化，推进智慧城管、智慧交通、智慧社区、智慧政务等建设应用，创建智慧城市的示

范点。建成了集信息公开、网上审批、政民互动等功能于一体的“一站式”城市管理门户网站，建成了城市管理互联互动工作平台。实施智慧城管工程，整合政务服务、交通、环境、应急、网格化等平台功能，运用大数据、物联网、云计算等现代信息技术，加快数字化城管向智慧化城管升级，主要包括建立智慧城管建设、运行、管理标准规范体系和加强大数据、物联网、云计算等现代信息技术与城市管理服务融合，加快城市管理数字化平台建设和功能整合，带动城市管理工作精细化、智能化，推动城市环境更干净、更整洁。

2. 社区网格化管理全国推广

广州在长期推行“三级政府、四级网络”管理模式基础上，积极探索推动社区网络化管理。运用数字化、信息化手段，以街道、社区、网络为区域范围，以事件为管理内容，以处置单位为责任人，通过城市网络化管理信息平台，为打通政府为公众服务“最后一公里”提供了基本保证。2016年，市、区、街（镇）三级网格化服务管理中心建设基本完成，1540个城市社区被划分为16 658个基础网格，实现网格化服务管理覆盖率100%。在20个部门176项公共事项首批入格管理的政策下，全年上报网格事件共634.97万件，其中城市部件类3万件，干净整洁类9.6万件，来穗人员服务管理类1.7万件，综治维稳类2958件，办结率高达96.2%。社区网格化服务管理模式促进社区服务管理工作实现了从被动向主动、从粗放向精细、从分散向协同、从封闭向开放、从无序向有序的“五个转变”，效果显著。

3. “平安广州”建设成效显著

积极推进立体化社会治安防控体系建设，整治治安重点地区和突出治安问题，创建“平安广州”工作示范区，“平安广州”“法治广州”建设取得显著成效。在全国创新建立了完善的情报指挥调度联系会议、区域性治安防控等级响应等四项勤务机制，根据警情对治安环境进行动态管理。通过建立立体化社会治安防控体系，各区积极探索多样化的出租房服务管理办法，对出租屋和外来人口的管理水平不断提升。2017年广州市统计局关于“市民对‘平安广州’创建工作成效评价”的调查结果显示，市民对“平安广州”创建的知晓率为88.3%，市民对“平安广州”创建成效的满意度为70.3%，市民对“社会治安”的满意度达82.4%。

（五）落实国家城乡区域协调发展战略，引领推进区域一体化发展取得成就

改革开放以来，广州坚持实施城乡区域协调发展战略，注重城乡一体化发展，统筹市域空间协调发展，推进广佛同城化、广佛肇经济圈、广佛肇清云韶经济圈建设，引领珠三角一体化发展，与泛珠三角省会城市、高铁沿线城市深化合作，推进粤港澳大湾区建设，携手打造世界级城市群，共同参与“一带一路”建设，深度参与国际合作与竞争。

1. 广佛同城化引领区域合作创新发展

经过多年协同发展，广佛同城化发展取得显著成果。2016年广州、佛山两市地区生产总值总量达2.82万亿元，占全省经济总量的35.5%；人均地区生产总值超13万元，接近全省平均水平的2倍，达到世界银行划定的高收入国家标准。产业协同发展格局初步形成，广佛区域三次产业结构由2010年的1.8：46.0：52.2优化调整为2015年的1.4：39.1：59.5。两市全面推动交通、水利、能源、信息等基础设施领域对接，基本形成了以城际轨道交通为骨架、高快速路为支撑、交界区市政道路为补充的广佛一体化交通线网。促进教育、卫生、社保等公共服务共建共享。广州市荔湾区与佛山市南海区在全国首创行政审批服务事项在实体窗口“跨城通办”，实行“窗口收件、快递送件、两地互通、限时办结”模式。广

佛跨界环境综合整治成效显现，区域生态环境不断优化。广佛同城化是广佛肇、广佛肇清云韶等经济圈建设的基础，也是珠三角区域一体化先行先试地。

2. 珠三角一体化发展加速推进

广州充分发挥中心城市辐射带动作用，主动引领推进广佛肇经济圈、广清一体化、广佛肇清云韶经济圈等不同层面区域合作持续深入发展。推进区域产业协作载体建设，2016年广佛肇（怀集）经济合作区完成投资3.83亿元，累计入园项目68个，建成投产项目31个；广清产业合作园清城园区已签约项目104个，总投资约500亿元；佛山（云浮）产业转移工业园累计入园项目292个，投资额566亿元。跨区域铁路、城际轨道、高速公路等重点项目取得重大进展，贵广、南广等高速铁路投入运营，广乐高速、肇花高速等高速公路建成通车，有力助推珠三角区域交通一体化网络体系建成。广州市加强与佛山市、清远市、惠州市、东莞市、中山市的环境合作，建立跨境环境信息共享和通报机制，探索合作建立跨境污染信息共享机制、污染源鉴别机制，跨区域联合执法机制，突发污染事故联合应急机制等区域环境治理体制机制创新。根据广东省政府办公厅发布的《关于2016年度实施珠三角规划纲要工作考核情况的通报》，广州被评为优秀等级，在推进珠三角一体化发展工作中走在全省前列。

3. 泛珠三角区域合作不断深化

广州作为泛珠三角区域省会城市合作的倡导者，在推动泛珠三角区域省会城市的合作与发展中发挥积极作用。2003年泛珠三角区域九个省会城市共同签署了《泛珠三角区域省会城市合作协议》，2006年广州市政府成立了推进泛珠三角区域省会城市合作协调领导小组。广州设立了广州南站泛珠三角区域合作园区，积极推进泛珠三角城市共建一批产业合作园区。加强了与泛珠三角地区铁路、水运、航空、信息、能源领域的合作，利用黄金水道和港口群资源，合力打造我国华南、华中和西南地区的出海国际大通道。强化区域重要流域水资源保护，推进水环境污染、空气污染联防联控，共同开展生态红线划定、生态补偿、排污权交易等机制探索。

4. “一带一路”枢纽城市地位凸显

作为古代海上丝绸之路发祥地，广州主动把握机遇，立足自身优势，着力打造“一带一路”枢纽城市。广州深入实施21世纪海上丝绸之路建设三年行动计划和海丝沿线友城战略，大力开辟新的空中、海上国际航线，不断加强与沿线国家港口的务实合作，加快构建“一带一路”网络。依托广交会、广博会等品牌展会搭建了一批“一带一路”经贸投资促进平台，举办了中国广州国际投资年会、广东21世纪海上丝绸之路国际博览会主题论坛——港口城市发展合作高端论坛、广州—东盟外贸交流会等活动，推进海上丝绸之路申遗。开通中欧班列，加强沿线城市产能合作项目建设，2013年以来广州已累计在沿线国家设立166家企业，中方协议投资额21亿美元。2016年广州与“一带一路”沿线国家进出口总额达2160.9亿元，占全市外贸进出口总值的1/4。第121届广交会中，来自“一带一路”沿线国家的采购商超过8万人，约占境外采购商总人数的45%。

5. 城乡统筹协调发展不断加快

改革开放以来，广州深入贯彻落实统筹城乡发展系列战略措施，实施了一系列强农惠民工程，加快统筹城乡协调发展。特别是党的十八大以来，进入城乡全面发展的新阶段。农村综合改革深入推行，积极推进农村集体建设用地使用权流转，建成集体经济“三资”交易管理平台，开展城乡统筹土地管理创新试点，农村集体土地所有权、宅基地使用权、集体建设用地使用权确权登记发证率99.6％以上。创建了一批国家级、省级名镇名村，完成89条美丽乡村试点建设和86条名村、6个名镇创建。城乡基础设施不断完善，村村通水泥路基本实现，城乡自来水全面普及。城乡居民养老保险并轨，医疗保险、低保制度逐步实现一体化。农村公共文化设施网络逐步健全，初步构建“农村十里文化圈”。农村居民收入增速连续8年快于城市居民，城乡居民收入比逐步缩小。城镇人口比重从1978年的65.03%提高到2017年的86.14%，提高了21.11个百分点。

三、改革开放以来广州城市建设的经验启示

改革开放以来，广州在城市发展方面取得了巨大成就，城市建设管理实践做法可圈可点，某些实践做法已走在全国前列。回顾改革开放40年来广州城市建设发展的历程，获得了以下几方面的经验启示：

（一）坚持以人民为中心，实现城市共建共治共享

广州将落实中央城市发展重大决策与本地城市实际情况，以及广大人民群众的利益与愿望结合起来，一切从实际出发，尊重城市发展规律，尊重人民群众历史主体地位及在城市发展中的主人公地位，以共建共治促共享，以共享带共建共治，努力形成人人参与、人人尽力、人人享有的城市发展格局，努力让全体市民更有获得感和幸福感。

1. 坚持以人为本的城市规划建设管理理念

城市建设的根本目的在于为经济社会发展提供承载基础，促进经济社会和人的全面发展，改善人民群众的生产生活环境，提高人民群众的生活质量。广州城市决策者和建设者在城市建设过程中，始终坚持以人民为中心的思想，具体体现在：一是在城市发展中坚持精明增长，科学

统筹新城区与旧城区的协调发展，拉开城市空间发展格局，在加快推进新城区基础设施建设的同时，不断优化旧城区的环境，使城市建设过程成为不断提高城市品质的过程，优化市民的工作生活环境。实施乡村振兴战略，推进美丽乡村建设，实施分类引导，促进城乡融合发展。二是在城市建设过程中坚持以人为本，从人民群众迫切需要解决的惠民工程做起，努力创造更方便、更舒适、更和谐的城市环境。从2010年开始，广州坚持每年推出“十件民生实事”，为广大市民提供良好的居住生活环境，完善城市公共服务，不断增强人民群众的幸福感、获得感和安全感。

2. 坚强党委和政府领导推进城市建设发展

坚持党委和政府的坚强领导，推动城市建设全面发展。一是以城市建设重点工程为抓手，推动城市建设发展。在广州市委、市政府的坚强领导下，逐步加大城市建设资金投入力度，推进城市建设各领域重点项目建设和城市管理上水平。如广州始终紧抓交通基础设施建设，推进新机场、新港口、新铁路客运站等大型基础设施建设，推进城市轨道交通和高快速道路网的建设，构建城市道路主骨架，完善城市交通路网。二是推进管理型政府向服务型政府转变，构建城市共建共享格局。随着社会进步和时代变迁，政府的角色定位和作用行为也发生了变化，由“管制型政府”向“服务型政府”转变。近年来，广州坚持转变政府职能，深化简政放权，创新城市建设管理方式，由城市管理向城市共管、共治、服务转变，为企业发展创造良好的创业环境，为人民提供完善的公共服务和工作生活环境。

3. 鼓励公众参与城市规划建设管理

广州在城市建设中，注重集民智、聚民力、顺民心，完善公众参与，鼓励和引导人民群众参与到城市规划建设管理中来，形成了“人民的城市人民建，人民的城市人民管”的良好局面。一是在城市规划编制、实施过程中完善公众参与。成立了广州市城市规划委员会，并向社会各界公开推选广州市城市规划委员会专家和公众代表。在编制城市规划过程中，通过民意调查等方式促进公众参与，通过民主投票、听证会等形式，广泛征求公众和专家意见。公众有权检举和控告规划实施过程中的违反规划行为，公众参与城市规划已从浅层次的知情权走向更为深层次的参与权和举报权。二是在推进城市管理中让市民及时知情、积极参与、有效监管，鼓励市民通过多种方式参与到城市建设管理中，实现城市共治共管。广州拥有12345政府服务热线，月度城管接访日，广州城管委官网政务信箱、电子邮箱、传真及微博、微信等类型多样的公众参与平台，市民参与城市管理的渠道日益多元化。成立了城市管理公咨委制度，通过“互联网+政务”渠道，市民可深度参与城市管理。城市管理者从职能部门泛化成普通市民，越来越多市民参与到城市管理之中，广州逐渐步入全民城管时代，这是广州由城市管理向城市治理转型的实践体现。

（二）坚持规划引领发展，构建国际化大都市空间格局

在广州城市发展不同阶段，始终坚持规划先行发展理念，对标东京、纽约等国际一流城市，对事关城市发展的重点问题进行深入研究和战略部署。在规划理念和方法上不断创新，创新性开展城市战略规划，率先推行“三规合一”规划管理模式等，通过理论与实践探索，为城市健康发展提供科学指引。

1. 全国首开城市战略规划先河

2000年，广州在全国率先开展了城市总体发展战略规划的编制工作，形成《广州城市建设总体战略概念规划纲要》，确立了“南拓、北优、东进、西联”的城市空间发展战略，着重对空间结构、生态环境和综合交通三个方面进行战略性部署，成功带动广州实现跨越式发展目

标。2007年提出“中调”战略，推动城市空间发展由外延拓展向内涵提升转变，实现城市集约和可持续发展，体现了城市精明增长、紧凑城市的先进发展理念。广州已摸索出一种具有科学性、独创性的规划编制工作模式，即通过编制战略规划，对城市战略问题进行前瞻性研究，并将其作为总体规划基础与技术支撑，从而有效地指导广州城市建设和发展，此模式受到规划界的普遍认可。广州战略规划项目于2010年荣获“国际杰出范例奖”，其编制与实施模式为世界其他城市广泛借鉴。

2. 推行“三规合一”规划管理模式创新

在1994年广州城市总体规划修编方案的基础上，广州学习借鉴美国的区划和香港的法定图则开展分区规划，以城市土地利用和道路交通规制为核心，分解了总体规划的人口规模、用地布局、公共设施、配套设施，并达到控制性详细规划的深度。2001年起，广州整合了分区规划和近20项重点地区控制性详细规划和各类专项规划、规划管理动态信息，完成了中心八区（中心组团）的分区规划与控制性规划导则和规划管理“一张图”平台，统一了规划管理依据，在全国率先实现规划管理办公自动化；实现了公共媒体的“一张图”成果公示，形成了公众参与的平台。2015年广州创新开展“三规合一”，探索完善空间规划体系，编制《广州市“多规合一”工作方案》，实现了多个部门的专业规划纳入全市“一张图”平台，完成了“多规合一”的“一张图”“一个信息平台”“一个协调机制”的工作内容，实现了“国土空间”“规划空间”“经济空间”在“一张图”上的协调统一。

3. 举办重大节事活动助推城市建设发展

回顾改革开放以来广州城市发展历程可以发现，六运会、九运会、亚运会、《财富》全球论坛等重大节事活动是广州城市发展及竞争力提升的助推器，增强了广州的中心城市功能，扩大了国际知名度和影响广州本着解放思想、先行先试的改革创新精神，积极探索基础设施投融资管理体制创新，探索出不少基础设施投融资管理创新举措。以广州地铁为例，通过多渠道筹集资金，地铁1号线成为国内第一条由地方政府自筹资金兴建的地铁，成功攻克了“世界地质博物馆”的难关，广州地铁建设也引领着国内其他城市的地铁发展，成为全国地铁建设的教科书。2016年广州市政府启动广花一级公路、轨道交通11号线、天河智慧城等试点项目，探索PPP（政府和社会资本合作）模式推进基础设施投融资管理体制创新改革。

（四）坚持城市管理创新，探索城市管理精细化品质化发展之路

正所谓“三分建设，七分管理”。随着城市规模的扩张，广州坚持城市建设、管理两手抓，探索城市管理精细化品质化发展之路，提高城市治理能力，着力解决城市病等突出问题，打造“平安广州”，建设和谐宜居、平安有序的现代化国际大都市。

1. 遵循面向精细化管理的城市规划理念

2007年，广州根据新的发展形势和实际工作的需要，提出了实施精细化规划管理的目标和主要思路。在此背景下，陆续开展了白云新城、白鹅潭、国际金融城、琶洲等多个重点地区城市设计竞赛与深化工作，明确以控规和城市设计共同指导地区开发建设。随着实践的深入，形成“地区城市设计指引+管理单元导则+地块图则”的实施路径，城市设计技术成果被有效转化为法定文件和管理文件；持续探索城市设计审查、审批机制创新，培育高水平的城市设计管理团队，建立“地区规划师制度”等。目前，广州已初步建立起一套面向精细化管理的规划技术体系。

2. 推动城管综合执法机制创新

作为全国城市管理综合执法试点城市，经过多年的改革，广州逐步形成了“统一领导，分级管理，以块为主，条条保证，社会监督，依法治城”的城市管理体制。在全国较早成立城市管理工作的领导指挥机构——广州市城市管理委员会。建立“两级政府、三级管理、四级网络”的城市管理体制，形成了市、区、街（镇）权责统一的层级管理框架。加强了综合执法、环卫保洁、市政燃气等城市管理队伍规范化建设，实现了服务、管理、执法的有机融合。通过“荔湾模式”和“车陂模式”推广，积极探索城管和派出所、工商所、卫生监督所等联合执法，创新建立公安城管联合执法联席会议、联络员、检查督办、信息通报、监督考核制度，在破解“管不到、管不好、管不长”等城市管理疑难杂症上成效显著。坚持以人为本原则，试行“有堵有疏”管理新模式。

3. 推进社区治理模式创新

自从2012年开展城市社区网格化服务管理以来，广州市各区、街道按照“一个组织架构、一张基础网格、一支网格队伍、一套信息系统、一套管理制度”的基本架构，初步构建起城市社区网格化服务管理工作新格局。其创新之处主要有以下三点：一是推动公共服务事项纳入网格化管理。按照“先易后难、分批入格”原则，对公共服务基础设施、城市管理、环境保护、社会治安管理、平安建设、消防、安全生产、矛盾纠纷调处、来穗人员（含外国人和出租屋）服务管理等领域约200项公共事项纳入网格化服务管理，做到网格管理全覆盖，实现“大事不出网、小事不出格”。二是完善社区网格化服务管理制度规范。已形成社区网格精细化服务管理机制，制定出台广州市统一的网格员工作规范和实务操作流程，建立各有关部门服务管理队伍与网格员协同联动工作机制。三是推进城市管理基础信息互融共享。逐步建立起城市社区网格化服务

3. 注重加强环境保护

20世纪90年代初，广州提出建设“两个适宜”城市，之后广州积极探索走发展经济和保护生态环境的协调发展之路。其实践做法如下：一是推进大气污染治理。强化环境分区管理，实施落后产能淘汰，狠抓工业污染治理。二是推进水污染治理。实施“水更清”行动计划，制定实施《广州市实〈南粤水更清行动计划〉工作方案》，建立水环境治理联席会议机制，重点推进黑臭河涌、广佛跨界水体整治。在全国率先发布WQI，定期向公众发布50条（53段）重点整治河涌水质信息。三是推进垃圾分类，加快推进垃圾分类处理设施建设，创新垃圾分类全流程设计，实现“源头减量、分类投放、分类收集、分类运输、分类处理及全过程监管”的垃圾分类处理流程再造，广州垃圾分类走在全国前列，成功创建全国首批生活垃圾分类示范城市。四是推进城乡综合整治和跨区域污染协同治理。开展农村饮用水安全保障工程，开展乡镇水源地保护区划分工作，推进农村生活污水处理设施建设，推动城乡环境综合整治。建立广佛肇跨界环境污染联合执法机制及三地监测预警与信息通报机制，与清远、河源、东莞等周边区域协同推进跨界污染整治。

（六）坚持城乡区域协调发展，探索中心城市带动区域共同发展模式

广州积极贯彻落实国家城乡区域发展战略，加快城乡一体化发展进程，发挥国家中心城市、省会城市的辐射引领作用和对外开放先发优势，主动对接融入和协调引领多层次的区域合作发展，携手推进广佛同城化、广佛肇清云韶经济圈、大珠三角城市群和泛珠三角区域合作持续深入发展，区域协调发展及优势互补格局初步形成，带动区域融入全球生产网络体系。

1. 注重促进城乡一体化发展

广州长期贯彻落实中央统筹城乡发展战略，坚持工业反哺农业、城市支持农村的方针，加快城乡一体化发展进程，逐步缩小城乡差别，实现农村和城市共同发展、共同富裕。实践做法主要有：一是加大财政投入力度，出台一系列强农惠农政策，促进农业农村发展。二是加强城乡一体化规划建设，推动“多规合一”。三是补齐农村基础设施和基本公共服务短板，加快推进城市基础设施向农村地区延伸。开展农村生态示范村创建工作，推进村容村貌整治。四是推进新型城镇和美丽乡村建设。深化国家新型城镇化试点。实施美丽乡村三年行动计划，创建美丽乡村和名镇名村。实施乡村振兴战略，促进“五化”融合发展。五是完善城乡协调发展机制，大力发展现代农业。在全省率先开展统筹城乡综合配套改革试点，进行城乡一元化户籍制度改革和土地承包经营权流转试点。六是千方百计促进农民增收。加强农村劳动力培训力度和促进转移就业。壮大发展农村集体经济，扶持发展乡村旅游，拓展农民增收渠道。农村居民收入增速连续8年快于城市居民，城乡居民收入比逐步缩小。

2. 注重推进市域协调发展

广州注重区域发展的平衡性、协调性、可持续性，推动市域内协调发展，形成各区错位发展、差异化竞争态势。实践做法主要有：一是历经几次行政区划调整，理顺市、区两级行政管理机制。改革开放以来，先后经历了1992—1994年广州市属番禺县、花县、增城县、从化县先后撤县设市（县级）；2000年6月番禺、花都撤市设区；2005年4月撤销东山区、芳村区，设立南沙区、萝岗区；2014年2月萝岗区和黄埔区合并为新黄埔区，从化市、增城市撤市改区。经过多次行政区划调整，理顺了市、区两级行政管理机制，拓展了城市发展空间。二是遵循主体功能区规划，优化城市功能布局。坚持主体功能区规划，把市域科学划分为调整优化区域、重点开发区域、适度开发区域和严格控制区域，制定有针对性的区域发展政策，进行分类调控，促进区域功能互补、互动发展和城市整体功能最优化。三是不断完善城镇体系，促进各区协调错位发展。完善组团式城市发展规划，明晰城市中心区、副中心区和组团功能定位和配套建设，促进城市中心区、城市副中心区、卫星城（中心镇）、中心村等四个层次协调发展。

3. 注重推进区域合作发展

广州贯彻落实国家区域协调发展战略部署，注重推进区域合作发展，携手推进广佛同城化、广清一体化及广佛肇清云韶经济圈建设，参与制定粤港澳大湾区发展规划纲要，共建粤港澳大湾区，不断深化穗港澳台合作，参与珠江—西江经济带合作，深化泛珠三角地区战略合作，推进对梅州、清远、湛江的帮扶，对口支援新疆疏附、西藏波密、贵州黔南等地区，为全国其他区域协调发展提供有益经验和“广州版本”。实践做法主要有：一是建立健全区域合作协调对话机制，发挥“政府引导，市场主导”作用。通过建立市长联席会议及工作协调机制，签订区域合作协议，制定五年发展规划及年度工作计划等举措，为区域协调发展建立合作机制保障。二是推进区域基础设施网络对接，加速人流、物流、信息流、资金流跨区流动。注重加强与周边地区跨区域交通基础设施建设，推进广州港与东莞港、江门港等区域港口资源整合，实施了一批铁路、城际轨道、高速公路等干线交通项目，加快市际断头路、瓶颈路的对接。广佛线作为国内首条全地下城际轨道交通已建成通车，区域交通一体化进程不断加快。三是规划建设产业协作空间载体，促进区域产业协同发展。规划建设广佛肇（怀集）经济合作区、广清产业合作园、广州南站泛珠三角区域合作园区等跨区域产业协作重要载体，引进重点产业项目，推动区域产业共建。四是推进区域公共服务一体化建设，加速要素资源跨区流动和优化配置。推广广佛（肇）经济圈公共服务一体化建设的经验做法，推进政务、教育、医疗、文体等公共服务领域跨区合作，推动公共服务共建共享。加强区域交界地区警务协同、城市管理等合作，联合开展跨区域环境保护和治理，打造区域绿色优质生活圈。

4. 注重对外开放平台建设

随着改革开放的深入推进，广州在不同发展阶段构建了高水平的对外开放平台，吸引跨国公司集聚发展，加强国际分工协作，积极融入全球经济体系。改革开放初期，广州是全国最早创办开发区的城市之一，1984年广州经济技术开发区在全国沿海开放港口城市中率先成立。1991—1992年间，先后成立了广州天河高新技术产业开发区、广州保税区、广州南沙经济技术开发区。不同类型的开发区成了广州吸引外资、引进技术的重要空间载体。2010年，广东省政府与新加坡共同倡导创立了中新广州知识城，现已上升为国家级双边合作项目。党的十八大以来，党中央明确提出坚定不移推进改革开放，并要求广东努力成为深化改革开放的先行地。2015年3月，南沙自贸区成为广州新一轮对外开放的重要平台，致力于打造成为高水平对外开放门户枢纽和粤港澳大湾区城市群核心门户城市，为中国全面深化改革和扩大开放探索新途径积累新经验。积极参与“一带一路”建设，打造广州开发区中欧区域政策合作试点地区、中以高技术产业合作重点区域、广州国际创新城、中国（广州）中小企业先进制造业中外合作区等一批国际合作重要平台，举办了广东21世纪海上丝绸之路国际博览会主题论坛——港口城市发展合作高端论坛、广州—东盟外贸交流会等系列重要活动，打造“一带一路”枢纽城市。

四、新时代广州城市建设与发展展望

广州作为超大城市及国家中心城市，迈向新时代应更多承担国家和全省的战略使命，以全球视野谋划城市发展，立足市民对美好生活的新期待，以新发展理念指导广州迈向发展新征程新目标。迈向发展新阶段，广州已站在全球一线城市的新坐标上，未来发展的综合优势突出，潜力较大，到2035年将建设成为创新活力、美丽宜居的中国特色社会主义引领型全球城市。常住人口规模控制在2000万人左右，用地规模严控总量，适度精准配置。枢纽型网络城市和全球资源配置中心将全面建成，综合交通枢纽、国际商贸中心、创新中心、文化中心功能将全面增强。广东省会城市、粤港澳大湾区核心城市、国家中心城市作用将全面发挥，国际花园城市和国际交往中心形象将全面凸显，城市辐射影响力、国际竞争力、可持续发展力将全面提升，成为一座国际一流创新之城、协调之城、绿色之城、开放之城、共享之城。

改革开放40年来广州城市建设取得了巨大的成就，为广州在新时代建成引领型全球城市提供了坚实支撑。但是，也面临不少问题及挑战，主要表现在：城市综合服务和枢纽功能还不够强，高端要素集聚、科技创新、现代金融等功能偏弱；城市建设水平和质量不够高，基础设施和公共服务设施现代化有待加强，优质公共服务发展不平衡不充分；城市国际化水平和竞争力有待提升，与国内外城市互联互通有待加强；“大城市病”问题日益显现，河涌治理、大气污染治理达标及城乡可持续发展面临压力；城郊接合部、城中村、批发市场及部分农村“脏乱差”现象仍未彻底改变，城市共建共治共享格局尚未形成，城市现代化治理水平有待提升；城市建设发展水平与广州作为国家中心城市使命担当有差距，与市民日益增长的美好生活需要有差距。有这些问题的困扰，广州建设成为国际一流的引领型全球城市目标，绝不可能轻轻松松实现。

为此，广州必须按照“一张蓝图干到底”的要求，对标国际最高、最好、最优标准，高水平加快城市现代化建设，促进城市高质量发展，加强城市精细化治理，有效化解各种“大城市病”，主动融入和引领粤港澳大湾区发展，提升广州城市国际竞争力和影响力，打造让市民生活更美好的引领型现代化全球城市。具体来说，广州应重点在以下几方面发力用功：

（一）高水平构建枢纽型网络城市空间发展新格局

以广州“山、水、城、田、海”的自然格局为基底，以珠江水系为发展脉络，以交通骨架为支撑，以生态廊道及绿色空间为隔离，加强空间系统整合，优化完善城乡生态、交通、生产、生活空间和信息网络空间，形成多点支撑、多层网络交织、内外互联互通的全球城市空间发展格局。

一是强化三大国际战略枢纽建设。以大学城为重心，整合生物岛、长洲岛、国际创新城、科学城、中新知识城、琶洲互联网创新集聚区等空间资源和科技创新、产业资源，打造面向未来、引领时代的科技城，引领广深科技创新走廊及珠三角国家科技产业创新中心建设，增强国际科技创新枢纽功能。以加快广州第二机场建设为重点，拓展白云机场国际航线网络，完善航空和航运集疏运体系，提升航空服务品质，打造国际一流的航空枢纽。推进南沙港区后续工程、邮轮母港、南沙铁路等建设，促进海港、河港与空港、铁路港、公路港、信息港联动发展，建设国际一流的航运枢纽。

二是提升“一江两岸三带”建设质量。以珠江为天然纽带与网络，以珠江新城、广州国际金融城、琶洲互联网创新集聚区“黄金三角区”

为引擎，整合珠江沿岸优质资源，建设及优化提升珠江两岸经济带、创新带和景观带，促进广州开发区、增城开发区、空港经济区等功能区转型升级和高质量创新发展，建设一批价值创新园区和创新节点，培育引领未来发展的新增长极。突出历史文化传承、现代都市品质和未来可持续发展的主题，从西向东重点建设形成30千米精品珠江和白鹅潭、海珠广场、花城广场等世界级城市客厅。

三是优化城乡发展空间。以连片“三旧”改造及城市更新为抓手，优化提升荔湾、越秀、天河、海珠四区和白云区北二环高速公路以南地区、黄埔区九龙镇以南地区、番禺区广明高速以北地区等主城区，强化科技创新、文化交往和综合服务功能。按照产城融合发展思路，推进花都城区、番禺区南部城区、从化城区、增城城区、知识城等外围城区扩容提质，提升承载主城区人口、功能疏解和综合服务的功能。发挥南沙新区地处粤港澳大湾区几何中心、生态环境好、发展空间大等优势，高水平建设国际贸易枢纽、湾区综合服务中心、新兴产业高地和智慧滨海新城，促进南沙新区与周边地区互联互通，高水平推进建设广州城市副中心和粤港澳全面合作示范区，成为粤港澳大湾区的“未来之城”及城市中心。建设美丽城镇和乡村，强化城乡土地用途和空间开发管制，保持广州生态空间山清水秀、农业空间提质增效和城镇空间紧凑集约，形成主城区—副中心—外围城区—新型城镇—乡村的城乡空间体系。

四是实施乡村振兴战略。实施乡村振兴战略是党的十九大作出的重大决策部署，也是广州建成现代引领型全球城市的重要支撑。广州有1142条村庄分布在城乡接合部及农村地区，这是广州未来发展的重要空间载体。坚持以城带乡、城乡一体化发展，聚焦乡村产业、人才、生态、文化、组织振兴，以农村人居环境整治及美丽乡村建设为抓手，以保护自然生态和历史文化古村落为保障，以村庄规划布局优化为引领，以村民主动参与为依托，完善广州城乡融合发展的体制机制和政策，加强镇乡道路、村道巷道、污水垃圾处理、农村电网、光纤网络、水利设施等基础设施和公共服务体系现代化建设，建立健全现代农业产业、生产、经营和社会化服务体系，发展多种形式适度规模经营和促进农村第一产业、第二产业、第三产业融合发展，加快农业农村现代化，把广州农村建成为产业兴旺、生态宜居、乡风文明、治理有效、生活富裕的美丽乡村。

（二）高标准建设国际性综合交通枢纽

建设国际性综合交通枢纽既是国家赋予广州“十三五”时期及未来发展的重大战略任务，也是广州建设引领型全球城市的重要支撑。应以国际先进为标杆，建设形成四面八方、四通八达的大交通网络体系，构筑服务全国、链接世界、辐射影响力强的国际化综合交通枢纽。

首先是建设现代化、智能化的世界级空港、海港和铁路枢纽。建设广州第二机场、商务机场和白云机场第三航站楼，第四、第五跑道和第二国际货站，拓展集高速路、高铁、轨道交通和城市道路于一体化的机场集疏运体系，提升机场枢纽功能和国际旅客中转率，打造以广州国际航空枢纽为引领的珠三角机场群。依托广州港整合东莞、中山、佛山等地港口资源及实现一体发展，持续浚深拓宽珠江航道，拓展江海联运码头和内陆“无水港”等，完善港口集疏运体系及“公铁、海铁、江水”等多种联运方式，提升港口枢纽功能。建设广杭铁路、广湛海客专等国铁和广佛环线、穗莞深等城际轨道，巩固全国四大铁路枢纽和国家城际轨道干线中心地位。织密、拓展“三环+五线”的高速公路网络和“环线+放射线”的城市轨道网络，建设广州北站、广州新东站、广州火车站（改造）、南沙站等铁路枢纽、公路枢纽和换乘枢纽。预计到2035年航空枢纽年吞吐能力超过1.2亿人次，航运枢纽集装箱吞吐量达3600万标准箱，铁路枢纽客运量近4亿人次，城市轨道网络达2000千米。

其次是推进综合交通网络国际化和一体化。以“一带一路”沿线国家及城市为重点，建立或积极加入国际海港、空港城市联盟，拓展构建广州连接印度洋、太平洋周边及至欧洲、美洲等主要海空港城市的国际航运航空网络和立足泛珠三角、服务全国的区域航运航空网络，加快建设延伸广州至全省各地级市、泛珠三角省会城市、全国大城市及东南亚重要城市的高铁网络和广州至大珠三角城市及其市域内的轨道交通网络，完善国内至国际、市内至区域及全国的交通中转衔接网络，强化广州各交通枢纽客运零距离换乘和货运无缝化衔接。

最后是促进交通运输服务品质化。实施“互联网+交通”行动计划及促进大数据在交通运输领域的广泛应用，加强广州综合交通联程联运、智能管理、公共信息、海陆空协同联动等系统工程建设，发展智能交通、联程联运和交通运输新业态、新模式，增加高品质的交通运输服务有效供给，发展壮大国际化交通运输企业，提升综合交通枢纽的服务水平和效率。

（三）高标准精准促进城市治理现代化

超大城市治理是一项复杂的系统工程。要统筹城市规划、建设、管理三大环节，强化城市规划权威性，提升城市建设质量，开展城市社会治理协同创新创建，促进城市治理现代化，打造全国最安全稳定、最公平公正、法治环境最好的超大城市。

一是加强城市精细化管理。充分利用智能信息技术加强城市管理综合执法，改造、消灭城中村和搬迁、转型批发市场，加强内街巷、城郊接合部和农村治理，坚决遏制新增违法建筑，依法处理历史违法建筑。

深入整治城市乱搭乱建、乱堆乱放、乱设摊点等乱象和违法户外广告投放、余泥渣土排放，深化交通违法行为和消防安全隐患综合治理，推动市容环境整治向内街小巷延伸。加强对城市的空间立体性、平面协调性、风貌整体性、文脉延续性等方面的管控，强化历史文化遗产、街区、镇区、建筑等的保护和活化利用，建设历史文化步径和城乡古驿道，展示广州历史文化名城风貌。

二是强化城乡公共安全。增强安全及防范意识，建设现代化的消防和安全应急设施，完善安全生产治理体系和应急管理体系，建设安全教育体验中心，抓好重点行业领域安全监管，遏制重特大安全事故。全面开展城市风险点、危险源普查和隐患整治，深化重点行业专项整治；实行最严格食品药品安全监管，创建国家食品安全城市。完善现代社会治安防控体系，提升应急处突能力，严厉打击违法犯罪活动，巩固提升市民安全感。

三是率先营造共建共治共享的社会治理格局。创新城市社会治理体制，改进城市社会治理方式，拓展外来人口参与社会治理的途径和方式，形成人人参与、人人尽责的城市社会治理局面；推进资源、服务、管理向城乡社区下沉，使基层有权有物，能更好地为群众提供精准有效的服务和管理。深化社区网格化服务管理，发展社区服务综合体，发展社区社会组织，创建城乡幸福文明社区。把城市各项建设管理工作纳入法治化轨道，依靠法治解决城市各种社会矛盾，加大全民普法力度，完善社会矛盾纠纷多元化解机制，促进城市善治，建设法治政府和法治社会，当好广东营造共建共治共享社会格局走在全国前列的排头兵。

（四）高标准推进基础与公共服务设施现代化

基础与公共服务设施现代化是城市现代化的基础支撑和保障。广州城市建设应弘扬“工匠精神”，按“绣花功夫”要求高质量推进基础与公共服务设施现代化，更好为城市全面现代化提供基础支撑。

一是建设现代化的市政路网及设施。加快对接航空、航运、铁路及换乘枢纽的路网建设，加快市域骨架路网改造及快捷化，加快重点功能区配套路网建设，加快老旧社区、农村及城郊接合部路网升级改造及建设，优化发展常规公交、出租汽车和水上巴士网络，完善公共停车场的布局及配置，打造高效便捷的综合运输服务示范城市和公交都市。

二是建设现代化的市政设施。按照智能化、绿色化趋势及未来技术发展要求，建设现代化的城乡电网、快速充电桩、天然气管网、供排水网、污水管网、垃圾处理等网络及设施，提高市政设施服务供应质量；超前建设新一代信息网络基础设施，大力推进智能化、数字化、云计算技术的应用，建设“智慧广州”和“数字广州”；促进“三网”融合及升级发展，打造虚拟型国际化网络及交易交流平台；建设地下综合管廊等基础设施，促进各种管线入廊及精细化综合管理；新改扩建一批公共厕所，深入推进城乡全域“厕所革命”及实现“厕所文明”。

三是建设现代化的公共服务设施。建设国际一流大学与学科，建设国际化的健康医疗中心和标志性文化设施，提供国际化的教育、医疗和文化服务；根据城市发展及人口布局，均衡布局建设幼儿园、中小学、医疗卫生、养老、体育、社会福利等公共设施及网络，完善城市社区和农村公共服务设施，促进城乡优化公共服务均等化，提供高质量全覆盖的现代化公共服务。

（五）高标准持续发力建设美丽花园城市

牢固树立“绿水青山就是金山银山”的意识，像保护生命一样保护生态环境，以珠江及河涌的治理为抓手，统筹“山、水、城、田、海”

的系统治理，实行最严格的生态环境保护制度，建设多元化的生态补偿机制，推进节能减排、绿色发展和生态文明，把广州建设成为全球性的人与自然和谐共生的美丽花园城市。

一是构建山水联通、蓝绿相融、绿网穿城的城乡生态空间网络。严守广州生态保护红线、永久基本农田、城镇开发边界三个控制线，保育北部生态绿洲和中南部农田生态片区，建设纵横交错的多层次生态廊道，优化提升城市主题花景、花带和公园，建设绿色建筑、绿色枢纽、绿色网络、绿色社区、绿色村镇、绿色学校和海绵城市，优化城市建筑景观和风貌，打造国际美丽花城品牌。

二是坚决打赢治理黑臭河涌攻坚战。持续实施水环境治理行动计划和饮用水水源地保护措施，全面深入实施“河长制”和“湖长制”，加强源头治理，彻底清理整治各类污染源及“散乱污”场所，完善城乡污水处理厂和管网建设，强力推进黑臭河涌的整治，推进水环境综合治理向边沟边渠延伸，强化水污染监督考核和执法，逐步全面消除黑臭水体。预计到2035年实现城市生活污水处理率不低于96%，实现河涌治理长治久清。

三是促进“天更蓝”和“地更净”。持续实施大气污染防治行动计划和蓝天保卫战措施，继续推进污染企业环保治理、搬迁和关闭，全面推进企业使用清洁和绿色能源；加强机动车船等移动污染源控制，推进机动车船等使用清洁能源，加快公交电动化和推广使用新能源车船，全面推进绿色施工及建设，加强扬尘管控，确保PM2.5稳定下降及达标，实现大气环境质量明显改善。加强污染土壤修复和农业面源污染防治。持续深入实施垃圾强制分类，强化居民和机构垃圾分类意识和责任，加强城乡生活垃圾无害化处理利用和建筑废弃物资源化利用，防治固体废物污染。

（六）高水平深化区域与国际合作

发挥广州作为国家中心城市和粤港澳大湾区核心城市的引领作用，探索建立更加有效的多层次区域协调和国际合作新机制，引领珠三角和粤东、粤西、粤北协调发展，促进泛珠三角合作发展，加强与“一带一路”沿线城市及世界城市合作发展，提升广州对区域的辐射带动力、服务全国的能力和国际影响力。

一是发挥作为粤港澳大湾区核心城市的引领作用。对接粤港澳大湾区发展规划，推进广州与大湾区的城际轨道、高速公路、枢纽站场等交通基础设施项目建设，合作推进粤港澳大湾区世界级机场群、港口群建设，促进广州与粤港澳大湾区各城市交通基础设施无缝衔接及互通。以广深港科技创新走廊为抓手，加强粤港澳科技创新能力合作，共建国际化开放型创新体系，共同打造国际科技产业创新中心。推进南沙粤港澳全面合作示范区及产业合作园区、珠江创新带和海鸥岛生态休闲旅游区建设，吸纳港澳产业及企业落户发展，培育利益共享的产业价值链和战略性新兴产业集群，促进粤港澳产业一体化发展。依托南沙自贸区、空港经济区、科学城和广州南站商务区等区域，探索建设自由贸易港，促进穗港澳人流、物流、信息流和资金流有序高效流动和市场一体化，合作打造新时代高水平对外开放的门户枢纽。

二是推进多层次区域合作及协调发展。坚持“服务周边就是服务自己”的发展理念，高质量深入推进广佛同城化、广清一体化、广佛肇清云韶经济圈和珠三角世界级城市群建设，加强与东莞、中山、深圳的战略合作，促进基础设施、航运、环境整治、公共服务等方面对接及互联互通，实现区域协同及一体化发展。强化与泛珠三角城市和高铁沿线城市合作，建设珠江—西江经济带和高铁沿线经济带，促进交通基础设施连通、产业融合、资源共享和旅游联盟，拓展广州发展的腹地空间。

三是高水平开展国际合作。放大广州《财富》全球论坛效应，深度参与“一带一路”建设，加强与沿线国家的产能合作，构筑广州面向全球的贸易、投融资、生产、服务网络，积极参与沙特阿拉伯吉赞经济城、马六甲皇京港临海工业园、非洲吉布提自贸区等海外园区建设，支持企业到“一带一路”沿线国家和地区投资兴业，推动广货品牌“丝路行”。加强与国际城市的交往及合作，深化与外国驻穗领事馆等机构友好合作，促进广交会创新发展，建设国际消费中心、国际会议中心、国际旅游目的地、国际跨境电商中心和国际交往中心，积极承办重大国际会议及活动，高效率吸纳国际化功能性机构和高端资源集聚，提升广州国际化水平。

（杨再高、张小英）

第六章

改革开放以来广州科技创新成就与经验研究

党的十九大报告提出："创新是引领发展的第一动力，是建设现代化经济体系的战略支撑。"2018年3月7日，习近平总书记在参加十三届全国人大一次会议广东代表团审议时发表重要讲话，对广东经济社会发展提出了"四个走在全国前列"的目标：在构建推动经济高质量发展体制机制、建设现代化经济体系、形成全面开放新格局、营造共建共治共享社会治理格局上走在全国前列。习近平总书记强调：发展是第一要务，人才是第一资源，创新是第一动力。改革开放以来，广州科技创新取得了巨大成就，国家创新中心城市地位日益突显，为经济社会发展提供有力支撑。当前，广州正围绕国家创新中心城市的目标，从实施国际人才战略，突出企业创新主体，完善优势转化机制，建设知识产权枢纽，完善创新驱动制度等方面，积极探索推动科技创新的具体路径。未来，广州将深入贯彻落实习近平新时代中国特色社会主义思想和党的十九大精神，加快建设国际科技创新枢纽，为广州迈向引领型全球城市提供动力源泉，为全国实施创新驱动发展战略提供强大支撑。

一、改革开放以来广州科技创新的基本历程

改革开放以来广州科技创新已走过40年的历程，大体上可划分为三

个阶段。

（一）科技战线拨乱反正，开启科技工作新局面（1978—1990年）

1978年3月，全国科学大会的召开，开启了科技创新拨乱反正的新局面。广州对科技体制进行了大胆改革和探索，推动科研机构面向经济建设主战场，建立了技术市场，实施了“火炬”“星火”等科技计划，开启了科技工作新局面。

1. 科技创新风气广州先行

思想解放引领科技拨乱反正。思想是行动的先导。党的十一届三中全会后，广州市委、市政府结合广州的特点和优势，在全市开展第一轮思想大解放，广州人率先苏醒，迅速与“左”的、传统禁锢的观念割裂，树立了与市场经济相适应的新思维，崭新观念引领时尚。思想大解放，带来科技事业的大发展。全国第一个开发区条例出台。1986年10月，广州市第八届人民代表大会常务委员会第二十二次会议拟订了全国最早的开发区条例——《广州经济技术开发区条例》。

“星期六工程师”奠定了珠三角的产业基础。20世纪80年代初，珠三角得改革风气之先，经济迅速崛起，乡镇企业蓬勃发展。佛山、中山、东莞等中小城市因备受技术、人才、管理等因素掣肘，于是向广州市研究所、国有企业及高校“借脑”——一些科研人员利用节假日为企业担当技术顾问、助力科技成果“市场化”，以获取适量报酬。“星期六工程师”因促使科技成果转化为市场竞争力闻名全国。

2. 科技体制改革扬帆启程

科技发展促使良好环境初步形成。广州充分认识到科学技术的重要性，从1986年起推进科研单位与企业组成各种形式的科研生产联合体，加快了科技与企业的结合。1987年，广州颁布了《广州科学技术发展战略纲要》，并被列为全国五个科技体制改革试点城市之一。广州科技界解放思想，改变观念，从科技体制和管理机制上逐步进行了全方位的改革。

技术市场初步建立。经过20世纪80年代10年时间的发展，到1990年，广州市属各类专业技术人员达16.4万人，比1985年有较大增加。1990年全市获广州市科技进步奖的科技成果有102项，比1989年增加12项，其中获一、二等奖成果数占获奖成果总数的33.3%。

3. 高新技术产业崭露头角

高新技术产品生产能力初步形成。截至1990年底，广州高新技术企业已发展到69家，生产144种高新技术产品，分别比1985年增长2.63倍和2.79倍。在144种产品中，已列入国家、省、计划单列市级"火炬计划"的产品有9种，列入计划单列市级以上的试制计划的产品有65种，列入计划单列市级以上其他计划的产品有15种；有1种产品达到国际领先水平，32种产品达到国际先进水平。

高新技术企业生产经营效益显著。工业化生产的128种和小批试产的8种高新技术产品，1989年总产值达29.9亿元，实现利税3.31亿元，出口高新技术产品销售收入总额3.4亿元，其中市属企业的128种产品总值28.71亿元，利税3.1亿元，出口高新技术产品销售收入3.2亿元。69家高新技术企业占全市工业企业总户数和独立核算工业企业总户数比例分别为6.5%和2%，但其企业总产值所占比例已分别达到10.1%和11.28%。[①]

（二）完善科技创新政策，建设创新型城市（1991—2011年）

1991年，中共广州市委五届八次会议通过《中共广州市委关于制定

①广州年鉴编纂委员会. 广州年鉴1991［M］. 广州：广东人民出版社，1991.

广州市国民经济发展十年规划和“八五”计划的建议》，正式把“科技兴市”列入十年规划和“八五”计划。2005年12月，广州市召开提高自主创新能力工作会议，提出要坚定走自主创新之路，努力提高自主创新能力，建设创新型城市，为加快现代化大都市建设增添新的动力。

1. 科技创新环境日益完善

科技创新平台建设成效显著。在这一时期，广州全面启动构建区域创新体系工作。其间，由中国科学院、广东省、广州市三方共建的广州生物医药与健康研究院、广州工业技术研究院，以及广州纳米光电材料与技术基地、广州集成电路设计中心、广州中间件研究中心、广州抗体技术研究中心、广州新药临床前评价中心等一批技术创新中心相继成立并运作。

创新创业服务逐步健全。创业风险投资机制不断完善，广州市以科技咨询服务、创业孵化服务、科技风险投资中介服务和科技成果转化服务四大部分为主的科技中介服务体系主线已基本形成。建成了广州国际企业孵化器、广州科学城科技创新基地、广州留学人员创业园等18家科技企业孵化机构，孵化面积达6.2万平方米，初步形成一个局部环境优化、专业特点鲜明、资源共享的科技孵化网络。

知识产权管理体系建设取得重大突破。2001年在广州市政府机构改革中，以原有的广州市专利局（二级局、事业单位，直属市科技局）为基础设立广州市知识产权局，作为广州市政府组成部门。2001年7月31日，成立广州市知识产权稽查队。2004年12月，广州市12个区、县级市知识产权局全部挂牌成立（办公地点设在区、县级市科技局），初步形成知识产权“大管理、大协调”的工作格局。

2. 科技创新布局逐步优化

科技创新区域格局浮出水面。在高新技术产业开发区“一区五园”

的基础上，逐步形成了“一核三极多个特色功能区”（以广州科学城、天河软件园、广州国际生物岛为中心，以电子信息和生物产业为龙头的高新技术产业核心区；城市中心区信息服务产业集聚区、南部临港高新技术产业集聚区、北部空港与物流相关的高新技术产业集聚区三个增长极；多个以国家、省、市各类高新技术产业基地为依托的高新技术产业特色功能区）的产业总体布局，为增强广州经济发展后劲奠定了坚实基础。

这一时期，广州科学城、广州国际生物岛、天河软件园高唐新建区、中科院广州生物医药与健康研究院、广州中科院工业技术研究院、中国移动南方研发基地、广州金发科技高性能PAN碳纤维项目、广州数控GSK（葛兰素史克）产业化基地等一批重大科技基础设施、自主创新平台和高技术产业发展项目先后被列入重点建设项目，为推动广州市高技术产业加快发展提供了重要支撑。

3. 高新技术产业进一步发展

高新技术产业基地相继壮大。自“九五”计划始，广州市贯彻落实国家、省和市出台的一系列扶持高新技术产业政策，高新技术产业发展的环境不断完善，高新产业快速优化发展，规模逐步扩大。经过多年发展，广州市高新技术在电子信息、生物技术、新材料、光机电一体化、新能源和高效节能等领域，已逐步形成高新技术产业群，在软件、生物医药、新材料、光电子、集成电路等方面形成了一定的产业规模，其中软件和生物医药产业规模已位居国内大城市前列。

（三）坚持新发展理念，打造国际科技创新枢纽（2012年至今）

党的十八大以来，以新发展理念为指引，在国家、广东创新驱动发展战略大背景下，广州围绕建设国家创新中心城市总目标，加快珠三角国家自主创新示范区和全面创新改革试验核心区建设，嵌入全球创新链条，融入全球创新网络，打造国际科技创新枢纽。在当前阶段，广州深入贯彻落实党的十九大精神和习近平总书记对广东工作“四个走在全国前列”的讲话精神，以习近平新时代中国特色社会主义思想为指导，把科技创新摆在更加重要的位置，把创新驱动发展战略作为城市发展核心战略和总抓手，以建设具有国际影响力的国家创新中心城市为总目标，发挥建设国家科技产业创新中心的龙头作用，努力把广州建设成为珠三角地区创新发展主引擎、建设世界科技强国排头兵、国际创新人才基地，推动创新成为引领发展的第一动力。

1. 政府作用更好发挥

顶层设计基本完成。习近平总书记在十八届中央政治局第九次集体学习时的讲话中指出：“实施创新驱动发展战略，不能‘脚踩西瓜皮，滑到哪儿算哪儿’，要抓好顶层设计和任务落实。”在创新驱动发展中走在前列，在服务广东全省创新驱动发展的大局中担负更大责任，是广州一直以来的目标追求与责任担当。2016年7月，《广州市加快创新驱动发展实施方案》出炉，提出要充分发挥珠三角创新驱动发展的龙头和引擎作用，将广州建成具有国际影响力的国家创新中心城市和国际科技创新枢纽。2016年12月，广州市第十一次党代会提出，要以新发展理念为指导，更加注重创新发展，真正使创新成为发展的第一动力。2017年，《广州市科技创新第十三个五年规划（2016—2020年）》印发实施，明确“十三五”期间广州市科技创新发展目标、实现路径、重点任务和保障措施。创新空间布局不断优化，对接粤港澳大湾区和广深科技创新走廊规划，以珠三角（广州）国家自主创新示范区建设为契机，统筹、整合各类科技园区，连接知识城、高新区、科学城、智慧城、琶洲互联网创新集聚区、生物岛、大学城、国际创新城、南沙明珠科技城等创新节点，打造“北斗矩阵式”广州科技创新走廊，形成创新发展的核心轴。

政策体系日臻完善。2015年6月，广州市科技创新大会推出以《中共广州市委、广州市人民政府关于加快实施创新驱动发展战略的决定》为主体的科技创新政策体系（“1+9”系列政策）。2017年2月，《广州市系统推进全面创新改革试验三年行动计划（2016—2018年）》出台，明确了下一阶段的政策着力点与任务目标。当前，广州市创新政策体系聚焦高新技术企业培育、标杆企业重点服务、企业研发投入引导、科技金融融合、新型研发机构建设、孵化器和众创空间建设、人才集聚等，政策竞争力总体上居全国前列。经过持续组织实施和宣传贯彻，创新政策“组合拳”成效显现，广州市高新技术企业发展实现重大突破，孵化器数量、面积和服务能力全国领先，科技金融发展态势良好，高层次创新人才和团队加速集聚。

2. 市场决定作用更加显著

企业主体作用日益突出。高新技术企业在创新中的主体地位越发突出，在市场万有引力之下，一批具有世界影响力的高科技公司纷至沓来，新技术、新产业、新业态、新模式蓬勃发展。根据《分层分类服务科技创新企业做强做优做大行动方案》，按照初创孵化期、成长壮大期、扩张成熟期的生命周期，着力从政策扶持、金融服务、平台支撑三大方面以技术研发、成果转化、研发投入、人才集聚、对外合作、先行先试等具体举措，推动企业科研做强、产品做优、规模做大。催生了以金发科技、微信、UC动景、广州数控、海格通信、广电运通、金域医学、达安基因、视源电子、赛莱拉、酷狗音乐等为代表的一大批拥有自主知识产权和知名品牌、主业突出、核心竞争力强的龙头骨干企业。

科技金融不断强化。广州已经形成资本市场与创投机构和产业基金等良性互动、相互补充的科技创新融资服务体系。截至2016年底，各类天使投资、创业投资、股权投资机构总数达1700家，管理资金规模超过

以下几个方面：一是高新技术企业呈现爆发式增长。2017年，全年净增高新技术企业3951家，总数达到8690家，在2016年实现突破的基础上再上新台阶（2015年净增263家，总数1919家；2016年净增2820家，总数4739家），连续两年净增量仅次于北京。二是创新型企业不断涌现。广州入选中国最佳创新公司50强企业数量连续三年居全国各大城市前三（2014年、2015年分别为8家、13家，均居全国第二；2016年9家，居全国第三）。三是专利申请量质齐升。2016年广州全市专利受理量达99 070件，同比增长56.35%，增速在全国19个副省级及以上城市中排名第一位。其中发明专利授权量为7669件，同比增长15.8%。PCT《专利合作条件》国际专利申请量1642件，同比增长163.6%，为2012年的5倍增速，在全国19个副省级及以上城市中排名第二位。

2. 科技创新资源不断集聚

随着枢纽型网络城市的建设逐步深化，广州的科技创新资源不断集聚。一是创新型企业主体不断集聚。形成了一大批拥有自主知识产权和知名品牌、主业突出、核心竞争力强的龙头骨干企业。二是创新型人才要素加速集聚。目前在穗工作的诺贝尔奖获得者6人、“两院”院士77人、国家“千人计划”专家281人、“万人计划”专家95人。2017年，通过积极落实“1+4”人才政策，推进产业领军人才集聚，评选出创业领军团队11个、创新领军团队10个、创新创业服务领军人才9人、杰出产业人才29人。广州有5位创业人才入选第14批国家“千人计划”创业人才项目，入选人数与上海并列全国第一。三是科技创新走廊和珠江创新带空间集聚效应初显，广州高新区、中新广州知识城、科学城、智慧城、琶洲互联网创新集聚区、生物岛、大学城、国际创新城、民营科技园、南沙明珠科技城和南沙湾科技创新集聚区等创新板块紧密联系。

3. 科技创新平台不断提升

以广州为核心的珠三角国家自主创新示范区获国务院批准建设，标志着广州的科技创新平台不断提升。一是研发机构建立已成体系。广州市大力培育各级重点实验室，推动国家、省、市三级重点实验室增强原始创新能力。截至2017年底，全市共有19家国家重点实验室和213家省重点实验室，分别占全省的70%和69%。二是孵化育成能力明显提升。实施靶向扶持，以孵化企业上市（挂牌）、高新技术企业认定、创业导师培养等为导向，给予众创空间、孵化器针对性奖励和补贴，引导其提升孵化服务能力和水平。2017年第6届中国创新创业大赛广州赛区12家冠军企业中，有10家来自孵化器，在IAB、NEM领域涌现了达安医疗健康、冠昊生命与健康、华南新材料等一批专业孵化器。三是企业研发机构不断涌现。在各项政策引导下，涌现了一批企业牵头建设的国家、省级研发中心。

4. 科技创新环境不断优化

一是构建了支持科技创新的政策体系，形成了以《中共广州市委、广州市人民政府关于加快实施创新驱动发展战略的决定》为主体，含金量较高、处于国内前列的科技创新政策体系（“1+9”系列政策），涵盖企业创新主体、创新生态环境、科技成果转化、人才培养引进和激励、创新平台服务能力、科技金融产业融合等方面。二是科技金融效益逐步显现。截至2017年底，全市各类创业投资、股权投资、私募基金机构达4500多家，股权交易中心挂牌企业8098家（包括为全国青年大学生创新创业提供综合性金融服务的“中国青创板”），实现融资和流转交易额近2000亿元。465家新三板挂牌企业中，科技型企业423家，占比91%；新增主板上市企业18家，科技型企业达17家。三是公民科学素质快速提升。通过开展有效的科普活动，广州公民科学素质达标率明显提升。中国科协发布的《中国公民科学素质调查研究报告（2015—2016）》显示，广州公民科学素质达标率已达25.59%，排名全国第三，仅次于北京（30.69%）、上海（28.8%）。广州承办的2017年全国科普讲解大赛影响力创新高，成为全国范围最大、代表性最强、最具权威性的科普讲解比赛。

（二）为经济社会发展提供支撑

科技创新对广州经济社会发展提供了支撑作用。科技创新是推进供给侧结构性改革的内在要求，是引领广州经济增长动力转换和实现产业转型升级的根本途径。同时，科技创新在广州的城市建设、改善民生等方面也发挥了重要作用。

1. 科技创新引领经济增长

广州全面实施创新驱动发展战略，坚持把创新作为引领经济发展新常态、增添经济发展新动能的强大支撑。2017年，广州陆续引入了多个IAB、NEM产业领域的重大工程，全市先进制造业增加值占制造业比重提高到64%，现代服务业增加值占服务业比重提高到66%，全市六大战略性新兴产业增长10%。按照《广州市战略性新兴产业第十三个五年发展规划》，力争到2020年，战略性新兴产业增加值达到4000亿元规模，占广州市地区生产总值比重超过15%，形成5个超2000亿级产业集群等。在广州产业转型升级的过程中，科技创新发挥了强烈的引领支撑作用。广州围绕产业链部署创新链，聚焦IAB、NEM产业着力突破共性关键技术，重点支持新一代信息技术、人工智能、生物医药、新材料、新能源与节能环保、高端装备制造等领域的25个方向的产业技术攻关，瞄准未来产业关键技术，探索支持AR（增强现实）/VR（虚拟现实）技术、无人技术、基因诊断和治疗技术、石墨烯材料应用、区块链5大领域技术。

这些都是落实创新驱动战略和实现广州经济高质量发展的动力支撑。

2. 科技创新服务城市建设

广州市“十三五”规划提出，广州将打造三大战略枢纽，国际科技创新枢纽是其中之一，“创新”将成为广州新的城市名片。2018年1月，广州市委第十一届四次全会提出了要建设引领型全球城市的目标。这些目标的完成，都是以创新驱动为基础的。一方面，科学技术被应用于城市建设的各个领域；另一方面，依靠科技创新构建高端高质高新现代产业新体系，提升城市整体实力。国家外国专家局发布2016“魅力中国——外籍人才眼中最具吸引力的中国城市”评选结果，广州连续五年获评“外籍人才眼中最具吸引力的中国城市”。在广州市委、市政府的不断努力下，一系列城市标志性的创新载体呈现，提升了广州城市品质。例如，建立科技成果转化数据库，汇集科技成果9260项，为全市科技成果转移转化提供支撑。2017年，开展技术合同登记6612项，为企业减免税收3.7亿元。形成以广州知识产权交易中心、广州交易所集团、汇桔网等为代表，国有控股、民营资本共同参与的多种所有制、多层级技术（知识）产权交易体系。

3. 科技创新改善民生福祉

广州的科技创新不仅在经济发展和城市建设领域取得了成绩，而且在民生领域发挥了重要作用。通过在一系列民生工程中应用科学技术，人民生活得到极大改善，获得感得到提升。围绕民生领域热点难点技术问题，协同卫生、农业、环保、城管、公安、水务、民政等部门，重点支持了一批社会民生领域共性关键技术攻关重大项目。“广州地区PM2.5来源解析及消减控制措施研究”等一批科技项目成效显著，技术成果在行业内得到有效应用推广。2017年广州市PM2.5年均浓度为35微克/立方米，首次达到国家二级标准。广州成为国家中心城市及地区生产总值超万亿、常住人口超千万的省会城市中率先实现PM2.5达标的城市，全面完成了国家“大气十条”空气质量改善终期考核目标任务。此外，“法医硅藻检验关键技术及设备”项目达到国际领先水平，被公安部定为行业标准并在全国22个省、自治区及直辖市推广应用，解决了1900多宗疑难案件死因鉴定难题，获得2017年度国家科技进步二等奖。

（三）科技枢纽作用逐步显现

广东省委、省政府要求广州在全省创新驱动发展中走在前列，在服务全省创新驱动发展的大局中担负更大责任。广州不负嘱托，敢于担当，积极作为，成为科技创新区域龙头。广州的科技创新枢纽功能日益增强，带动辐射区域经济发展，并逐渐走向国际。

1. 广州已经成为科技创新区域龙头

在广东省委、省政府规划的“1+1+7”珠三角国家自主创新示范区中，广州市被赋予“创新发展的龙头”定位。在科技创新显示度方面，广州已领先其他周边地区。2017年，广州全年在《新华每日电讯》《人民日报》《科技日报》《南方日报》《广州日报》《香港商报》等中央、省内及境外主流媒体刊载报道超过3000篇。在珠三角、粤港澳大湾区整体空间布局中，广州与周边城市产业互补性强，能够为周边制造业城市提供科技服务，承担着向创新驱动转型和带动全省创新发展的重任。素有“千年商都”之称的广州，已然成为全国创新资源最密集、产业发展最先进、创业孵化最活跃的发展高地之一。从载体、平台的建设到产业、项目的加速崛起，广州正在担起国家科技产业创新中心龙头的重任，全速发动全省创新驱动发展的“主引擎”。

2. 国际科技创新枢纽建设初显成效

国际科技创新枢纽重要的是强化枢纽功能，推动开放式创新，这是建设引领型全球城市的关键。经过几年时间的积累，广州国际科技创新枢纽战略建设已初显成效。广州在美国硅谷、波士顿和以色列特拉维夫均设立办事处，深化与国际创新平台交流合作，创新创业环境与国际接轨。2017年，广州与欧美发达国家合作有新突破，成功引进斯坦福国际研究院、美国冷泉港实验室，深化与英国伯明翰大学等政府间框架合作伙伴交流合作，2013年至今转化先进技术成果400多项。与“一带一路”沿线国家和地区合作更加紧密，同乌克兰国家科学院、白俄罗斯国家科学院建立新型科技合作模式和机制。中乌巴顿焊接研究院成为首个成建制引进国外科学院所的国际研发平台，完成现代焊接装备及工艺等5个平台建设，建立了以中乌两国院士领衔的150多人国际化优秀科研团队。

三、改革开放40年广州科技创新的主要经验

改革开放40年来，广州的科技事业蓬勃发展，科技实力持续增强，科技产业发展良好，自主创新能力稳步提高，国家创新中心城市建设进展迅速，取得了一系列举世瞩目的科研成果，有力地推动了广州经济发展方式转变，提升了广州市的国际竞争力。

（一）全力构建科技创新制度

科技创新制度是科技创新的顶层设计，广州改革开放40年来建立了以市场为基础的创新资源配置制度，健全了激发科技创新的人才制度，构建了有效的科技创新奖励制度，强化了科技创新的财税金融制度。不断构建的制度为广州科技创新的蓬勃发展创造了良好的土壤，推动了科技创新工作的发展。

1. 建立市场配置资源的创新制度

党的十九大报告指出，要“使市场在资源配置中起决定性作用”。改革开放40年来，广州的科技创新牢牢依托市场建立起配置科技创新资源的机制，取得了以下三点经验：一是突出企业在科技创新中的主体地位。通过《广州市科技创新促进条例》，以及广州市“十一五”规划、“十二五”规划和“十三五”规划，明确企业在科技创新中的主体地位，并要求市政府科技部门建立推动企业发展的科技扶持政策，强调企业可以优先进行科技创新专项，企业与高效科研院所项目也优先立项、重点扶持。二是科技创新发展资金由国家独揽转向“政府引导+社会参与”的机制。政府在引导社会资金向良好市场前景的科技创新项目、初创期科技企业进行风险投资的同时，按照《关于加快科技金融发展的实施意见》和《深化粤港澳台金融合作和探索金融改革创新的意见》要求，鼓励商业银行开展科技金融服务，鼓励港澳台资本、国际资本和其他社会资本进入科技行业，以市场为导向促进科技研发、转化以及技术产业化与技术转移。三是科技创新奖项更加符合市场需求，惠及民生，科技成果转化水平大幅提升。2016年广州市获得国家和省科技奖励的项目中有30多项涉及环境保护、食品安全、安全生产等，占总奖励的40%以上，数量是改革开放初期的8倍，申请专利接近300项，有100多项授权。四是科技创新组织和科技人才的市场化管理。通过《广州市科学技术奖励办法》《广州市人才绿卡制度》《关于改革我市常住人口调控管理制度的若干意见》《广州市引进人才入户管理办法》等，科技组织多实行现代化的企业管理，人才的工资薪酬、福利等按照市场要素参与社会科技创新成果分配，激发了人们尤其是青年学者的积极性。据统计，2016年，广州市科技奖励获得者中，有38%年龄在45周岁以下，总人次超过264次，比改革开放初期平均年龄年轻了10岁，青年获奖者人数是改革开放初期的8倍。[①]

2. 健全激发科技创新的人才制度

科技创新归根结底是人才的创新，加强科技人才引进和培育显得尤为重要。为此，广州市不断健全激发科技创新的人才体制。一是创新人才流通机制，构建人才吸引体制。①加强人才多元化引进规划制定，形成科研学科带头人引进、科研团队引进、产业服务性人才引进、留学高端人才引进等人才引进系列计划。②颁布《广州市引进人才入户管理办法》（2014年）、《广州市人力资源和社会保障局、广州市发展和改革委员会关于进一步规范发明专利类引进人才入户申报有关工作的通知》（2017年）、《广州市人才绿卡制度》，对人才入户等相关政策进行了明确，鼓励高层次人才入驻广州市。③构建人才绩效管理和奖励机制。构建《广州市科技奖励办法》《广州市基础教育高层次人才引进办法（试行）》《广州市人民政府关于加快吸引培养高层次人才的意见》《关于加快集聚产业领军人才的意见》[②]等人才管理和奖励体系，在落户、工资、奖励、科研资金、家庭成员帮助等方面给予优惠政策。二是创新广州市科技人才培育机制。广州市在发挥人才培训中心、广州软件人才培训基地等人才培训基地作用的基础上，发挥第三方人力资源单位的优势，加强人才培训。同时，通过“订单教育”等多种形式，构建“企业+高校科研院所”“企业+政府+企业”“企业+科研院所+政府”“国内高校+国际高校+政府+企业”等多种培养人才模式，培育出一大批高尖端人才。

3. 构建有效的科技创新奖励制度

改革开放以来，广州作为改革开放的前沿阵地，是我国科技引进和

①数据来源：广州市科技创新委员会网站。

②数据来源：广州市科技创新委员会和广州市人力资源和社会保障局网站。

科技输出重要阵地和关键口岸。为培育自身优势，提升自身科技发展水平，广州积极制定了一系列精准有效的科技创新奖励机制。在1978年国家科学技术奖励大会后国家成立了科学技术奖励工作办公室。广州抓住机遇恢复了科技奖励制度。广州组织成立市科技奖励办公室，逐步形成广州科技奖励体系的雏形，设立奖项超过20项。1986年，广州市人民政府颁布《广州市科学技术进步奖励办法》，并于1992年进行修订。1996年广州市人民政府又颁布《广州市科学技术突出贡献金鼎奖奖励办法》。2001年，广州市人民政府颁布《广州市科学技术奖励办法》，再次进行修订。2012年，广州市人民代表大会常务委员会颁布《广州市科技创新促进条例》，促进形成政府指导、企业主导、社会参与的科研经费奖励体系。2014年广州市人民政府又对《广州市科学技术奖励办法》进行修订，规定科学技术进步奖有自然、发明、技术开发、公益类与重大工程5类，分为一、二、三等奖，规定科学技术市长奖不超过3项，科技进步奖不超过100项。近年来，广州又以科技奖励项目为抓手，加强科技奖励制度的精准程度，制定了《科技创新奖励项目申报办法》《广州市产业领军人才奖励制度》等一批奖励规定，逐步实现奖励项目、奖励范围、奖励对象、奖励方式、奖励标准、奖励成果应用的精准化，保障了奖励政策发挥成效，迅速落地。

4. 强化科技创新的财税金融制度

改革开放40多年来，广州始终探索科技创新与财税金融融合发展的路径，积极推进财税金融与科技合作，围绕科技财税金融风险管理、科技担保体系建设、贷款服务等金融创新推动科技创新发展。广州率先与国家开发银行、农业银行、中国银行、建设银行等签订协议书，构建“财税+金融+科技”模式，帮助科技企业、科技院所、科技创新个体解决资金问题。随后，广州市又率先开展科技金融试点，探索财税金融支持科技创新的模式，期望走出一条效率高、动力强、后劲足的科技创新道路。2012年，广东省政府印发了《广东省人民政府办公厅关于推广三资融合建设模式促进我省民营科技园发展的意见》，力求构建“土地+金融+产业”资本融合的模式，稳步推进广州科技与金融融合发展试点工作，推进“红土”创新基金发展。2014年，广州市创新科技金融服务品牌，组建科技金融综合服务中心，不断联合金融机构和高校科研院所，为科技发展提供财税金融服务，构建全市科技金融服务网络。科技金融综合服务中心成立以来，授信资金超过60亿元，打造出科创众创空间、科技企业新三板发展促进会等服务平台。2015年，广州市人民政府印发《广州市人民政府办公厅关于促进科技金融与产业融合发展的实施意见》，重申了科技与金融结合发展的意义，要求围绕支持科技人员成长和成果转化、科技高新企业发展、科技服务企业发展、科技创新基地建设重点领域，通过设立风投基金、科技信贷水平提升、科技信贷产品研发、信贷专营试点、融资担保服务、证券市场融资等方式推进科技与金融融合。2017年，中国人民银行广州分行、广州市科创委、广州市金融工作局联合印发《关于进一步加强金融支持广州科技创新发展的实施意见》，提出科技信贷、科技保险、新三板等19大举措，使广州市科技创新发展添动力。截至2017年6月底，广州市科技金融授信稳居全国第一，并加快设立财政投入科技成果转化的引导资金，初始财政资金投入50亿元，预计撬动社会资金50亿～200亿元，资金总规模突破200亿元。广州科技金融取得的一系列成果都来自科技创新金融财税制度的构建和执行。

（二）着力完善科技管理体制

科技管理体制关系科技创新的效率。改革开放以来广州进行了积极的探索，以国家创新中心城市标准统领科技管理，建立容错管理方式破除发展瓶颈，创新运营管理方式促进科学管理，健全中介服务组织促进科技创新。

1. 以国家创新中心城市标准统领科技管理

改革开放40年以来，广州科技创新取得了重大成就，目前正全力贯彻落实创新驱动发展的科学理念，努力打造国家创新中心城市。为此，广州市在2015年出台了“1+9”创新政策，涵盖企业创新主体、科技成果转化、财政科技经费和科技孵化器“双倍增”计划、科技金融发展等多方面，为建设国家创新中心城市营造了良好的创新环境，形成了创新创业加速发展的良好态势。截至2015年，广州全市高新技术企业新增数相当于2013和2014两年数量的总和，超额完成广东省下达的指标任务；规模以上工业实现高新技术产品产值8420多亿元，较上年增长8.2%；新增发明专利授权6626件，比上年增长44.4%；“天河二号”超级计算机的运算速度全球6连冠；美国《快公司》杂志评选的中国最佳创新公司50强中，广州有13家企业上榜；全市新型研发机构达到28家，数量居广东省第一；孵化器和众创空间数量分别达到119家和47家。在新的形势下，广州将继续推进体制机制创新和政策先行先试。广州市人民政府2017年印发《广州市系统推进全面创新改革试验三年行动计划（2016—2018年）》，强化中心城市的示范带动辐射引领作用。积极争取国家和广东省在广州设立国家药审分支机构和创新型期货交易所，以及国家大数据综合试验区等先行先试政策支持。同时，进一步强化企业的创新主体地位。力争每年培育新增1500家科技小巨人企业和10家以上上市科技企业。到2017年，高新技术企业达2500家，高新技术产品产值占工业总产值的比重超过47%，推动全市现有超过50%的规模以上工业企业设立研发机构，60%的规模以上工业企业应用工业机器人及智能装备。

2. 建立容错管理方式破除发展瓶颈

容错机制对于科技创新尤为重要。“勇于创新，宽容失败”的容错机制是构建广州创新型社会、创新型城市的必要之举。改革开放以来，广州市通过建立科技创新容错机制，防止科技企业和科技人员因为创新失败而蒙受难以承受的损失或社会压力，从而激发企业或个人的再创新行为。一是广州市政府构建创新失败补偿的评估机制。为保障科技创新容错机制，首先要保障失败补偿机制顺利运作，即构建创新失败补偿评估体系。广州市政府科技创新失败补偿机制涵盖了三个方面内容：①科技创新失败损失评估，包括人力投入、财力投入等；②企业或者科技人员科技创新能力评估；③企业再创新意愿评估。二是创建广州市科技创新失败补偿的运作机制。广州市政府是科技补偿的组织实施者，制定了补偿标准和相关政策，明确了补偿时序与方法。广州市制定了《关于加快科技创新的若干政策意见》（简称“粤12条”）和《广州市人民政府办公厅关于促进科技、金融与产业融合发展的实施意见》等规定，并且结合《广东省关于激励企业研究开发财政补助的试行方案》《广东省科技厅关于科技创新券后补助试行方案》《关于科技企业孵化器创业投资及信贷风险补偿资金试行细则》《广州市科学技术经费投入与管理条例》《科技企业孵化器后补助试行办法》等规定，保障企业或者科技人员投资科技创新失败最高可获赔200万元。三是构建广州市科技创新容错补偿的保障机制。广州市政府联合国家发展银行等政策性银行和中国银行等商业银行，建立了银行补偿机制。同时，通过科技创新与保险金融业的结合，构建科技创新失败的保险补偿机制。四是构建广州市容错补偿监督机制。广州市按照系统、公平、分级监督、多元主体参与四大原则，构建广州特色的科技补偿监督体系，有效地抑制了欺骗性创新行为的存在。

3. 创新运营管理方式促进科学管理

科技创新是一个系统化的工程，包括了科技创新观念、科技创新成果、科技创新成果推广、科技再创新等环节，其间涉及政府、企业、科研院所、科技开发人员、市场消费者等多元主体，要想保障科技创新后劲，就必须创新运营管理方式，促进科学管理。改革开放以来，广州市做了如下努力：一是转变政府职能，明确角色定位，发挥多元主体积极性，实现共治共赢。二是鼓励建立现代化的企业管理制度，实现企业技术创新科学化，激发企业创新活力。三是改革科研管理体系，完善科研管理方式，激发科研队伍活力。

4. 健全中介服务组织促进科技创新

科技创新中介服务组织是技术研发与扩散、技术资源配置与成果转化、技术创新评估与决策的专业组织，最初源于19世纪的英国，主要对外提供科技中介服务，于20世纪80年代末进入广州，对广州市科技成果转化、科技资源整合和科技创新市场秩序维护有巨大贡献。一是完善科技中介服务体系。广州市政府积极支持中介服务，逐步形成省市县分布、种类齐全的中介服务体系，其中超过1万人从事科技服务推广职业；科技检测服务单位超过百家，从业人员超过1万人；还有相当数量的科技咨询、知识产权服务机构及从业人员。据统计，全国80%的科技创新服务机构在以广州为核心的珠三角。二是广州科技中介服务组织自主创新链完备。科技创新孵化机构数量增加，截至目前孵化器超过百家，达到全国先进水平；科技融资机构增加，数量较20世纪90年代初期增长了80%。三是广州市积极加强科技创新中介服务，加强科技人才培育，科技经济复合型人才数量急剧增长，有力促进了科技中介服务的发展。

（三）强化科技创新成果转化

科技成果转化为最终的生产力至关重要，为人类的生存和发展创造更好的物质条件是科技的应有之义。改革开放以来，广州完善科技成果转化制度，打造科技成果转化平台，构建科技成果转化支撑体系，系统推动了科技成果为广州经济社会发展作出卓越贡献。

1. 完善科技成果转化制度

改革开放之初，广州市政府在科技成果转化方面的制度，主要涉及了一些零散的政策，比如成果转化奖励制度等。随着广州科技发展前沿地位越来越凸显，广州市政府开始重视并完善科技成果转化制度。1999年12月16日广州市第十一届人民代表大会常务委员会第十二次会议通过，2000年5月26日广东省第九届人民代表大会常务委员会第十八次会议批准的《广州市促进科技成果转化条例》是广州最早的专门促进科技成果转化的制度。它为深化广州科技创新改革和激发广州科技成果转化作出了巨大贡献。随着国内科技创新格局的变化和广州市自身科技创新结构、内容、方式的转变，根据时任广东省委书记胡春华在广州市调研的指示批示精神，于2015年12月，广州市政府发布了最新的《广州市促进科技成果转化实施办法》，它规定：将科技成果转化处置、收益等权利下放给科技创新单位或者个体；鼓励高校科研院校科技成果在广州就地转化；增大科技创新企业补助金额，最高可补助500万元；科技转化成果首先采购使用单位可获得最高200万元的补助。科技成果转化制度的不断完善，为科技成果转化工作提供了正确的方向，大力促进了将改革开放40年来的科技成果应用到民生和社会主义事业的方方面面。

2. 打造科技成果转化平台

广州科技转化服务平台建设源于2002年，与科技部通过“共建共享”形式建设科技成果转化服务平台。2004年，广州市贯彻落实

《2014—2010年国家科技基础条件平台建设纲要》和《“十一五”国家科技基础条件平台建设实施意见》，加强自身科技成果转化平台建设。2006年，广州科技创新能力发展会议上，将科技成果转化平台作为广州“十一五”规划要建设的“三大平台”之一，广州市在“十二五”科技发展规划中进一步强化科技成果转化平台，建立了广州科技网（又称“科技大市场”），而后在此基础上建立了广州市科技成果转化平台。2015年，广州市人民政府印发《广州市促进科技成果转化实施办法》，要求进一步利用现有平台，充分发挥企业创新平台、高校科研院所平台作用，构建广州市科技创新成果转化平台体系。

3. 构建科技成果转化支撑体系

科技成果转化依托于科技转化制度和科技转化平台，还需要构建科技成果转化的支撑体系：

第一，重大专项拉动成果转化。改革开放以来广州市历来注重重大项目对科技创新的引领作用，通过以国家863、873、985计划建立广州市科技重点发展项目，通过高校科研院所申报了一大批科技创新项目，实现在建筑、转基因、互联网平台、高铁、计算机、新材料等方面的快速发展，成为中国科技新高地之一。为充分发挥科技项目对科技发展和科技成果转化的抓手作用，广州市在2009年印发了《广州市科技计划与项目管理办法》，在2012年广州市又通过了《广州市科技创新促进条例》，2014年又印发了《广州市科技计划项目管理办法（试行）》，2015年又根据广州市项目管理的最新经验对其进行了系统修改。广州市通过改革开放以来，特别是“十一五”“十二五”“十三五”期间的努力，逐步形成了以政府重大科研项目为引导，企业重点科研创新项目为主体，高校科研院所科技项目为突破点，社会重大项目为依托的“政府+企业”“企业+高校”“企业+高校+政府”等多元主体参与模式，形成了一大批多层次有重点的科技创新成果转化重点项目。

第二，加强国外科技成果在广州转化。在科技创新领域，我国是后来者，科技创新发展成果很多属于“舶来品”，同时作为最大的发展中国家，在改革开放政策下，我国必须坚持在“引进来”的同时，实施“走出去”的发展战略。先后引进了韩国LG、美国思科等公司的先进科技项目。因此，必须加快国外科技成果在广州转化。改革开放以来，广州市为加快国外科技成果转化做了诸多努力：一是充分发挥地域优势。广州市充分利用临近港澳台、地处我国和亚洲航线的重要中转站的地理优势，成为我国改革开放的南大门之一，是改革开放的最前沿城市，是科技发展和社会进步的最大牵引力之一，积极引进外来先进生产经营和技术，直接投入生产，造就出巨大生产力。据统计，改革开放以来，广州公开引进先进的生产技术突破10万件，先进生产经验更多。二是引进外来科技创新人才。广州市积极引进外来技术人才，直接投入生产创新领域，从改革开放最初的人才落户制度，到2014年的《广州市引进人才入户管理办法》，再到2017年的《广州市人才绿卡制度》，形成了加速科技成果转化的人才引进支撑体系。三是实施加快企业和科研院所“走出去”战略。改革开放以来，广州市积极支持域内企业加快对外投资和重要领域企业收购，对外投资资金全国最高，收购了一大批科技企业。在学术领域，一大批教授、学者“走出去”，与国外教授、学者、企业交流，激发灵感，创造出一大批科研成果，对广州市科技转化和科技创新发展起到了不可替代的巨大作用。

第三，加强金融财税支撑成果转化。科技发展属于特质产业，具有投入大、风险高、见效慢、收益高的特点，一般的企业难以支撑其巨大的开销。为此，广州市政府加快了建立金融财税支撑成果转化的机制。改革开放初期，政府通过自身财政和下属的国有资产企业以及国有科研院所直接承担重大科研项目，形成财政直接支持科技发展的机制，对科技发展进行了“不计成本”的投入。20世纪90年代后，随着我国市场经济的发展和市场经济机制体制的进一步完善，特别是银行的商业化、社会金融机构的发展、企业市场主体的多元化，政府逐步通过税收政策、财政补贴、社会资本介入等形式对科技创新进行支持、引导。2012年，广州市积极贯彻《广东省人民政府办公厅关于推广三资融合建设模式促进我省民营科技园发展的意见》；2014年，广州市创新科技金融服务品牌，组建科技金融综合服务中心；2015年印发《广州市人民政府办公厅关于促进科技、金融与产业融合发展的实施意见》；2017年印发《关于进一步加强金融支持广州科技创新发展的实施意见》，逐步形成科技创新金融财税支撑平台。

（四）优化科技创新生态系统

创新生态系统是一个区域的创新环境，优化创新活动上下游和周边的氛围对创新工作有重要的促进作用。通过不断努力，广州打造了区域创新文化系统，完善了科技基础设施系统，疏通了整体创新全产业链，形成了创新的生态系统。

1. 完善科技基础设施系统

完善的科技基础设施建设是科技创新生态系统的重要组成部分，是科技创新发展的重要基础。一是加强了科技园区建设。科技园区建设是科技创新基础设施建设的重要内容，改革开放初期，科技园区建设是广州的空白，改革开放后，逐步建立农业、企业、工业、科技、软件产业园。广州科学城的奠基、广州软件园（包括天河软件园、广东软件园和南沙资讯园）的成立及其配套的软件招标中心和软件展示交易中心的成立，留学人员创业园、国际企业孵化器及其网络的建设，国际生物岛的启动，广州数码港建设规划的实施，广州市科技信息网市、区两级子系统及科技资源库的建立等，都是广州市对科技基础建设长期投入的结果，必将进一步改善广州的科技创新环境，形成积聚力和辐射力。二是拥有大型科技设备。国家超级计算广州中心由广东省、广州市、国防科技大学和中山大学共建，是我国第一个具有亿亿次以上计算能力的超算中心，是广东最大的科技基础设施，是助推战略性新兴产业发展、支撑国家创新型城市和智慧广州建设的重大战略性基础设施。高性能计算应用取得积极成果，已支持国家重点基础研究发展计划（973）项目、国家自然科学基金重点项目、国家自然科学基金国际合作项目、国家高技术研究发展计划（863）项目等国家级科研项目60余项，支持广东省和广州市各类科研项目30余项，支撑广州国家创新型城镇建设，促进产业转型升级的成效初显。高性能计算中心应用覆盖生命科学、材料科学、大气科学、地球物理、能源科学、宇宙科学、经济学等领域，特别是大型基因组组装和基因测序、生物医学、高通量药物筛选、污染治理、大型飞机设计制造等事关国计民生的大科学、大工程等。

2. 疏通整体创新全产业链

广州市为科技创新发展注入动力，不断疏通创新全产业链，促进产学研相结合，形成全产业链科技研发子系统、科技衔接子系统和科技应用子系统，实现上游、中游、下游全产业链发展。一是实现多元主体大联合。广州市政府紧跟国务院机构总体改革的方向和要求，制定自身改革举措，制定《广州市政府职能转变和机构改革方案》，逐步转变政府职能，并按照广州市市场经济建设规划、完善市场经济建设纲要和《关于2015年深化经济体制改革重点工作的意见》要求，不断增强政府宏观调控、整体引导的职能，充分发挥市场主体的作用，完善现代企业制度，发挥G-NGO（非政府组织）、NPO（非营利组织）等组织的作用，调动个体积极性，实现政府、科研院所、企业、技术开发人员、管理人员、消费者等多元主体大联合，共同参与到广州科技创新氛围营造、技术研发、应用、推广中来，保障科技研发体系完备，推广动力十足。二是建立科技推广队伍。广州市建立了市级、区县级、乡镇级、行政村级的科技推广队伍体系，在广州市科技创新委员会、各区县科技创新委员会和乡镇科技创新办的领导下，形成了层次分明、责任明确、自成系统的政府科技队伍；在广州市科技协会的领导下，形成了非政府组织的科技队伍推广体系，在营造良好科技创新氛围、推广最新技术方面发挥了政府部门难以发挥的作用；建立了以高校科研院所为核心，乡镇企业、大中型企业为主体的技术推广体系。三是完善科技转化对接系统。政府、科研院所的科技创新成果，难以通过自身直接投入生产并加以推广应用，需要发挥企业作用，实现“研发—应用—推广”的有效对接。广州市政府在调动各科技创新主体、发挥自身积极性的同时，建立“研发—应用—推广”有效对接机制。首先，完善知识产权制度。广州市在20世纪90年代，开始重视知识产权保护，于2006年在贯彻《关于加强知识产权工作的意见》的精神时，制定《广州市知识产权专项资金管理办法》，并按照《广州市人民政府机构改革方案》和《广州市人民政府机构改革方案实施意见》于2009年成立了广州市知识产权局，于2017年颁布《加强知识产权运用和保护促进办法》[1]，建立广州市知识产权管理网，多途径助力知识产权保护。其次，加强科技成果转化汇报机制。广州市政府在加强知识产权保护的基础上，建立知识产权入股、知识长期交易机制，建立知识产权博览会，于2014年构建知识产权交易中心，保障知识产权交易的正常、有序进行。最后，建立联合开发机制。广州市政府创新模式，通过企业提供资金

---

①广州市知识产权局网站。

和技术、高等院校参与或者聘请科研团队实施科研项目。将科研开发者、科技产品生产者和科技推广者合并，形成联合发展机制。

3. 打造区域创新文化系统

区域创新文化系统是指一个地域内支撑科技创新的文化生态系统。一是按照《科学技术部关于进一步加强地方科技工作的若干意见》要求，切实转变动员机制，调动和组织广州地区全社会的科技力量，投入区域创新的文化支撑体系建设。加强对创新的宣传，搞好创新素质教育，增强全社会的创新意识和创新观念，为广州区域创新体系建设营造良好的社会环境。倡导“勇于创新、敢为人先、鼓励竞争、容忍失败”的创新氛围，营造一种有利于人尽其才、人才辈出的创新文化氛围。二是建立有利于科技创新的公共文化服务体系。改革开放以来，广州市始终把公共文化建设作为重要内容，不断完善公共文化服务体系，并加入科技创新的元素。形成了公共可视领域有重要科技政策、重要科技成果的宣传地，如公共交通（地铁、公共汽车、出租车、飞机）、广告栏、重要商业地等均设有宣传设备用以宣传；形成了有利于创新的社区文化网络，21世纪以来，广州全市90%以上、超过150多家的镇街文化站达到省级标准，村镇文化室覆盖率达到80%，行政村文化服务点覆盖率达到93%，全市公共图书馆15间，科技图书超过2700万册，建成了“10分钟文化圈”与“十里文化圈”。三是构建企业创新文化体系。改革开放以来，广州积极支持中小企业创新文化建设。截至2017年，广州中小企业突破700万家，企业增加值接近4万亿元，占广州区域生产总值的比重超过50%。[①]在促进企业创新发展，带动经济社会和科技发展的同时，广州市政府改变治理模式，发挥企业在公共文化中的作用，通过企业创新文化建

①数据来源：广州市科技创新委员会。

设，营造良好社会创新氛围，带动全市创新文化建设。目前，广州企业文化发展呈现欣欣向荣的发展态势。四是构建多元文化“大熔炉”的市民文化体系。改革开放后，广州市积极打造全球中心城市，不仅吸引国内各地人才齐聚广州市，同时又吸引国外人才齐聚广州，成为中国文化大熔炉。广州市积极推进文化融合建设，构建开放、共建、共赢文化体系，让各种文化互相促进，优势互补，形成新的文化格局。

四、广州科技创新的主要目标和发展展望

当今世界，科学技术的发展日新月异，第四次工业革命已成为当前各界关注的热点。因此，在总结广州科技创新的主要成就和基本经验的基础上，根据21世纪国际科学技术发展的最新趋势，明确广州科技创新的主要目标和面临的挑战，积极探索广州加快科技创新的基本路径，特别是加快建设国际科技创新枢纽的具体路径，对广州为全国实施创新驱动发展战略提供强大支撑具有重要意义。

（一）广州科技创新的主要目标和挑战

1. 广州科技创新的主要目标

“十三五”时期广州科技创新的发展目标是：到2020年将广州建成具有国际影响力的国家创新中心城市，打造成为国际科技创新枢纽，形成开放、宽松、自由的创新生态环境，科技创新多项重要指标在“十二五”末期的基础上翻一番。到2040年广州科技创新的主要发展目标是：创新资源配置科学，创新机构系统健全，创新体制比较完善，创新环境日趋优化，创新驱动作用显著，等等。创新资源是创新活动开展的基础，包括人才、信息、知识、经费资源等；创新机构是创新活动的

行为主体，包括政府、企业、高校、研究机构和中介机构等；创新机制是保证创新体系有效运转，包括激励、竞争、评价及监督机制；创新环境是维系和促进创新的保障，包括创新政策、法律发现、文化等软环境及信息网络、科研设施等硬环境。创新的过程，实际上也就是官、产、学、研、中介合作的过程，是官、产、学、研、中介各相关机构配合进行，对生产要素进行重新组合的过程。在企业、高等院校和研究机构合作过程中形成的由基础科学研究、新产品研发、新产品生产、产业化及市场营销等构成的一条针对创新的链条，可以带来产、学、研单独运作所无法获得的效益，迅速推动城市经济的发展。在OECD（经济合作与发展组织）的框架中，国家创新系统的建立是为了加强以下三个方面的联系与作用：企业与企业间创新合作联系，企业与高校科研机构间创新合作联系；中介机构在各创新主体间的重要桥梁作用；政府在创新方面的产业发展战略与政策引导作用，以及政府各部门在工作职能上的协调一致和集成。具体来说，构成整个城市创新体系的一系列机构，大致可以分为四层：核心层、松散层、衍生层和政府。核心层包括孵化器、科研机构、高校、技术交易所、科技咨询评估机构、技术经纪人等。松散层包括律师事务所、会计师事务所、管理咨询公司、金融机构等专业化服务提供机构。衍生层是由以上两个层次中的企业衍生出的结构，即为这些机构提供服务的企业。政府作为创新体系中的特殊主体，以直接配给资源和间接的政策干预两种方式发挥作用。创新机制是指针对城市科技创新活动中各种创新主体的创新活动的协调机制，包括激励机制、竞争机制、评价机制和监督机制。良好的创新环境是创新型城市建设的强大支撑。

2. 广州科技创新的战略定位

2017年4月4日，习近平总书记对广东工作作出重要批示："希望广东坚持党的领导、坚持中国特色社会主义、坚持新发展理念、坚持改革开放，为全国推进供给侧结构性改革、实施创新驱动发展战略、构建开放型经济新体制提供支撑，努力在全面建成小康社会、加快建设社会主义现代化新征程上走在前列。”其中，“四个坚持”是广东改革发展的旗帜和原则，“三个支撑”是广东的使命担当和发展路径，“两个走在前列”是广东改革发展的奋斗目标。三者有机联系，相辅相成，层层递进，具有很强的科学性、真理性、指导性。科技创新渗透于“三个支撑”的全部过程，体现在“三个支撑”的方方面面，是实现“三个支撑”的重要动力源泉。

广州科技创新的战略定位包括城市自身、国家和全球三个层面。从全球层面来说，广州作为国际科技创新枢纽的功能定位至少包括四个方面内容：一是成为世界创新产品的生产基地。集聚大量世界级的科技型企业和跨国公司及风险投资公司，在知识创新的基础上产生大量新技术、新产品，并通过产品创新、市场创新和管理创新带动世界产业变革。掌握一批前沿科学研究成果和关键核心技术，涌现出一批具有国际影响力的重大科技创新成果，在众多领域达到世界领先水平。二是成为新兴产业的世界战略高地。企业成为技术创新的主体，培育形成并集聚一批行业创新“引擎”企业和跨国公司，科技创业活跃，新的企业、新兴产业和新型业态不断涌现；科技成果与商业模式创新融合发展，战略性新兴产业和高科技产业成为经济发展的主导力量；研发服务、科技服务等知识密集型服务业充分发展。三是成为世界创新文化的传播中心。全社会创新创业意识强烈、文化氛围浓郁，有利于创新的社会制度健全；跨国性的重大科技创新活动频繁，经常举办全球性科技创新论坛；拥有国际一流的科技期刊；具有引领全球的科学理念、产业文化和商业氛围，成为全球新的生产理念、商业文化和消费观念的发源地。四是成为全球创新资源的配置中枢。高层次科技创新人才、国内外高端研发机构和世界知名高水平大学集聚，拥有国际一流的创新基础设施和公共平台；全球创新资本汇聚、科技金融有机融合。国际技术交易发达，形成多层次、多渠道、多方式的国内外科技合作与交流格局，具有利用全球科技创新资源的综合能力和多元渠道载体。

3. 广州科技创新面临的挑战

经过改革开放40年的发展，广州科技创新取得了巨大的成就，但是，必须清醒地认识到：科技创新能力不强仍然是广州的“阿喀琉斯之踵”。主要表现在：

（1）创新投入严重不足。研发投入是建设国际科技创新枢纽的根本保障。近年来广州创新投入严重不足，研发投入强度徘徊在2%左右，直接影响全社会创新的活力和动力。广州2015年R&D（研究与开发）投入强度为2.3%，2020年拟达3%。但2015年北京已达5.95%，深圳已达4.05%，上海已达3.6%。据测算，财政科技投入可带动企业4～5倍的配套投入，对科技园区等基础设施或产业关键共性技术的财政投入更是会引导社会资本、金融资本数十倍、百倍的跟投。因此，政府科技资金投入不足导致其没有发挥应有的引导作用和杠杆效应。

（2）主体作用不够突出。众所周知，企业是技术创新的主体。深圳的企业是真正的创新主体，出现“六个90%”：90%以上创新企业是本土企业；90%以上研发机构在企业；90%以上研发人员在企业；90%以上研发资金来自企业；90%以上职务发明专利出自企业；90%以上重大科技项目发明专利来自龙头企业。但是，广州的大部分企业并未真正成为技术创新的主体。企业自主创新能力较弱。高新技术企业的规模偏小，质量不高。根据2014年科技部国家级高新区评价结果，广州高新区综合排名仅为第11位，比2007年下降了3位。对比国家创新型科技园区2020年的目标要求，广州高新区目前高新技术企业占企业总数比例、服务收入占营业收入比例、国家级研发机构数和从业人员中硕博占比这4个指标均未达到目标值的一半。

（3）高层人才资源缺乏。从国际人才集聚看，外籍人口占广州常住人口比重约为2.5%，与世界公认的国际大都市外籍人口占常住人口比重达5%以上的标准有较大差距。广州高层次人才总量偏少，领军人才和复合型高端人才明显不足。从人才分布看，美国有80%左右的优秀人才集聚在企业，广州人才大部分集聚在高校、研究机构、政府等机关事业单位，而深圳人才大部分分布在企业，尤其是集中在高新技术企业。2017年上半年，中国各大城市纷纷出台政策，吸引人才。人才净流入率方面，杭州、深圳、成都三个城市位列全国三甲，恰好分别位于中国的东部、南部和西部。杭州以11.21%的人才净流入率位居榜首；深圳、成都人才净流入率依次为5.65%、5.53%；北京人才净流入率为4.38%，排名第五；广州人才净流入率为1.42%，在副省级以上城市中排名倒数第二；排名倒数第一的是天津，人才净流入率为−2.31%。

（4）创新产出质量不高。发明专利最能够代表创新的质量和水平。但根据2011—2016年国内企业发明专利授权量前十位排名，深圳有多家企业位列其中并且名列前茅，而广州没有一家企业位列其中。广州授权专利结构不合理，呈现应该多的发明专利实际授权量不多、应该少的实用新型和外观设计实际授权量不少的状况。连续十年，广州发明专利占专利授权量的比例没有超过20%。从专利类型来看，深圳主导产业专利申请的量和质在全国处于领先水平，绝大多数是发明专利，涉及主导产业的核心技术。而广州汽车企业专利的申请以外观设计、实用新型为主，较少涉及汽车产业的核心技术。

（5）体制机制尚需完善。资源配置制度需要完善。本来，始终坚持市场取向，全方位培育市场主体，是广州快速发展的重要经验。但是，广东省纪委近年来查处的腐败案件说明，市场机制在资源配置中起决定性作用的一系列体制机制在实际中被严重扭曲，在一定程度上影响创新资源配置的环境和效率。核算制度需要完善，长期以来形成的“以地区生产总值论英雄”的制度安排尚未得到彻底改观。知识产权制度需要完善，实施知识产权战略的水平有限。对企业经营者和研发人员的激励约束机制，难以充分调动他们研发创新的积极性，需要不断完善。

（二）广州加快科技创新的基本路径

1. 国际科技创新枢纽的组织结构

国际科技创新枢纽是在国际范围内科技创新活动集中、科技创新资源密集、科技创新实力雄厚、科技创新辐射强度高，在国际创新网络中占支配地位的城市和地区。国际科技创新枢纽本质上是由多要素组成的区域创新系统，它是多个因子共同作用、多层面相互叠置形成的结果，具体可归纳为三个要素层次、八种要素。①核心要素：人才。高素质创新人才是国际科技创新枢纽形成的核心与关键。国际科技创新枢纽的人才呈现人才类型的科技化、人才发展的国际化和人才队伍的年轻化三大特征。科技化即科技创新人才在人才类型中占主体地位，是国际科技创新枢纽人才的最基本特征。国际化包括人口构成的国际化和科技创新人才的国际化。年轻化包括总人口结构的年轻化和创业人才的年轻化。②主体要素：企业、大学与政府。企业是科技创新的主导者，其中的“引擎”企业对整个城市的科技创新活动发挥带动和组织作用。一流大学具有知识输出、人才培养和创新实践等三大功能。如果说企业是国际科技创新枢纽成长的发动机，大学就是发动机燃料的供应者。政府是“游戏规则”的制定者、创新环境的维护者，在很大程度上决定城市未来的发展方向。③环境要素：文化、资本、设施及服务。创新环境涉及保证创新顺利运行的创新文化、创新资本市场、创新基础设施和创新专业服务等各个方面。包容、开放的创新文化与科技创新是“鱼水关系”。健全的风险资本市场是国际科技创新枢纽形成的重要标志之一。创新基础设施包含一切服务于科技创新活动的基础设施。环境要素还包括规范的制度环境、完善的法制环境、怡人的生活环境等。

2. 建设国际科技创新枢纽的路径

（1）实施国际人才战略。一是更新人才新理念。理念是行动的先导，必须树立以用为本、用好用活人才的理念。树立人才配置的全球理念；树立人才发现的潜在理念；树立人才评价的类别理念；树立用当其时的用才理念；树立不拘一格的选才理念。二是全球人才配置战略。必须从全球人才网络的视角来谋划发展，从“集聚全球人才”向“配置全球人才”的战略转变，实现从建设国际人才高地向建设全球人才枢纽的战略跃迁。着眼于全球城市建设，实行更加开放的人才政策，不唯地域引进人才，不求所有开发人才，不拘一格用好人才。建立具有国际竞争优势的人才制度和建构符合全球城市特点的现代人才治理体系。要围绕人才关心的实际问题，进一步强化利益导向和激励机制，完善人才考评机制。以广州主导产业和战略性新兴产业为载体，突出重点培育人才竞争优势。三是率先建立适应国际化的人才管理制度。建立适应国际化的人才管理制度，重点要把握好两大机制：建立人才开发的宏观调控机制，重点在党管人才的总格局下，建立现代化人才发展治理体系；发挥市场机制在人才资源配置中的决定性作用，加快建设“对接国际、衔接区域、贯通全国”的广州人才市场体系，在广州率先形成市场化的人才服务新机制。同时，更加注重依法治理，不断完善人才发展的政策法规。四是大力提升本土人才国际化素质。结合广州教育改革试点，率先推进教育培训的国际化。加大教育向全球开放的力度。鼓励有条件的高等院校拿出重点学科、专业与国外高校同类强项学科、专业进行国际化合作办学；引进国际知名学校到广州来办学；师资队伍向国际化靠拢；学校管理与国际化接轨。加大人才国际培训活动的参与度。继续选送优秀干部、人才出国进行中长期培训，学习发达国家的先进管理经验和技术。五是加大引进海外高层次人才力度。不断转变政府职能，突出企业是引进主体。政府是人才引进的主体这种“主体置换”现象必须改变。继续完善外国人才引进体制机制。

（2）突出企业创新主体。从20世纪50年代到目前为止，美国硅谷地区经历了数次大的技术变革，每一次技术变革都会导致该地区新的创新集群的形成。在每一次的技术变革过程中，都会孕育新的“引擎”企业，成为新的产业和创新集群发展的引领者。广州的主要对策：一是培育企业家精神。现代企业家精神，其一表现为创新常态，不做别人已经在做的事，一定要找到新的市场机会；其二表现为对潜在的市场机会敏感，能敏锐把握移动互联网时代和新一代工业革命的趋势走向；其三表现为企业家对市场不确定性的驾驭，具有引领创造市场需求的核心竞争力。现代企业家作为国际科技创新枢纽建设的驱动力的主要形式是对科技创新价值链微笑曲线优态的贡献，从技术研发端到市场品牌端，构成国际科技创新枢纽建设驱动力的可能要件，能直接影响科技创新的价值链曲线的现实形态，摆脱向下（过分依赖低附加值的制造业）的形态，避免平坡形态（研发、制造、品牌没能突出的附加值），促使科技创新价值链曲线的微笑向上形态（品牌端向上或研发端向上或研发与品牌同时向上）。企业家是以市场的成功与否作为其事业成功与否的评判依据，决不能以行政级别的提升作为其追求的目标。要构建衡量企业家对技术创新贡献、企业发展、企业品牌资产价值增值的人力资本贡献的科学评价机制，充分调动企业家的创新积极性。二是完善企业创新动力机制。企业自主创新动力机制的演化一般经历了技术创新、制度创新、协同创新三个过程，以及变异、复制、选择三个阶段。在技术创新过程中，外部创新动力驱动企业家推动企业进行技术创新。企业外部创新动力是企业自主创新动力机制运行的“启动电源”，保证企业自主创新机制启动并运转。企业的技术创新倒逼企业在内部进行制度变革，企业技术创新行为作为一种动力潜能激发了企业内部创新动力，企业内部创新动力通过驱动企业完成制度创新行为。企业内部创新动力是企业自主创新动力机制运行的“马达”，为其提供稳定的推动力，保证机制持续运转。企业制度创新行为作为一种动力潜能激发了企业协同创新动力，驱动产学研合作共同体进行协同创新。企业协同创新动力是企业自主创新动力机制运行的“变速箱”，控制企业自主创新动力机制的运行节奏，保证企业自主创新动力机制稳定、高效运行。在三个阶段的层级递进过程中，伴随着企业外部创新动力要素、企业内部创新动力要素、企业协同创新动力要素与企业自主创新主体之间关系的转换。三是实施国有企业创新工程。要完善国有企业创新导向的经营者的选拔任用与激励考核机制。建议有关部门要把国有企业科技创新投入和产出绩效作为重要内容纳入对其经营者的考核评价指标体系，并把经营者和研发人员对企业、行业、国家的自主创新贡献与其长远利益和荣誉相挂钩，建立奖优罚劣的长效机制。要营造国有企业优胜劣汰和公平竞争的市场经济体制。只要国有企业还存在权力寻租和资源垄断，存在以低成本获得生产要素的特殊资格，大多数国有企业就不会去努力自主创新。提高国有企业自主创新能力，一方面要营造公平竞争的市场环境，另一方面要打破国有企业不合理、不必要的垄断地位，引入竞争机制，让国有企业和国有企业之间、国有企业和非国有企业之间有机会展开充分的竞争，使自主创新成为国有企业的必然选择。要进一步加大研发投入并提高研发资金使用效率。同时，继续推进与金融领域的合作，通过加强国际自主创新技术合作，建立和完善多元化、多形式、多层次的技术创新投入机制。四是实施民营企业创新工程，着力培育本土创新“引擎”企业。要完善科技型中小企业创新扶持政策。良好并能真正落到实处的扶持政策是促进企业技术创新的重要催化剂。要加快制定相关的配套实施政策，明确落实责任主体，建立部门协同机制，促进配套政策落到实处。建议广州借鉴德国勃兰登堡成功经验，对中小企业科技创新提供全方位的支持。要健全以市场为导向的创新驱动机制，建立政府作用与市场机制有机结合的体制机制，积极倡导“专利不等于创新”的观念，引导企业更多地从市场开拓需求出发创造和运用知识产权，不断优化让市场充分发挥决定性作用的创新治理机制。

（3）完善优势转化机制。拥有较多的大学和研究机构是广州创新驱动发展的优势。通过一流大学的知识辐射带动科技创新中心发展是国际创新中心的成功经验。一是集聚全球顶尖科学家，产生引领科技发展方向的原创性成果。研究型大学是全球顶尖人才集聚的场所。广州要吸引海内外高端科技人才广泛开展科技与学术交流，协作开展科研攻关，共享重大研究成果，引领科技创新思潮，不断提高面向世界的科技影响力。广州医科大学附属第一医院呼吸中心项目是广州面向世界的科技名片。2017年7月，投资近20亿元的广州呼吸中心在广州市荔湾区大坦沙正式奠基开工。高端科技人才引领高端科技，高端科技项目引领高端科技产业。广州呼吸中心项目以广州医科大学呼吸疾病国家重点实验室为依托，汇聚了钟南山院士呼吸疾病科研团队、诺贝尔医学奖得主霍夫曼生物制药科研团队、广州医科大学基础医学与临床医学长江学者科研团队、珠江学者科研团队和青年学者创新团队，是海内外高端医药人才到广州创新创业的集聚基地，将为广州市在医药领域的国际科技创新活动

不同的权威机构认定的全球城市排名有所不同，但是，在GaWC（全球化与世界级城市研究小组与网络）以及日本森纪念财团等机构发布的全球城市排名中，伦敦和纽约都位于前两位。将GaWC全球城市排名和澳大利亚智库2thinknow全球科技创新中心排名对比发现，综合实力靠前的城市一般都拥有强大的科技创新能力。科技创新引领全球城市发展，在全球城市体系中，科技创新正在成为全球城市的重要标志性功能。广州在未来全球城市建设中应强化科技创新中心这一核心功能，为全球城市发展提供强大支撑。全球城市是国际城市网络中的塔尖城市，是全球资源要素流转和配置的枢纽，是创新驱动发展的城市，是对全球经济政治文化具有较强控制力和影响力的城市。2018年1月，时任广州市委书记任学锋在市委十一届四次全会讲话中提出广州的建设目标：到2020年高质量高水平全面建成小康社会，到2035年奋力建成社会主义现代化先行区，到本世纪中叶全面建成中国特色社会主义引领型全球城市。因此，枢纽型网络城市是国家中心城市的强大支撑，建设国家中心城市是广州“十三五”时期的主要目标。国家中心城市的实质是代表国家参与全球竞争。建设成全球城市是国家中心城市发展的必然结果。

2. 人才驱动是城市创新驱动发展的实质

人才是全球城市知识产权的所有者或共同所有者，知识产权和枢纽城市的经济增长、经济发展方式之间存在一定的互动传导机制，通过人才掌握的知识产权的保护及其应用，推动国际科技创新枢纽的形成和发展。实际上，国际科技创新枢纽与创新人才发展之间存在相互依赖、相互促进的互动关系。国际科技创新枢纽促进创新人才的发展，为其提供发展舞台，创新人才发展反哺国际科技创新枢纽建设，为其提供智力支持，二者均受外部环境的影响，离不开外部环境的支持。积极顺应人才流动和集聚的发展趋势。未来30年全球城市人才的流动集聚将呈现四大趋势：一是全球人才一体化趋势增强。全球人才流动规模不断扩大，流动速度持续提高，流动范围不断扩大。人才的跨国流动，既有人员流动，又有智力流动。跨国公司对人才流动的促进作用不断显现。二是全球人才双向化趋势明显。全球人才仍将持续流向发达国家城市，但全球城市人才向发展中国家城市回流的态势将不断增强。人才回流与国家崛起相辅相成。全球城市人才从发达国家城市向发展中国家城市流动的趋势正日益显现。全球人才向中国流动及中国海外人才回流态势将不断增强。三是人才引力多元化趋势演变。经济收入对人才的吸引效应递减，经济收入不再成为人才流动的唯一决定性因素。生态环境成为集聚人才的关键因素。四是全球人才虚拟化趋势显现。在信息网络技术的支持下，人才的工作地与居住地将发生分离，人才虚拟流动将通过信息通信网络来解决。广州要真正实现人才驱动，必须顺应人才流动和集聚的发展趋势，不断完善创新人才流动机制，既吸引国内外科技创新人才向广州流动，又促进技术人才从高校、科研院所向企业转移。同时，根据《中华人民共和国劳动合同法》第二十三条、第二十四条的规定完善竞业限制制度。

3. 产业技术创新是科技创新的重要环节

广州必须牢牢扭住国家科技产业创新中心这个核心定位不动摇。实际上，产业发展也离不开城市的功能指引。城市创新转型的过程也是产业持续创新升级，与城市功能相适应、相匹配的过程。产业技术创新是广州提升全球城市创新地位的关键。全球城市的全球经济联通、资源配置枢纽等功能决定其产业具有开放创新特性。全球城市作为深度开放的城市，不仅具备对全球资源、信息、资本等较强的包容性，而且具备促进全球资源要素自由进出流动的制度环境，这决定了全球产业发展必须具有开放创新特性，具有整合、配置全球产业资源要素的能力。同样，全球城市的科技创新功能也决定了全球城市产业体系应具备科技创新特征。全球城市产业科技创新特征的体现，除了需要完备服务体系的支撑外，更需要城市产业技术创新能力的提升，以实现全球城市在全球新技术创造、新模式培育以及新兴产业发展等方面始终保持竞争优势和引领地位。产业技术创新是广州建设全球城市的重要支撑，具体表现在四个方面：一是围绕产业链布局创新链，强化科技创新中心建设的市场导向。科技创新中心建设要着力打通科技创新和经济社会发展之间的通道，促进科技成果转化为现实生产力。要加快构建企业主导的协同创新体系，进一步完善市场化的成果转移转化机制，营造公平竞争的市场机制，围绕产业链布局创新链。二是产业技术创新要强化创新资源要素的吸引、集聚和配置。全球城市产业体系的构建必然会带来产业发展所需人才、资金、信息等要素的集聚，全球城市产业结构的变化，也必然会带来与之相匹配的产业要素结构的变动。因而，产业技术创新将保持城市产业的持续更新升级，增强经济持续发展的动力。三是产业创新生态构建要营造“大众创业、万众创新”的制度环境。产业创新生态要以产业科技创新为突破口，推进与国际接轨的市场创新制度环境建设，破除制约产业技术创新的体制机制障碍，强化产业技术创新的平台支撑，营造“鼓励创新、宽容失败”的创新文化氛围，充分激发社会创新活力和动力。四是产业创新价值链跨区域布局将增强科创中心的辐射力和服务力。

4. 无形资产运营是科技创新的重要标志

中央经济工作会议强调：认识新常态，适应新常态，引领新常态，是当前和今后一个时期我国经济发展的大逻辑。适应新常态、培育新动力的根本措施是实施创新驱动发展战略，不断提高自主创新能力。自主创新是转变经济发展方式的中心环节。一方面，转变经济发展方式和产业结构优化关系密切。产业结构优化是转变经济发展方式的根本途径。

主要有四大因素：需求因素决定着产业结构的变动方向；供给因素是产业结构变动的物质基础；体制因素是产业结构变动的必要保障；技术因素是产业结构变动的核心动力。在上述因素的综合作用下，产业结构不断优化将促进经济发展方式不断转变。另一方面，自主创新是产业结构优化的原始动力，技术进步是产业结构优化的重要基础。创新从五个方面推动产业结构优化升级：产品的创新从需求方面拉动产业结构升级；新技术引发的创新从供给方面推动产业结构升级；新市场的开拓从市场需求方面拉动产业成长；新生产要素导致的创新从供给方面促进产业结构优化；新生产组织引发的创新从产业内部推动产业发展。无形资产是衡量新的经济发展方式的重要标志。无形资产是衡量自主创新能力的重要标志。自主创新的核心之一是技术创新。技术创新和无形资产存在紧密关系。一方面，无形资产来源于技术创新，技术创新的质量决定无形资产的质量。另一方面，无形资产是衡量技术创新能力的重要标志。无形资产的比例日趋提高、作用日益重要是知识经济的重要特征和发展趋势。无形资产是衡量城市自主创新能力的重要标志。

（王可达、王云峰、吴兆春、康达华）